Exploraciones

Exploraciones:

Culturas y campos profesionales

Susan G. Polansky
Carnegie Mellon University

Gene S. Kupferschmid
Boston College

Houghton Mifflin Company   Boston New York

Director, World Languages: New Media and Modern Language Publishing:
Beth Kramer
Sponsoring Editor: Amy Baron
Development Editor: Rafael Burgos-Mirabal
Senior Project Editor: Rosemary R. Jaffe
Associate Design/Production Coordinator: Lisa Jelly Smith
Senior Designer: Henry Rachlin
Manufacturing Manager: Florence Cadran
Marketing Manager: Tina Crowley Desprez

Cover design: Rebecca Fagan
Cover image: Copyright © images.com, Inc

(Since this page cannot legibly accommodate all the copyright notices, pages 243–244 constitute an extension of the copyright page.)

Printed in the U.S.A.

Library of Congress Catalog Card Number: 00-105743

ISBN: 0-395-93714-0

1 2 3 4 5 6 7 8 9-VG-04   03 02 01 00

Contents

Preface   x

Maps   xx

Capítulo preliminar   El trabajo y nosotros   1

Orientación breve   2

Palabras del oficio   3

Diccionario personal   5

Los oficios soñados   7

¿Cómo son y de qué pecan los universitarios?   10

Madera de líder   15

Clasificados: Ofertas de trabajo... un sinnúmero de posibilidades   20

Exploraciones   Proyecto independiente
Un primer acercamiento a su exploración independiente   24

Capítulo 1   Las comunicaciones   27

Orientación breve   28

Palabras del oficio   28

Diccionario personal   31

GENTE Y AMBIENTE: Perfiles de las comunicaciones sin fronteras   32

Para un mercado sin fronteras   33

La buena foto está en el ojo, no en la cámara   38

GENTE Y AMBIENTE: Perfiles breves   40

Jorge Ramos: Detrás de la máscara   42

Autoras de su destino   43

El campo y ustedes   44

Manos a la obra   Una feria de comunicaciones   45

Perspectivas literarias del campo   47

Film, Juan José Delaney (Argentina)   48

Exploraciones   Proyecto independiente
Paso 1: ¿Qué campo le interesaría explorar?   52

Capítulo 2   Los servicios sociales   53

Orientación breve   54

Palabras del oficio   54

Diccionario personal   56

GENTE Y AMBIENTE: Perfiles de profesionales del campo de los servicios sociales   57

    Una entrevista con Madeleine L. Dale   59

    María Cervera Goizueta y Blanca Sada García-Lomas, psicólogas   63

GENTE Y AMBIENTE: Perfil breve   65

    Celebra Félix Fraga cincuenta años de servir a la comunidad   66

El campo y ustedes   67

Manos a la obra   Un caso para discutir   68

Perspectivas literarias del campo   68

    Mentiras, Alejandra Vallejo-Nágera (España)   69

Exploraciones   Proyecto independiente
Paso 2: Decida qué tema explorará.   73

Capítulo 3   Los negocios   75

Orientación breve   76

Palabras del oficio   76

Diccionario personal   78

GENTE Y AMBIENTE: Perfiles de empresas y negociantes   79

    La publicidad también es digital   80

    Myriam Chiffelle Kirby   85

GENTE Y AMBIENTE: Perfiles breves   88

    Agencias Matrimoniales   89

    España pone en venta la siesta   90

El campo y ustedes   92

Manos a la obra   Su empresa   92

Perspectivas literarias del campo   93

    Fábrica de cosas, Marco A. Almazán (México)   94

Exploraciones   Proyecto independiente
Paso 3: Busque lecturas y otras fuentes.   97

Capítulo 4 La educación 99

Orientación breve 100

Palabras del oficio 100

Diccionario personal 102

GENTE Y AMBIENTE: Perfiles de docentes 103

Profesores: ¿Cuál es el mejor? 105

Tantos modos de enseñar 110

GENTE Y AMBIENTE: Perfil breve 113

La función del docente como promotor de la lectura recreativa 115

El campo y ustedes 117

Manos a la obra Diseñemos una escuela ideal 117

Perspectivas literarias del campo 118

Clase de historia, Tino Villanueva (Estados Unidos) 119

Exploraciones Proyecto independiente
Paso 4: Prepárese para su entrevista. 122

Capítulo 5 La salud y la medicina 123

Orientación breve 124

Palabras del oficio 125

Diccionario personal 129

GENTE Y AMBIENTE: Perfiles de profesionales del campo de la salud 130

Confesiones de un ginecólogo 131

Enfermería: Diagnóstico de la carrera 135

GENTE Y AMBIENTE: Perfil breve 138

El laboratorio de la policía también combate el crimen 139

El campo y ustedes 140

Manos a la obra En la sala de urgencias 141

Perspectivas literarias del campo 141

Estornudo, Mario Benedetti (Uruguay) 142

Exploraciones Proyecto independiente
Paso 5: ¿Qué tal fue la entrevista? 144

Capítulo **6**   El derecho y el orden público
145

Orientación breve   146

Palabras del oficio   146

Diccionario personal   149

GENTE Y AMBIENTE: Perfil de los abogados y de un juez   150

   Nosotros los abogados   151

   Un idealista de mano dura   156

GENTE Y AMBIENTE: Perfil breve   159

   Jueza supo su vocación de abogada a los 9 años   161

El campo y ustedes   163

Manos a la obra   Juicio de práctica   163

Perspectivas literarias del campo   164

   El Patricio, Virginia Zúñiga Tristán (Costa Rica)   166

Exploraciones   Proyecto independiente
Paso 6: A. Prepárese para su presentación oral.
B. Escuche a sus compañeros con atención e interés y hágales
preguntas.   169

Capítulo **7**   El turismo
171

Orientación breve   172

Palabras del oficio   172

Diccionario personal   175

GENTE Y AMBIENTE: Perfiles del campo del turismo   176

   ¿En qué consiste el turismo?   177

   Ecotur 2000   178

   El turismo temático a examen   183

GENTE Y AMBIENTE: Perfil breve   187

   Kiko y los barcos   189

El campo y ustedes   190

Manos a la obra   Unas vacaciones ideales   191

Perspectivas literarias del campo   192

   No moriré del todo, Guadalupe Dueñas (México)   194

Exploraciones   Proyecto independiente
Paso 7: A. Día 1: Prepare un borrador de su ensayo final.
B. Día 2: Lea, revise y comente el ensayo de un/a compañero/a.   198

Capítulo **8**   La informática y la ingeniería   199

Orientación breve   200

Palabras del oficio   200

Diccionario personal   203

GENTE Y AMBIENTE: Perfiles de profesionales del campo de la informática y la ingeniería   204

   Cibernauta Miguel de Icaza, programador libre   206

   Amanda Espinosa triunfa como ingeniera   209

GENTE Y AMBIENTE: Perfiles breves   211

   Cibernautas Jorge David Herrera y Luis Bernardo Chicaiza   212

El campo y ustedes   213

Manos a la obra   Un descubrimiento innovador   214

Perspectivas literarias del campo   215

   Liberación masculina, Marco A. Almazán (México)   216

Exploraciones   Proyecto independiente
Paso 8: Termine su exploración y prepárese
para una discusión final.   218

Spanish-English Vocabulary   219

Credits   243

Preface

Exploraciones: Culturas y campos profesionales is a high-intermediate to advanced-level reader that invites students to link their study of Spanish with the many professional opportunities in other disciplines and to explore in particular the fields of communications, social services, business, education, health professions, law, tourism, computer applications, and engineering. The reading selections of *Exploraciones* profile people, work environments, and key issues associated with a wide variety of occupations in the United States and in the Spanish-speaking world. Each of the eight main chapters features several non-literary readings plus one literary selection, all supported by content-based activities to promote reading comprehension, acquisition of vocabulary, oral and written proficiency, and opportunity for pair and small-group work as well as individual exploration of Spanish and the professions.

Students at this level represent a heterogeneous population with different goals and interests. *Exploraciones* is designed for many students at this level: for those completing a language requirement and looking to move into other areas of study; for the growing number of students who wish to pursue their study of Spanish in combination with another field; for students who want to engage in discipline-based learning or a languages-across-the-curriculum experience; for the increasing number of students of Hispanic background who want to learn more about specific career areas or about the culture and vocabulary associated with these areas. Many university students are not certain about their career direction, and whether they are concluding or continuing their language study, *Exploraciones* aims to expand their appreciation of the Spanish language and Hispanic culture while promoting inquiry about possible professional paths.

Exploraciones offers a number of distinguishing features:

- **Attention to a wide range of professional fields**   *Exploraciones* expands on the prevalent approach among languages for special purposes curricula that focus on a single profession such as Spanish for Business, Spanish for the Medical Professions, etc. Students receive a broad exposure to career options through topical works that provide key terminology as well as information about academic preparation, specific practices, and attitudes.

- **User-friendly format, both to instructors and students**   Readings and activities do not presuppose expertise in the fields. Presented in a magazine-like format, readings aim to be informative and engaging, and to stimulate interest about significant issues and participants.

- **Diverse collection of non-literary and literary readings**   Students are exposed to a variety of discursive styles and sources from Latin America, Spain, and the U.S. Interviews, as well as magazine, newspaper, and Internet articles connect students with "real-life" people and situations. Fiction and poetry of well-known and lesser-known Spanish-speaking writers also portray circumstances related to the eight fields and offer students a means to enhance their appreciation and understanding of these areas in connection with the Spanish-speaking world.

- **A wealth of sequenced, content-based activities**   Pre-reading and post-reading activities encourage students to make creative and personal connections to the readings while building vocabulary, reading, writing, and speaking skills.

- **Integrated long-term student project**   Students are guided step by step through a personal exploration of one of the professional fields. This independent project offers students a chance to probe a particular area or career possibility in more depth. (See below *Exploraciones: The Student Independent Project*.)

■ **Maximum flexibility for course planning**   After completion of the preliminary chapter, the chapters may be studied in any order. Instructors may use all or parts of all the chapters to introduce their students to the full range of selections, or they may select chapters according to the interests and concentrations of their students.

The Chapter Structure

After a preliminary chapter that invites students to personalize the information and introduces some of the general elements of career exploration, each of the eight chapters focuses on a different professional field:

Capítulo preliminar	El trabajo y nosotros
Capítulo 1	Las comunicaciones
Capítulo 2	Los servicios sociales
Capítulo 3	Los negocios
Capítulo 4	La educación
Capítulo 5	La salud y la medicina
Capítulo 6	El derecho y el orden público
Capítulo 7	El turismo
Capítulo 8	La informática y la ingeniería

Each chapter features four principal reading selections presented within the following structure:

■ **Chapter opener**   A popular cartoon or piece of advertising realia, followed by questions for discussion, invite students to begin to think about qualifications or issues associated with the field.

■ **Chapter introduction**   A brief, magazine-like table of contents outlines the readings and topics to be featured in the chapter. Also, a one-paragraph description summarizes the training, areas of specialization, and variety of career opportunities for the field.

■ **Orientación breve**   An introductory communicative activity elicits background information on the profession and leads students to consider everyday applications to the career area presented in the chapter.

■ **Palabras del oficio**   The core vocabulary, subdivided to promote students' associations of words within lexical or semantic groups, is followed by two activities for practice and reinforcement. The first invites recognition in semi-structured practice. The second promotes student production and application in pair or small-group work.

■ **Diccionario personal**   This vocabulary expansion feature allows students to record words and phrases they want or need to know as they explore the professions. These notations may figure in their oral presentations and written work.

■ **Gente y ambiente**   Three non-literary readings: two longer *perfiles* and one or two briefer *perfiles*, feature people and situations in the field. For each reading, the following progression promotes student engagement with the context and content:

   • **Introduction**   A brief text that provides information about the author, references for the source, content, or context of the selection.

   • **¡Fíjese!**   A strategy that promotes reading comprehension and attention to special lexical or cultural elements of the reading.

- **¿Qué quiere decir...?**   A vocabulary-oriented activity that increases familiarity with key words and phrases from the reading.
- **Antes de leer**   A skill-oriented pre-reading activity that builds on the opener and activates student attention to the content of the selection.
- **Lectura**   The text of the reading with glosses.
- **Comprensión de lectura**   A comprehension activity that directs students to identify the main ideas and supporting details of the reading.
- **A explorar:**   A reading-based expansion activity that encourages collaboration through discussion, analysis, or application of aspects of the reading.

After the third reading, at the conclusion of the *Gente y ambiente* section, the following activities promote further exploration:

- ■ **El campo y ustedes**   Discussion questions elicit students' reflection on the profession through personalization.
- ■ **Manos a la obra**   A hands-on, mini-project activity with directions for a written and/or oral presentation encourages synthesis of key vocabulary and themes in a practical application (such as designing an ideal school, enacting a mock trial, etc.).
- ■ **Perspectivas literarias del campo**   A literary selection is supported by the same elements as the three non-literary profiles:

  - **A brief introduction**
  - **¡Fíjese!**
  - **¿Qué quiere decir...?**
  - **Antes de leer**
  - **Lectura**
  - **Comprensión de lectura**
  - **A explorar**

- ■ **Exploraciones**   This final section of each chapter provides sequential guidelines for one of the steps of development of the student independent project.

Exploraciones: The Student Independent Project

At the conclusion of each chapter, students receive directions for developing a multi-part personal project to present at the end of their semester or term. This unique feature of *Exploraciones* is introduced and outlined in the Preliminary Chapter. Subsequently, each chapter elaborates a step to help pace students in their preparation.

The sample topics provided in the Preliminary Chapter suggest possibilities for exploration of both career-oriented topics (What does the work consist of and what do particular individuals do in certain fields?) and field-specific issues (bilingual education, the situation of an immigrant population in a particular region of the U.S., cloning, the advertising and marketing of certain products, etc.).

After choosing a topic, students will engage in four principal activities:

- ■ searching for source materials
- ■ interviewing an individual or individuals about the topic
- ■ preparing an oral presentation to deliver in class
- ■ writing an essay to synthesize the results of the exploration

In a sequence of eight steps or *pasos*, students will be directed to develop their ideas throughout the course:

Paso 1: ¿Qué campo le interesaría explorar?

Paso 2: Decida qué tema explorará.

Paso 3: Busque lecturas y otras fuentes.

Paso 4: Prepárese para su entrevista.

Paso 5: ¿Qué tal fue la entrevista?

Paso 6: A. Prepárese para su presentación oral.
B. Escuche a sus compañeros con atención e interés y hágales preguntas.

Paso 7: A. Día 1: Prepare un borrador de su ensayo final.
B. Día 2: Lea, revise y comente el ensayo de un/a compañero/a.

Paso 8: Termine su exploración y prepárese para una discusión final.

As instructors plan for the implementation of this project activity in their courses, they may wish to consider some of the following additional options:

■ Instructors may modify the list of suggested topics.

■ Instructors may suggest to students other resources to facilitate their searches.

■ Instructors may schedule individual meetings with students to discuss their ideas and progress.

■ For the interview component, instructors might facilitate connections and suggest that students

- talk to people in their academic community or nearby institutions.
- talk to people in their hometowns.
- use the phone book and Internet communication to locate people.
- contact local chapters of professional organizations.
- contact alumni/ae through their career services office or through the alumni/ae association office.
- as a last resort, interview someone whose native language is not Spanish.

■ Instructors may emphasize certain components of the project as they establish grading criteria to indicate in the course syllabus. Sample format:

Criterios de evaluación	
La preparación (la búsqueda de las lecturas, los apuntes, la preparación para la entrevista, la puntualidad, el contacto regular en las citas de consulta)	**puntos** 30
La entrevista	40
La presentación oral	50
El ensayo	80
Total	200

■ Instructors may specify in the course syllabus the due dates for the particular components (preliminary bibliography, paragraph with topic and preliminary thesis, interview questions, interview summary, first draft of essay, oral presentations) and for the final submission.

■ Depending upon the number of students in the class, instructors may decide

  • to shorten or lengthen the time allotted for student oral presentations in class.

  • to schedule presentations during the final two or three weeks or throughout the entire second half of the semester or term.

  • to permit pair or small-group projects.

■ Once presentation dates are arranged, instructors may distribute to all students a calendar or modified course syllabus with everyone's names, dates, and topics.

■ To encourage active participation of the listeners, instructors may design a model note-taking sheet based on the information presented at the conclusion of Chapter 6:

Me gustó especialmente...

Aprendí que...

No sabía que...

Mis preguntas (por ejemplo, sobre el contenido, el vocabulario)

■ For the preparation of the essay, instructors may distribute more explicit guidelines regarding length, thesis construction, organization, content, bibliography format, etc.

Pacing and Teaching Tips

In a semester or term course, *Exploraciones* is designed to serve as the main text. It may be supplemented by a grammar review book, such as *Eso es*. For a two-semester or two-term sequence, it can be incorporated as a cultural and literary component and used in conjunction with other materials.

During a fifteen-week semester, allotment of three class periods for the Preliminary Chapter and approximately four to five class periods for each of the eight chapters would permit coverage of the text. A chapter's activities and readings might be assigned as follows:

Day 1:   (work on a step of the independent project, carried over from the end of the preceding chapter), Activities 1, 2, 3, 4

Day 2:   Activities 5, 6, (Reading #1), 7, 8, 9, 10

Day 3:   (Reading #2), Activities 11, 12, 13, 14, (Short reading #3), 15, 16

Day 4:   Activities El campo y ustedes, Manos a la obra

Day 5:   Activities 17, 18, (Reading #4), 19, 20

Throughout the text, activities encourage pair and small-group work. For the specific activities below, as well as for similar ones in other chapters, instructors may find it useful to share the following tips or alternate activities with students.

Capítulo preliminar El trabajo y nosotros

Actividad 1
Siga estas recomendaciones para desarrollar sus destrezas conversacionales en español:

Estudiante A
Obtener la información pedida.

No sólo lea la lista de posibilidades. Para cada categoría, *hágale una pregunta* a su compañero/a, y después, déle la lista para que escoja sus preferencias.

Estudiante B

Conteste las preguntas que le hace su compañero/a para que él/ella pueda completar el formulario. Cierre su libro mientras él o ella le indica a usted las posibilidades. Depués de escuchar bien a su compañero/a, exprese usted sus preferencias. Y claro, pídale que repita si no recuerda usted todas las posibilidades.

Antes de comenzar esta actividad, usen el siguiente modelo para adaptar a su conversación en parejas. Su profesor/a puede pedirles a dos estudiantes que lo modelen en voz alta para la clase antes de que todos trabajen en parejas. Las palabras en bastardilla pueden ser parte de su diálogo.

Modelo:

(Elemento de la parte preliminar: Nombre):

Estudiante A: *¿Cómo te llamas?*

[*¿Cuál es tu nombre... ¿y tu apellido? ¿Cómo se escribe?*]

Estudiante B: _____

[*o Me llamo _____ o Mi nombre es _____ y mi apellido es _____*]

(Categoría 1: El campo de estudios que prefieres)

Estudiante A:

¿Qué campos de estudio has explorado en la universidad? [o En estos momentos, ¿tienes preferencia por algún/algunos campo/s de estudio en particular? o ¿Qué campo/s de estudio querrías explorar en la universidad?]

Estudiante B:

He explorado (Tengo preferencia por/Quiero explorar) los campos de las ciencias sociales y la tecnología. [o ¿Podrías repetir (la lista)?]

Actividad 2

En clase, practique el vocabulario con otra persona.

Una persona lee una de las frases de la columna A.

La otra tiene que identificar la frase de la columna B que completa la oración correctamente.

Háganlo ustedes por turnos.

Y claro, ¡mezclen el orden de los números!

Modelo:

El estudiante A lee una de las frases:

Se dice que uno tiene vocación por una carrera cuando...

El estudiante B identifica la frase que completa la oración:
Frase C, tiene talento especial y aptitud para esta profesión.

Actividad 8

En grupos de tres o cuatro compañeros, compartan la información que han apuntado. Después de conversar en grupo, denles los resultados de su discusión a los otros miembros de la clase. (Es posible que su profesor/a le pida que conteste las preguntas por escrito, en un párrafo.)

Capítulo 1 Las comunicaciones

Actividad 3

Alternen para que cada uno/a tenga la oportunidad de hacer preguntas y también de responder.

xviPreface

Actividad 8

Para A: Presenten el anuncio en clase. Estén preparados para explicar lo que hicieron para traducirlo.

Para B: Compartan su anuncio en clase con sus compañeros.

Actividad 12

Use la versión escrita para compartir con sus compañeros la descripción que hizo Ud. de los acontecimientos, pero no lea directamente de la versión escrita.

Opción: El/La profesor/a puede llevar una foto a clase y pedirles a todos que escriban un reportaje basado en ésta.

Actividad 19

(Otra actividad de comprensión)

¿Tienes tú la pregunta?

¿Qué? ¿Quién/es? ¿Dónde? ¿Cuándo? ¿Cómo? ¿Por qué?

Siguen a continuación algunas respuestas basadas en el cuento "Film" de Juan José Delaney.

Trabaje con otro/a compañero/a.

Para los números impares (1, 3, 5, etc.), Ud. debe leer en voz alta las respuestas, una a la vez.

Basándose en el cuento, el estudiante B debe formular una pregunta que sugiera la respuesta.

Para los números pares (2, 4, 6, etc.) cambien de papel (*role*).

Modelo:

Estudiante A:

1. "Film"

Estudiante B:

1. ¿Cuál es el título del cuento? (o ¿Cómo se titula el cuento?)
2. Jorge Federico Espinosa

Estudiante A:

2. ¿Cómo se llama (se llamaba) el director de la película del cuento?
3. Insuficiente movimiento de las cámaras, mal diálogo, música inapropiada, y actores extras que sonreían durante un momento muy dramático.
4. Cinematografía Omega (C.O.)
5. *La conquista del desierto*
6. el general Rocas
7. (para) mantener el rigor histórico y la verosimilitud
8. La Patagonia, región en el sur de la Argentina
9. ¡Ellos mataron a los actores soldados!
10. 2 ó 3 titulares de los periódicos de Buenos Aires
11. decidió abandonar el proyecto
12. un documento bárbaro

Si hay tiempo, después de dar las preguntas para las respuestas, cuenten ustedes, en sus propias palabras, qué pasó en "Film".

Algunas frases útiles: Al principio...   Luego...   Finalmente... (o al final...)

Actividad 20

Es posible que su profesor/a les pida que presenten sus críticas y comentarios
oralmente en clase.

Capítulo 2 Los servicios sociales

Actividad 7

Para 2: Alternen al contribuir comentarios a la historia. Usen sus apuntes,
pero no lean directamente de éstos. Al contar la historia, no se olviden de
incluir frases como las siguientes para establecer el orden en que ocurren los
acontecimientos: Al principio, Primero, Anteriormente, Antes (de...), Después
(de...), Entonces, Luego, Mientras, Al mismo tiempo, Por fin, Finalmente, Al
final. Es posible que su profesor/a prefiera hacer esta actividad en grupo
grande para que todos los estudiantes de la clase contribuyan a una sola
narración.

Actividad 16

Si trabajan en grupos, es posible que su profesor/a les pida que cada grupo
trate de una ciudad, una vecindad o una comunidad distinta, o que les pida
que todos piensen en mejorar la misma comunidad.

Otra actividad posible:
Seamos activistas en nuestras comunidades

Imagínese que es usted miembro de un grupo que trabaja para mejorar la vida
de su comunidad. Escriba un plan concreto para desarrollar sus ideas. Póngale
un nombre llamativo al plan o programa. En su informe, describa las metas,
los retos, las estrategias, los recursos, los participantes y otros aspectos sobresalientes. Haga el plan basado en uno de los temas sugeridos a continuación o
de otro:

reducir la delincuencia

crear trabajos para los jóvenes desempleados

mejorar los servicios (o un servicio en particular) para un grupo de necesitados

limpiar la ciudad

responder a la violencia doméstica

impedir la violencia entre pandillas

apoyar a las familias de sólo un padre o una madre

ayudar a los niños preescolares

Para hacer esta actividad, es posible que su profesor/a permita que trabaje con
otra persona o en un grupo pequeño. Si es así, después de reunirse y discutir
sus ideas, cada miembro del grupo debe encargarse de escribir parte del plan
y de presentarla a la clase.

Actividad 20

Después de apuntar sus recomendaciones, compártalas con los otros
miembros de la clase.

Capítulo 5 La salud y la medicina

Actividad 20

Es posible que su profesor/a le permita escoger un refrán de la lista. Si elige
uno que no refleja el mensaje del cuento, explique su significado y por qué
cree usted que el refrán no resume lo que pasa en el cuento.

Capítulo 6 El derecho y el orden público

Actividad 7
El/La profesor/a puede pedir que cada grupo escoja una virtud distinta.

Actividad 12
El/La profesor/a puede pedir que prepare argumentos para una de las posturas o para las dos.

Actividad 16
El/La profesor/a puede pedir que cada grupo discuta un caso distinto.

Capítulo 7 El turismo

Actividad 3
Algunas frases más:

13. saber que _____ estaba fuera de servicio...
14. hablar con la aeromoza del avión sobre...
15. perder la tarjeta de embarque...
16. tener un/a guía excelente (divertido/a) en...
17. hacer el vuelo de vuelta a...
18. pedir una habitación doble (sencilla)...

Capítulo 8 La informática y la ingeniería

Actividad 12
Para sustituir o desarrollar más las preguntas de esta actividad, en grupos de tres o cuatro personas, investiguen y discutan los siguientes temas.

Es posible que su profesor/a le pida a cada grupo que se encargue de investigar uno de los temas y que comparta sus respuestas en clase con los otros grupos.

1. Hablen con una variedad de estudiantes, profesores o consejeros de su universidad para averiguar el porcentaje de hombres y mujeres que se especializan o que se han graduado recientemente, por un lado, en algunos de los campos técnicos (como por ejemplo, la ingeniería, la informática o los campos multidisciplinarios como la ingeniería química, la biotecnología o la ingeniería biomédica, el diseño industrial, las ciencias computacionales, etc.) y, por otro lado, en las humanidades. En clase, expliquen con quiénes hablaron y qué han averiguado sobre los porcentajes de mujeres y hombres en dichos campos. Pueden emplear una tabla para organizar claramente la información:

Departamento/Especialización	% aproximado hombres mujeres	Fuente de información

2. Miren el catálogo u otra fuente oficial de su universidad donde se encuentre una lista, por departamento, de los profesores de la universidad. Compilen unas estadísticas sobre el número de hombres y mujeres que trabajan de profesor/a, por un lado, en algunos de los campos técnicos (como por ejemplo, la ingeniería, la informática o los campos multidisciplinarios como la ingeniería química, la biotecnología o la ingeniería biomédica, el diseño industrial, las ciencias computacionales, etc.) y, por otro lado, en las humanidades. Pueden emplear una tabla para organizar claramente la información:

Departamento/Especialización	% aproximado hombres mujeres	Fuente de información

3. ¿Por qué creen ustedes que hay menos mujeres que se especializan en los campos tecnológicos? (Consulten ustedes entre sí y también hablen con otros miembros de su comunidad universitaria.) Pueden emplear una tabla para organizar la información:

Razones/factores	Fuente de información

4. ¿Cómo se puede promover la entrada de las mujeres en los campos tecnológicos? (Consulten ustedes entre sí y también hablen con otros miembros de la comunidad universitaria.) Pueden emplear una tabla para organizar la información:

Recomendaciones	Fuente de la recomendación

Manos a la obra
Pueden trabajar en equipos de 2, 3 ó 4 estudiantes.

Actividad 20
Discutan ustedes lo siguiente:

¿Cómo sería la vida del narrador si no tuviera sirvientes? ¿Qué haría?

Acknowledgements

The authors gratefully acknowledge the contributions of many people to the development of *Exploraciones*. For their suggestions during the early stages of the project, we would like to express our gratitude to the following colleagues:

Dr. Lydia M. Bernstein, *Bridgewater State College*

Dr. José Escobar, *College of Charleston*

Joseph R. Farrell, *California State Polytechnic University*

Linda C. Fox, *Indiana University-Purdue University Fort Wayne*

Ellen Haynes, *University of Colorado*

Phillip Johnson, *Baylor University*

Mary Ellen Page, *Valencia Community College*

Loknath Persaud, *Pasadena City College*

Judith Rusciolelli, *Middle Tennessee State University*

Muchísimas gracias especialmente to Carnegie Mellon students Alex Chorny, Blair Jacobs, Dana Mock-Muñoz de Luna, and Kate Tellers for their enthusiastic efforts in researching and giving a student response to the work, and to our students at Boston College and Carnegie Mellon for providing inspiration and for piloting readings and activities. We are deeply appreciative of the efforts of all those at Houghton Mifflin involved with *Exploraciones*. It has been a great pleasure to work with Rosemary Jaffe, Senior Project Editor, with meticulous copy editor Grisel Lozano-Garcini, and with Tina Crowley Desprez of the marketing staff. Special thanks to Kristina Baer, formerly of Houghton Mifflin, and to Beth Kramer for their vision and support of the project, and most special thanks to our editor Rafael Burgos-Mirabal for his devotion and wise counsel and for being our guiding force through the many stages of the work.

Susan G. Polansky
Gene S. Kupferschmid

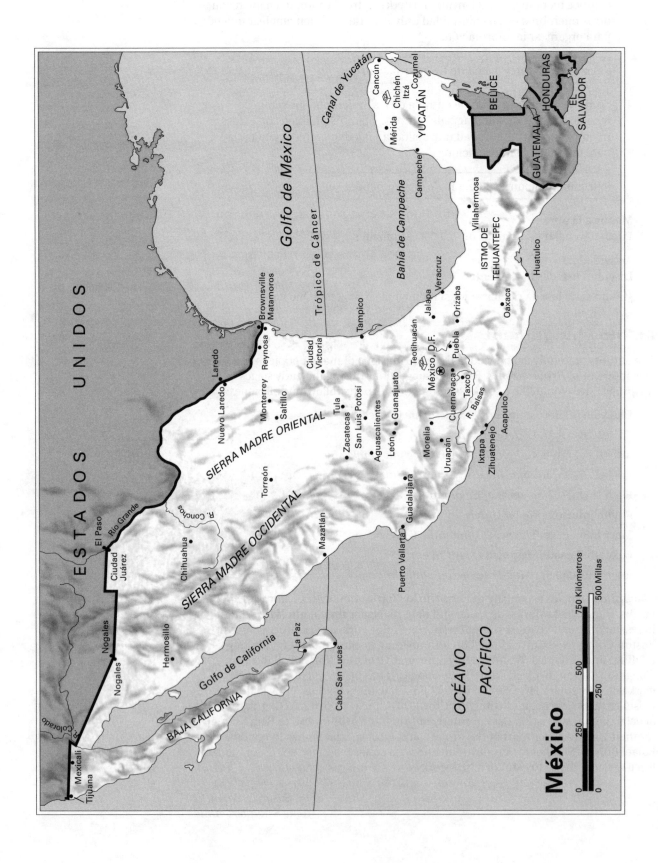

México

ESTADOS UNIDOS

Golfo de México

OCÉANO PACÍFICO

Canal de Yucatán

Trópico de Cáncer

Bahía de Campeche

BELICE
GUATEMALA
HONDURAS
EL SALVADOR

YUCATÁN

Cancún
Chichén Itzá
Cozumel
Mérida
Campeche
Villahermosa

ISTMO DE TEHUANTEPEC

Huatulco
Oaxaca
Veracruz
Jalapa
Orizaba
Puebla
Teotihuacán
México, D.F.
Cuernavaca
Taxco
R. Balsas
Acapulco
Ixtapa
Zihuatenejo
Uruapán
Morelia
León
Guanajuato
Guadalajara
Aguascalientes
San Luis Potosí
Zacatecas
Tula
Tampico

SIERRA MADRE ORIENTAL

Ciudad Victoria
Saltillo
Monterrey
Reynosa
Nuevo Laredo
Laredo
Matamoros
Brownsville

Torreón
R. Conchos

SIERRA MADRE OCCIDENTAL

Chihuahua
Ciudad Juárez
El Paso
Rio Grande

Nogales
Nogales
Hermosillo
Mazatlán
Puerto Vallarta

La Paz
Cabo San Lucas
Golfo de California
BAJA CALIFORNIA

R. Colorado
Mexicali
Tijuana

0   250   500   750 Kilómetros
0   250   500 Millas

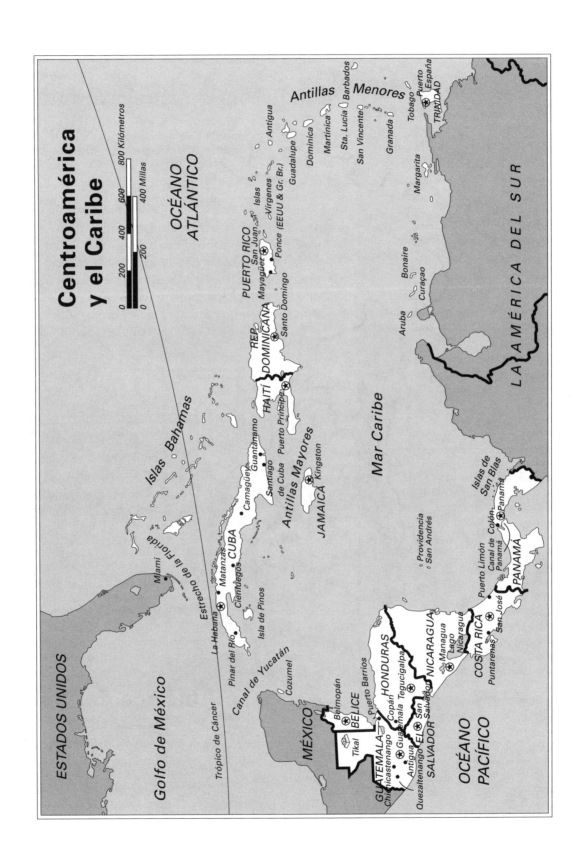

Centroamérica y el Caribe

Mar Caribe

Santa Marta
Barranquilla
Cartagena
Maracaibo · Caracas
TRINIDAD
Puerto España

VENEZUELA

Medellín
COLOMBIA
R. Orinoco
Georgetown
GUYANA
Paramaribo
Cayena
SURINAM
GUAYANA FRANCESA

· Bogotá

Cali
CORDILLERA DE LOS ANDES

Quito
Ecuador

ECUADOR
R. Negro
Manaus · R. Amazonas
Belém

Guayaquil
Iquitos

R. Madeira

B R A S I L

Recife

PERÚ
Machu Picchu

Lima
Cuzco

Brasília
Salvador

Lago Titicaca
La Paz

Arequipa
BOLIVIA

Arica
Sucre

Iquique
Belo Horizonte

R. Paraná

São Paulo

Antofagasta
PARAGUAY
Trópico de Capricornio

OCÉANO PACÍFICO
Salta
Río de Janeiro
Santos

Asunción
Tucumán

CHILE
R. Paraná
R. Uruguay
Pôrto Alegre

Córdoba
Rosario

Viña del Mar
Mendoza
URUGUAY
Valparaíso
Santiago
Buenos Aires
Montevideo
La Plata
Punta del Este
Río de la Plata
OCÉANO ATLÁNTICO

Concepción
CORDILLERA DE LOS ANDES
ARGENTINA

Bahía Blanca
Mar del Plata

San Carlos de Bariloche
Puerto Montt

La América del Sur

| 0 | 500 | 1000 | 1500 Kilómetros |

| 0 | | 500 | 1000 Millas |

Estrecho de Magallanes

Islas Malvinas

Punta Arenas

Tierra del Fuego
Cabo de Hornos

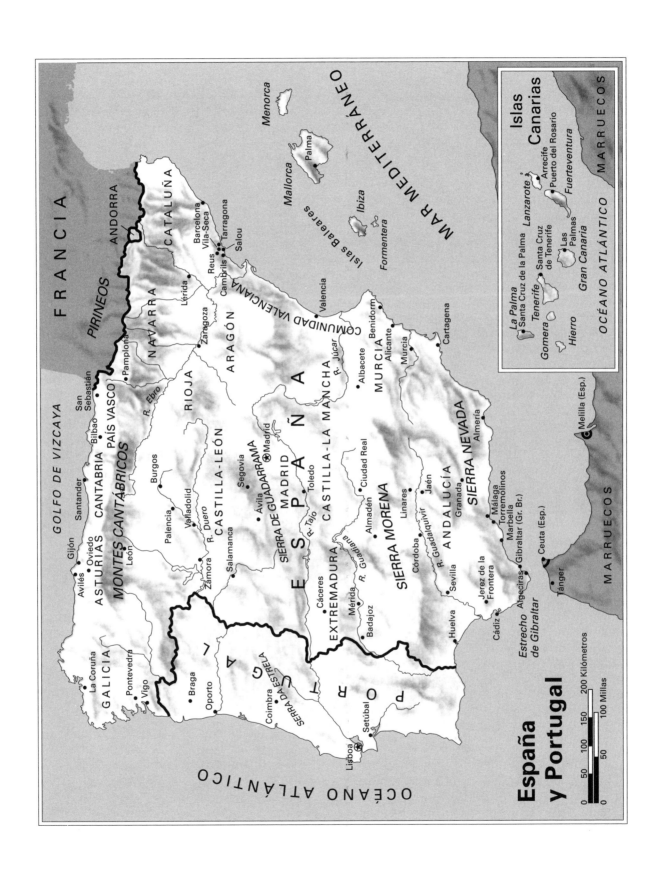

España y Portugal

FRANCIA

ANDORRA

PIRINEOS

CATALUÑA

NAVARRA

Lérida

Zaragoza

ARAGÓN

Barcelona
Vila-Seca
Tarragona
Reus
Cambrils
Salou

COMUNIDAD VALENCIANA

Valencia

R. Júcar

MENORCA

MAR MEDITERRÁNEO

Mallorca
Palma

Islas Baleares

Ibiza

Formentera

San Sebastián
Bilbao
PAÍS VASCO
R. Ebro
Pamplona
RIOJA

GOLFO DE VIZCAYA

Santander
CANTABRIA
MONTES CANTÁBRICOS

Gijón
Oviedo
Avilés
ASTURIAS

Burgos

CASTILLA-LEÓN

Valladolid
R. Duero
Palencia
León
Zamora
Salamanca

Segovia
SIERRA DE GUADARRAMA
Madrid
MADRID
Ávila
Toledo
R. Tajo

ESPAÑA

CASTILLA-LA MANCHA

Albacete

Ciudad Real

MURCIA
Benidorm
Alicante
Murcia
Cartagena

La Coruña
GALICIA
Pontevedra
Vigo

Braga
Oporto

P O R T U G A L

Coimbra
SERRA DA ESTRELA

Lisboa
Setúbal

OCÉANO ATLÁNTICO

Cáceres
EXTREMADURA
Mérida
Badajoz

R. Guadiana

SIERRA MORENA

Almadén
Córdoba
R. Guadalquivir
Sevilla
ANDALUCÍA

Linares
Jaén
Granada
SIERRA NEVADA
Almería

Málaga
Torremolinos
Marbella
Gibraltar (Gr. Br.)
Ceuta (Esp.)

Huelva
Jerez de la Frontera
Cádiz
Algeciras
Estrecho de Gibraltar
Tánger

MARRUECOS

Melilla (Esp.)

Islas Canarias

La Palma
Santa Cruz de la Palma
Tenerife
Gomera
Hierro

Lanzarote
Arrecife
Puerto del Rosario
Fuerteventura

Santa Cruz de Tenerife
Las Palmas
Gran Canaria

MARRUECOS

OCÉANO ATLÁNTICO

MARRUECOS

0 50 100 150 200 Kilómetros
0   50   100 Millas

Exploraciones

El trabajo y nosotros

No hay duda de que hablar y comprender un idioma extranjero es una ventaja para muchos profesionales. En los Estados Unidos, en una gran variedad de trabajos y regiones, hablar y comprender el español es muy útil, tal vez esencial. El conocimiento del español puede ser importante en los campos de las comunicaciones, las relaciones públicas, los servicios sociales, los negocios, la industria, la educación, la salud, el derecho, el gobierno, la ingeniería, la informática y el turismo, entre otros. ¿Es posible que el conocimiento del español sea importante en una carrera que siga usted algún día? Puede que sí o puede que no. De todos modos, con este libro, *Exploraciones*..., va a avanzar su conocimiento del español a medida que explora una diversidad de campos profesionales. ¡Adelante! Es hora de comenzar a explorar...

En este capítulo preliminar...

 I. Se trazará la línea de la vida de un hombre y sus preferencias: "Los oficios soñados"
 II. Se presentarán las recomendaciones de los especialistas para los universitarios en su vida profesional: "¿Cómo son y de qué pecan los universitarios?"
 III. Se aprenderá de los atributos y los estilos de los líderes: "Madera de líder"
 IV. Se dará un vistazo a la conexión entre los estudios de español y las oportunidades profesionales: "Clasificados: Ofertas de trabajo... un sinnúmero de posibilidades"

DENTRO DE TREINTA AÑOS ¿QUÉ ENCONTRARÉ EN EL ESPEJO?

¿UNA MINERA?

¿UNA INGENIERA GENÉTICA PECUARIA?

¿UNA ARTISTA CONSAGRADA?

¿UNA ARQUEÓLOGA?

¿UNA ZOÓLOGA?

¿UNA QUÍMICA EXPERIMENTAL?

¿UNA EXPLORADORA ESPACIAL?

CUALQUIERA SABE, LA VIDA DA MUCHAS VUELTAS...

- ¿Qué se pregunta Margarita?
- ¿En qué puestos se imagina ella?
- ¿Y usted? ¿Qué encontrará en el espejo dentro de treinta años?
- ¿Dónde trabajará?

Orientación breve

ACTIVIDAD I A conocernos...

Las decisiones en cuanto al empleo o a la profesión dependen de muchos factores: de los talentos, de la aptitud, de la preparación profesional, y también de los gustos y las preferencias.

A. Trabajando con un/a compañero/a, pregúntense:

- el nombre
- el apellido
- su nombre preferido
- su año de graduación

Luego, háganse preguntas sobre sus preferencias. Pueden indicar más de una letra en algunas categorías.

	yo	mi compañero/a
1. los campos que te interesan		
a. las humanidades y las bellas artes (*fine arts*)	____	____
b. las ciencias	____	____
c. las ciencias sociales	____	____
d. la tecnología	____	____
e. los negocios (*business*)	____	____
2. la descripción general de tu ambiente de trabajo		
a. una empresa o compañía grande, tal vez multinacional	____	____
b. una compañía pequeña	____	____
c. por tu cuenta (o independientemente)	____	____
d. un taller (*workshop*)	____	____
e. una escuela	____	____
f. un hospital	____	____
3. los compañeros de trabajo		
a. muchas personas diferentes	____	____
b. poca gente	____	____
c. sólo tú	____	____
d. adultos	____	____
e. niños o adolescentes	____	____
f. animales	____	____
4. el punto geográfico		
a. en el mismo lugar donde vives ahora	____	____
b. cerca de tu familia	____	____
c. otra parte de los Estados Unidos	____	____
d. un país extranjero	____	____

	yo	mi compañero/a

5. el ambiente geográfico

   a. una ciudad grande   ____ ____

   b. una ciudad mediana   ____ ____

   c. un pueblo   ____ ____

   d. el campo   ____ ____

6. la oportunidad de viajar

   a. mucho   ____ ____

   b. un poco   ____ ____

   c. nada   ____ ____

B. Presentaciones

Preséntele a su compañero/a al resto de la clase, mencionando algunos detalles que acaba de aprender de él/ella.

Palabras del oficio

El mundo del trabajo

el adiestramiento, el entrenamiento training, practice
el ambiente de trabajo environment
el ámbito (laboral), el mercado de trabajo field, job market
el anuncio (clasificado) classified ad
aportar to contribute
la aptitud fitness, ability, aptitude
la capacidad ability, capability
la cifra, el número figure, number
la clave key
contratar, dar empleo to hire
el currículum (vitae), la hoja de vida, resumé résumé
desarrollar to develop
desempeñar to perform (a job, function)
destacar, poner énfasis to emphasize
destacarse, distinguirse to stand out
la destreza, la habilidad skill
eficaz effective, efficient
la empresa, la compañía, el negocio company, enterprise
entrevistar a, entrevistarse con to interview
el esfuerzo effort
la especialización, la especialidad (menor) major (minor)

la falta, la carencia lack
la formación education, training
el gusto preference, liking
la informática, la ciencia de computación computer science
el/la jefe/a boss, employer
el liderazgo leadership
la meta, el objetivo, el fin goal
la oferta offer, supply
oferta y demanda supply and demand
el oficio, la profesión occupation
el perfil, el retrato profile
el período de aprendizaje training period
el puesto, el trabajo, el empleo job, position
el rasgo, la característica, la cualidad trait, characteristic
el recurso resource
el requisito, la exigencia requirement, demand
el/la solicitante, el/la aspirante, el/la candidato/a applicant
solicitar to apply
el sueldo, el salario salary
el título, el diploma degree, diploma
la vocación calling, vocation

Actividad 2 Práctica de vocabulario: Al mundo de trabajo...

Complete las frases de la columna A con una respuesta apropiada de la columna B.

A

_____ 1. Se adquiere un título cuando...

_____ 2. Se prepara un currículum cuando...

_____ 3. Se leen los anuncios clasificados de los periódicos cuando...

_____ 4. Se participa en un programa de adiestramiento cuando...

_____ 5. Se logra conseguir un puesto cuando...

_____ 6. Se dice que uno tiene vocación por una carrera cuando...

_____ 7. Las cifras del empleo son altas cuando...

_____ 8. Es importante enterarse bien del perfil de un aspirante cuando...

B

a. una empresa quiere que un/a empleado/a reciba entrenamiento especial.

b. se busca empleo.

c. tiene talento especial y aptitud para dicha profesión.

d. hay muchas ofertas de trabajo en el ámbito laboral y muchos consiguen trabajo.

e. se cumple con los requisitos para graduarse.

f. una compañía quiere contratar al (a la) mejor solicitante.

g. se necesita presentar datos personales y profesionales para solicitar un puesto.

h. se dedica a buscarlo con mucho esfuerzo y se recibe una oferta con sueldo y beneficios aceptables.

Actividad 3 Práctica de vocabulario: A buscar trabajo temporal de verano

Trabajando en parejas, discutan su búsqueda de trabajo temporal para el verano que viene. Háganse preguntas basadas en las categorías que siguen a continuación.

Modelo: 1. los recursos que van a emplear para buscar trabajo

Estudiante A   ¿Qué recursos vas a emplear para buscar trabajo?

Estudiante B   Los anuncios del periódico y de la Internet. ¿Y tú?

Estudiante A   Pienso llamar a mis parientes y amigos, ir directamente a las empresas, y tal vez ir a una agencia de empleos.

Estudiante B   ¿Cuál es tu meta profesional? (¿Cuáles son tus metas profesionales?) etc.

1. los recursos que van a emplear para buscar trabajo
2. las metas que tienen
3. los oficios que prefieren
4. las habilidades y las experiencias que van a destacar en su currículum
5. las destrezas que van a aportar a su trabajo
6. el salario que desean
7. las cualidades que buscan en un/a jefe/a ideal
8. las personas con quienes esperan entrevistarse

ACTIVIDAD 4 Diccionario personal

En su exploración de los campos profesionales en general, posiblemente encontrará otras palabras y expresiones que querrá usted aprender. Apúntelas aquí a medida que hace las actividades del capítulo. ¡Las nuevas palabras serán útiles a la hora de realizar los trabajos orales y escritos!

I. Se trazará la línea de la vida de un hombre y sus preferencias:
"Los oficios soñados"

Es común que los niños y los jóvenes se imaginen realizando muchos oficios, ¿no? Verá que Juan Pablo ha soñado con una variedad de oficios a lo largo de (*throughout*) su vida.

¡Fíjese!   Las tablas o los esquemas gráficos pueden ser muy útiles para identificar, comparar o clasificar cierta información. Por ejemplo, si tuviera que escribir una composición sobre sus sueños profesionales y organizar cronológicamente sus ideas, podría utilizar una línea de la vida para representar sus pensamientos clara y sencillamente.

ACTIVIDAD 5 ¿Qué quiere decir...?

Las representaciones visuales también pueden promover la comprensión del vocabulario. Mire el dibujo de Juan Pablo en la cama y lea lo que dice la línea de la vida sobre su primer oficio soñado.

- ¿Qué quiere decir **bombero**?
- ¿Qué quiere decir **autobomba**?

ACTIVIDAD 6 Antes de leer "Los oficios soñados"

Antes de leer el caso de Juan Pablo, conteste las siguientes preguntas. Comparta sus respuestas con el resto de la clase.

1. Cuando era niño/a, ¿qué trabajos o profesiones imaginaba que desempeñaría de adulto/a?
2. ¿Soñaba con alcanzar la fama y con ser rico/a?
3. Y hoy día, ¿en qué campos le interesaría trabajar?
4. ¿Tiene idea de qué carrera quisiera practicar durante su vida adulta? Mencione algunas posibilidades.

Los oficios soñados

LOS OFICIOS SUCESIVOS CON LOS CUALES JUAN PABLO HA SOÑADO A LO LARGO DE SU VIDA

	Bombero	Inspector de policía	Futbolista profesional	Ingeniero	Jefe de taller
0	5 años Conducir una autobomba	10 años Perseguir criminales	15 años Anotar goles	20 años Adquirir conoci- mientos	25 años Dirigir un equipo (*team*)

¿Qué piensa Juan Pablo cuando evoca sus sueños de niño y de joven?

"Era una constante en todos esos sueños. Quería ver los resultados de mi trabajo. Llegar a ser cada vez más eficaz. Dominar mi oficio. Por otra parte, me agradaba dirigir y ser reconocido como alguien competente. Desde luego, a los 20 años no podía calcular mis límites, soñaba con llegar a ser ingeniero. Luego pasé por un período decisivo, en el que deseaba lograr una evolución y orientar mi carrera."

ACTIVIDAD 7 Comprensión de lectura: "Los oficios soñados"

Explique cómo han cambiado los intereses de Juan Pablo a lo largo de su vida. ¿Cuál es la constante que se menciona?

Actividad 8 A explorar: Su línea de la vida

0	5 años	10 años	15 años	Hoy

EN RESUMEN: En grupos de tres o cuatro
Contesten las siguientes preguntas relativas a su línea de la vida.

1. ¿Ha cambiado usted mucho?
2. ¿Hay constantes a lo largo de su línea de la vida?
3. ¿Qué observaciones personales ha apuntado?
4. ¿Hay preferencias en común entre los miembros de su grupo?
5. ¿Hay muchas diferencias entre las líneas de la vida y las observaciones personales de los miembros del grupo?
6. ¿Hay muchas diferencias entre las líneas de la vida de ustedes y la de Juan Pablo?

ACTIVIDAD 9 A explorar más: ¿De tal palo, tal astilla? (*A chip off the old block? Like father, like son?*)

Los oficios de los ascendientes, es decir, de los padres o de los abuelos, o los de los hermanos, pueden ejercer una influencia sobre los gustos y las preferencias profesionales de los menores de su familia. ¿Es éste el caso en su familia? Llene los casilleros vacíos, anotando los oficios de los miembros de su familia.

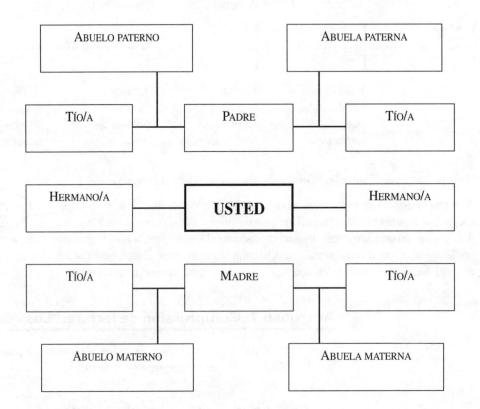

EN RESUMEN: Toda la clase

1. ¿Han trabajado algunos miembros de su familia en la misma profesión?
2. ¿Han ejercido influencia sus parientes sobre sus decisiones profesionales?
3. ¿Le interesa a usted seguir los pasos profesionales de uno/a o de algunos de sus parientes? ¿Por qué?

II. Se presentarán las recomendaciones de los especialistas para los universitarios en su vida profesional: "¿Cómo son y de qué pecan (*sin, err*) los universitarios?"

La siguiente lectura ofrece una perspectiva de España. Las universidades españolas ponen énfasis en la preparación profesional. Cuando se habla de los estudios universitarios, se dice que el estudiante **sigue una carrera**. Los comentarios de los cinco profesionales españoles también podrían servirles a los universitarios de otros países que ya se estén preparando para el mundo de trabajo.

¡Fíjese! Muchas veces se puede iniciar la comprensión de una lectura si se echa un vistazo (*scan*) a los títulos, el diseño y otros elementos gráficos de la organización y a su contenido (*contents*). Por ejemplo, una mirada a las divisiones gráficas de la próxima lectura da indicio de la estructura de la presentación: hay cinco preguntas y cinco grupos de respuestas que serán contestadas por cinco personas diferentes. No se olvide de fijarse en los componentes del diseño antes de leer.

ACTIVIDAD 10 ¿Qué quiere decir...?

Asuma el papel de un/a estudiante que le contesta a un/a consejero/a algunas preguntas sobre la preparación para el mundo de trabajo en una compañía multinacional. En clase, puede hacer la entrevista con otra persona.

El/La consejero/a habla...

1. —Buenos días. Muy bien, ¿por qué quiere que le dé algunas claves sobre las cualidades que deben tener los aspirantes a un trabajo?

2. —¿Es Ud. cumplidor/a? En otras palabras, si dice que va a hacer algo, ¿lo hace? ¿Me podría dar un ejemplo para explicar su respuesta?

3. —Además de poder enseñar lo que ha aprendido de su campo de especialización, ¿qué talentos y experiencia puede Ud. aportar a su trabajo? Por ejemplo, ¿tiene conocimientos de informática (computadoras), formación técnica, humanística, artística u otra?

4. —El dominio de los idiomas importa. Algunos de los buenos candidatos dominan el inglés y otra lengua. ¿Cómo piensa Ud. seguir sus estudios de español u otros idiomas?

5. —Si "cojea" (*you limp, are weak*) en su conocimiento de la realidad empresarial, es decir, si carece de experiencia en el mundo de las compañías grandes, ¿cuándo podría participar en un programa intensivo de orientación?

6. —¿Tiene usted flexibilidad horaria? ¿Podría usted trabajar a veces por las noches y los fines de semana?

ACTIVIDAD 11 Antes de leer "¿Cómo son y de qué pecan los universitarios?"

Antes de leer lo que dicen algunos profesionales sobre la preparación de los graduados, contesten y discutan en grupos de tres o cuatro las siguientes preguntas.

1. ¿Por qué vino a esta universidad? ¿Qué aspectos de esta universidad le han parecido muy atractivos?

2. ¿Qué espera usted sacar de su experiencia universitaria?

¿CÓMO SON Y DE QUÉ PECAN LOS UNIVERSITARIOS?

Cinco especialistas profesores de Universidad, empresarios[1] y responsables de departamento de personal, dan su opinión sobre los licenciados[2] españoles y las pistas[3] sobre las cualidades que más valoran y los defectos más generales entre los aspirantes a su primer puesto de trabajo. La contestación a las siguientes preguntas proporciona[4] algunas claves para futuros universitarios que quieran adelantarse a los problemas que encontrarán en su futuro laboral.

1. **¿De qué no puede carecer un recién licenciado?**
2. **Si tuviera que contratar a un licenciado, ¿qué formación valoraría más?**
3. **¿Y qué cualidades personales?**
4. **¿En qué cojean los universitarios?**
5. **Algún consejo...**

G. Peces-Barba:
Rector de la Universidad Carlos III de Madrid

1. Tiene que haber hecho bien la carrera, con seriedad y dedicación, y debe haber ampliado su cultura en humanidades, historia... No debe ser sólo un especialista.
2. Como profesor, los conocimientos adecuados para impartir su materia y vocación por la enseñanza. Y en general, tiene que saber inglés y otro idioma y tener conocimientos de informática.
3. Interés por los demás, sentido del interés público, capacidad de comunicación, amabilidad y sentido solidario.
4. Probablemente, en la formación humanista y generalista, de no tener una vocación por el interés, en general.
5. Que tengan sentido de la responsabilidad, rectitud, sean cumplidores y no se dejen llevar[5] por los deseos de enriquecimiento rápido o la competitividad excesiva.

J. Sanabria Gallego
Recién diplomado en Relaciones Laborales, que trabaja en recursos humanos de Grupo Teneo.

1. La informática y los idiomas. Que conozcan las empresas a las que van a dirigirse y que concreten el área en el que se quieran desarrollar profesionalmente sin cerrarse puertas.
2. Las empresas piden gente con iniciativa, flexibilidad horaria y capacidad de asumir responsabilidades.
3. Las empresas valoran la gente dinámica, con capacidad de trabajo, actitud abierta y capaz de ponerse al día[6] rápidamente.
4. De falta de realidad empresarial y de acercarse a la empresa con mentalidad de estudiante.
5. Que no tiren la toalla[7] en la carrera, que la acaben; que piensen que habrá posibilidad de colocarse antes o después y que no esperen que les den las cosas hechas.

---

[1]business executives   [2]**graduados de la universidad**   [3]clues   [4]provides

[5]**se dejen...** let themselves be carried away

[6]**ponerse...** to get up to date   [7]**tiren...** throw in the towel

Javier Anitua
Headhunter y Director Asociado de Russell Reynolds Associates

1. Que haya empleado esfuerzo y dedicación a su carrera y que haya hecho otras muchas cosas a la vez para desarrollar sus capacidades y cualidades.

2. Que hable idiomas, pero de verdad, y que esté familiarizado con la informática.

3. Capacidad de trabajar en equipo, de comunicar entusiasmo y que conozca el mundo, que tenga capacidad de adaptación.

4. No conocen cómo funcionan las empresas, la realidad del mundo del trabajo.

5. Que si quieren entrar en una empresa, primero se informen bien sobre ella y que vayan con una actitud positiva, con la idea de aprender.

Miguel Ángel Alfageme
Director General de ECCO, Trabajo Temporal

1. Experiencia práctica y que no se olvide de que va a aportar y no a que le aporten, y eso es lo que tiene que vender, lo que puede aportar.

2. El dominio real de al menos un idioma, conocimientos de informática y que se haya movido, que haya trabajado de lo que sea, si es de su campo, mejor.

3. Gente activa que se busca la vida, que para hacer las cosas no espere a cuando no tiene más remedio[8].

4. No tienen la mentalidad de aportar. Acaban de estudiar y consideran que les tienen que seguir aportando. No piensan que el objetivo no es aprender para hacer currículo, sino la consecuencia de trabajar duro.

5. Que no pierdan ni un minuto, que no se dejen llevar por lo cómoda que es la vida de estudiante, que cualquier cosa que hagan les va a enriquecer y servir.

Pedro Moreno de los Ríos
Director General de Progress Consultores

1. Debe saber al menos un idioma, pero bien, de un país o una cultura que le guste. Si no, se le cierran puertas. Estar familiarizado con la informática.

2. Que tenga una sólida formación, completa. Que haya hecho una carrera general y un *master* en un área concreta.

3. Que sea una persona creíble, que se presente bien, que sea honesta, que tenga solidez intelectual. Y que tenga las habilidades propias de ese trabajo.

4. Cuando ya tienen experiencia, a menudo no saben bien los idiomas.

5. Que estudien algo que realmente les guste, que utilicen los veranos para practicar en las empresas, que sean buenos estudiantes y enriquezcan su currículo con sus aficiones[9].

---

[8]recourse

[9]preferences, likes

ACTIVIDAD 12 Comprensión de lectura: Lo esencial...

Según la lectura, la mayoría de las siguientes respuestas son ciertas. Indique cuáles no lo son.

1. Según los especialistas, los recién graduados no deben carecer de...
   a. una educación bastante amplia.
   b. conocer idiomas extranjeros.
   c. la experiencia práctica.
   d. tener muchas amistades y una buena vida social.
   e. tener conocimiento de las computadoras.

2. Al contratar a un graduado, los especialistas valorarían mucho...
   a. la capacidad de comunicarse bien.
   b. la inflexibilidad horaria.
   c. el conocimiento de la informática.
   d. el conocimiento de idiomas extranjeros.
   e. la educación posgraduada.

3. Las cualidades personales importantes que se señalan son...
   a. la amabilidad.
   b. la inteligencia.
   c. la capacidad de adaptarse.
   d. la sinceridad.
   e. la timidez.

4. Los especialistas critican a los graduados por...
   a. no saber cómo es el mundo real del trabajo.
   b. no dominar los idiomas extranjeros.
   c. tener una educación demasiado limitada.
   d. tener demasiada energía.
   e. ser inmaduros.

5. Algunos de los consejos que dan los especialistas son...
   a. ser muy competitivos.
   b. ser persistentes.
   c. tener una actitud positiva.
   d. relajarse mucho.
   e. escoger un camino que le sea verdaderamente interesante.

ACTIVIDAD 13 A explorar: Lo esencial para todos los graduados...

Repasen brevemente sus respuestas a la pregunta número 2 de la Actividad 11, *¿Qué espera usted sacar de su experiencia universitaria?* ¿Cómo la contestaron? ¿Mencionaron ustedes algunas de las mismas cosas que les importan a los cinco especialistas del artículo? ¿Cuáles son?

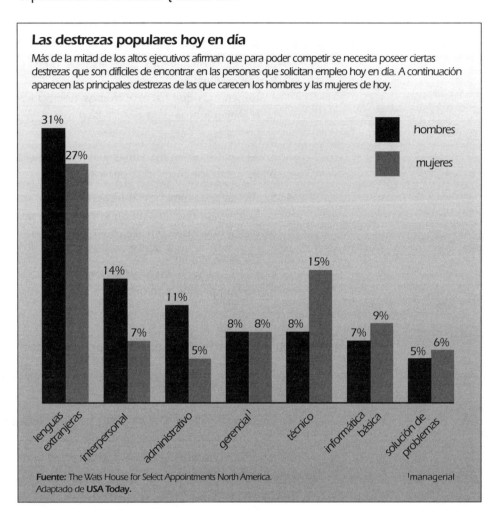

Las destrezas populares hoy en día

Más de la mitad de los altos ejecutivos afirman que para poder competir se necesita poseer ciertas destrezas que son difíciles de encontrar en las personas que solicitan empleo hoy en día. A continuación aparecen las principales destrezas de las que carecen los hombres y las mujeres de hoy.

Fuente: The Wats House for Select Appointments North America. Adaptado de **USA Today.** ¹managerial

III. Se aprenderá de los atributos y los estilos de los líderes: "Madera de líder" (*What it takes to be a leader*)

¿Cómo se define a un buen líder? En la siguiente lectura se presentan algunas características del perfil del modelo moderno.

¡Fíjese! En los artículos de las revistas y los periódicos, se ven una variedad de elementos cuya meta es despertar y mantener el interés de los lectores: las preguntas retóricas, las ilustraciones, o las palabras escritas EN MAYÚSCULA, en letras grandes, **en negrita**, o *en bastardilla*. Sirven para llamar la atención, destacar información esencial, dar una idea general o un resumen del contenido, o a veces proveer información suplementaria. Cuando lea "Madera de líder", fíjese en estos elementos, que le ayudarán a comprender la lectura.

Actividad 14 ¿Qué quiere decir...?

Trabaje solo/a o en parejas para deducir o adivinar el significado de las palabras escritas *en bastardilla* que se encuentran en la lectura.

1. En las carreras de caballos, uno apuesta por el caballo que piensa que va a ganar. Si *se apuesta por* un/a candidato/a, quiere decir que...
   a. se prefiere y se apoya al candidato.
   b. ese dinero lo ayudará a ganar las elecciones.

2. Si las responsabilidades del trabajo son *compartidas* por varios empleados...
   a. tienen más que hacer y menos tiempo libre.
   b. trabajan juntos para dividir las tareas.

3. Si se trabaja en *equipo*...
   a. se usan muchas máquinas y aparatos electrónicos.
   b. se colabora con varias personas.

4. Si uno se preocupa por *el bienestar* de los otros...
   a. le importa que se sientan contentos y satisfechos.
   b. busca una casa cómoda.

5. Si siente *la empatía*...
   a. puede ponerse en la situación del otro.
   b. no comprende por qué sufre otra persona.

Actividad 15 Antes de leer "Madera de líder"

Conteste las siguientes preguntas y compare su información con la de sus compañeros.

1. En su opinión, ¿en qué consiste un buen líder? Apunte tres o cuatro características que debe tener un buen líder.

2. Apunte el nombre de un/a líder a quien admira. ¿Qué rasgos de su carácter admira sobre todo?

MADERA DE LÍDER

¿Autoritario o participativo? ¿Carismático o eficaz? ¿Inteligente o persuasivo? ¿Qué es, en definitiva, lo que define a un líder? Son muchos los que apuestan por un liderazgo menos autoritario, en el que la vieja pirámide de la jerarquía deje paso[1] a la participación, la responsabilidad compartida y el bienestar. Los tiempos cambian; el liderazgo también.

¿Qué o quién es un líder? *"Ser líder significa, esencialmente, tener poder o ejercer influencia sobre aquéllos a los que se lidera, de tal forma que se modifiquen sus creencias, sus pensamientos o sus conductas"* (Ovejero, 1988). La definición parece clara. Sin embargo, ¿qué requisitos debe reunir una persona para liderar con éxito una empresa? Y, sobre todo, ¿cuál es el tipo de liderazgo más conveniente para cada caso?
"Hay toda clase de opiniones sobre cómo tiene que ser un líder, y pocos acuerdos[2]", advierte el profesor Antonio Valls, autor del libro *Las doce habilidades directivas clave.* No obstante[3], parece evidente que el modelo clásico de liderazgo, caracterizado por la unidireccionalidad, no será el esquema dominante en las empresas del futuro. Se impone el espíritu de equipo.

Valls señala[4] la empatía y la capacidad para escuchar como dos de las características fundamentales del líder moderno. *"La empatía es la habilidad que más se valorará en el líder del futuro"*, apunta. *"La capacidad de ponerse en los zapatos de los demás es básica para lograr una comunicación productiva con los subordinados".*

Lo mismo opina Cristina López, psicóloga clínica, para quien la empatía es *"realmente importante"*. Desde su punto de vista, el carisma del líder es otro de los aspectos claves en la configuración de la personalidad

Empatía, carisma y eficacia son algunas de las características que definen al buen líder.

DIEZ PREGUNTAS PARA DISTINGUIR AL BUEN LÍDER

¿Hay cohesión en el grupo que lidera?
¿Qué grado de satisfacción se aprecia en los subordinados?
¿Están motivados e ilusionados los trabajadores?
¿Se ha conseguido establecer un espíritu de equipo?
¿Con qué facilidad o dificultad se superan las crisis internas?
¿Participa el subordinado en la toma de decisiones?
¿Es frecuente el absentismo laboral?
¿Son comunes los retrasos[5] al inicio de la jornada[6]?
¿Es frecuente la entrada y salida de trabajadores en la empresa?
¿Hay un elevado grado de colaboración en el equipo?

del líder; probablemente, el más importante. Resulta significativo que, en opinión de esta psicóloga, el carisma sea *"una cualidad innata"*, pues de ello se puede concluir que la capacidad de liderazgo viene implícita en cada persona.

¿En qué se basa ese carisma? En parte, señala el psicólogo J.M. Novoa, en el propio físico de la persona; pero no en un físico especialmente atractivo, sino en una imagen agradable, amable, singular y comunicativa. Precisamente, la habilidad para comunicar es otro de los rasgos que distinguen al líder. Éste debe saber cómo motivar a sus subordinados con el fin de que cada uno pueda comprender y asumir su tarea. *"El buen líder —recalca[7] Valls— no tiene recaderos[8], sino encargados[9]. Lo que hay que evitar a toda costa es que, cuando el jefe esté ausente, sus subordinados estén mano sobre mano[10] sin hacer nada. El líder cualificado hace que cada cual tenga clara su tarea".*

Ahora bien, ¿cómo motivar? ¿cómo combinar el ánimo[11] con la exigencia[12]? *"Tiene que haber un equilibrio entre el interés por los resultados y el interés por las personas"*, opina el profesor. *"Para conseguirlo, el dinero es importante, pero hay otras cosas: que te guste el trabajo, que haya un buen ambiente, etc.".* ¿Existe alguna receta[13]? *"No, pero sí una regla[14] que suele dar buen resultado: intenta que el proyecto que propones a tus empleados coincida con sus intereses".*

"Intenta que el proyecto que propones a tus empleados coincida con sus intereses", *aconseja el profesor Antonio Valls.*

---

[1]**deje...** gives way   [2]agreements
[3]**No...** Nevertheless   [4]points out

[5]delays   [6]**día**

[7]emphasizes   [8]messengers   [9]people in charge   [10]**mano...** idle   [11]**espíritu**
[12]demand   [13]recipe   [14]rule

¿Jóvenes dinámicos o mayores experimentados[15]?

Nadie duda de que la juventud es una característica más en la definición del buen líder. Sin embargo, ya no es, como lo fuera en la 'década de los yupis', la de los ochenta, una condición quasiimprescindible. *"Ser joven"*, argumenta Cristina López, *"puede ser bueno, pero en ciertos ámbitos también puede ser un inconveniente: la juventud está asociada con la falta de experiencia y eso crea desconfianza"*.

No sólo la imagen de seguridad o desconfianza que inspire una persona define la condición de líder en una empresa. En realidad, si hay una condición indispensable, ésa es la de ser efectivo, eficaz. *"Tú puedes ser un líder estupendo"*, comenta Valls, *"pero si la cuenta de resultados no funciona, se ha acabado tu liderazgo"*.

Texto: Aurelio Vázquez

EL PERFIL DEL LÍDER

- Tiene carisma
- Muestra empatía con sus subordinados
- Demuestra creatividad
- Es organizado/a
- Es emprendedor/a[16]
- Inspira credibilidad
- Es competente

- Es un/a buen/a comunicador/a
- Es ambicioso/a
- Es persuasivo/a
- Se muestra seguro/a de sí mismo/a
- Sabe planificar
- Sabe coordinar y supervisar
- Conoce bien su propia empresa
- Sabe ser autoritario/a

---

[15]experienced

[16]enterprising

ACTIVIDAD 16   Comprensión de lectura: ¿Cómo se define el liderazgo?

Las siguientes oraciones son ciertas. Agregue más detalles de la lectura para elaborarlas.

1. Hay mucha diferencia de opinión sobre la definición del liderazgo.
2. El líder de las empresas del futuro difiere del perfil del modelo clásico.
3. La empatía se ve como un rasgo imprescindible del líder moderno.
4. Los psicólogos tienen en cuenta una variedad de factores al definir el carisma, otro aspecto clave del líder.
5. Importa la relación entre el líder y sus subordinados.
6. Para motivar a sus empleados, el líder no dispone de una fórmula, pero hay varios factores que se debe considerar.
7. Puede ser importante que el buen líder sea joven.
8. Sobre todo, ser eficaz es indispensable.

¿Y usted? ¿Cómo se caracteriza a sí mismo/a? Tome este "test" y comparta los resultados con sus compañeros.

Test de creatividad

De la siguiente lista de adjetivos, escoge 10 que mejor te caractericen a ti:

❑ Energético	❑ Pulido[2]	❑ Ansioso
❑ Persuasivo	❑ Eficiente	❑ Abierto de mente
❑ Observador	❑ Perceptivo	❑ Inhibido
❑ Elegante	❑ De buena naturaleza	❑ Innovador
❑ Pensamiento claro	❑ Impulsivo	❑ Codicioso[7]
❑ Egoísta	❑ Realista	❑ Perseverante
❑ Severo	❑ Involucrado[3]	❑ Original
❑ Formal	❑ Flexible	❑ Cauto[8]
❑ Dedicado	❑ Que cae bien[4]	❑ Limitado
❑ Objetivo	❑ Retraído[5]	❑ Con coraje
❑ Con tacto	❑ Seguro	❑ Útil
❑ Entusiasta	❑ Comprensivo	❑ Rápido
❑ Ecuánime[1]	❑ Dinámico	❑ Meticuloso
❑ Práctico	❑ Exigente[6]	❑ Determinado
❑ Despierto	❑ Con recursos	❑ Modesto
❑ Curioso	❑ Independiente	❑ Distraído
❑ Organizado	❑ Predecible	❑ Sociable
❑ No emocional	❑ Informal	❑ Inquieto[9]

[1]fair
[2]polished, refined
[3]involved
[4]likable
[5]retiring, withdrawn
[6]demanding
[7]greedy
[8]careful
[9]nervous, restless

Si tienes alguno de los siguientes adjetivos asigna a cada uno de ellos dos puntos:

Energético	Dinámico	Perceptivo	Dedicado
Con recursos	Flexible	Innovador	Con coraje
Original	Observador	Exigente	Curioso
Entusiasta	Independiente	Perseverante	Involucrado

Si tienes alguno de los siguientes adjetivos asigna a cada uno de ellos un punto:

Seguro	Determinado	Informal	Ansioso
Meticuloso	Inquieto	Despierto	Abierto de mente

Fuente: Cómo tener ideas productivas

El resto de los adjetivos tiene un valor de 0 puntos.

17 – 20	Excepcionalmente creativo
13 – 16	Muy creativo
9 – 12	Por encima de la media
5 – 8	Media
2 – 4	Por debajo de la media
Menos de 2	No creativo

Actividad 17 A explorar: Decálogo de un/a buen/a líder

Trabajen en parejas para crear su decálogo de un buen líder.

- ¿Cómo es?
- ¿Qué sabe?
- ¿Qué conoce?
- ¿Qué (no) hace?
- ¿Qué (no) tiene?
- ¿Qué (no) muestra o demuestra?
- ¿Qué (no) inspira?

¡Ojo! Escriban mandatos afirmativos y negativos para crear sus mandamientos: (Sea...; No sea...; etc.)

Decálogo de un/a buen/a líder

_____   _____

_____   _____

_____   _____

_____   _____

_____   _____

IV. Se dará un vistazo a la conexión entre los estudios de español y las oportunidades profesionales: "Clasificados: Ofertas de trabajo... un sinnúmero de posibilidades"

¿Cómo se puede explorar el mercado de trabajo actual y ver las oportunidades para usar el español? Un buen punto de partida (*point of departure*) puede ser la sección de los clasificados del periódico. La selección de anuncios de este capítulo proviene de periódicos de los EE.UU., Latinoamérica y España.

¡Fíjese! A menudo, el estilo telegráfico de los anuncios requiere que haya muchas abreviaturas en ellos. Antes de leer los anuncios, fíjese en las siguientes abreviaturas comunes:

apdo.	apartado (*post office box*)
av.	avenida
c/	calle
C.V.	currículum vitae
d.	derecha
exp.	experiencia

ACTIVIDAD 18 ¿Qué quiere decir...?

Échele un vistazo a los anuncios escritos en español y apunte dos o tres palabras que tienen que ver con cada uno de los siguientes campos profesionales.

1. las comunicaciones
2. los servicios sociales
3. los negocios
4. la educación
5. la salud y la medicina
6. el derecho y la ley
7. el turismo
8. la informática

Actividad 19 Antes de leer los "Clasificados"

Lea el siguiente anuncio breve.

> INFORMÁTICO de sistemas, dominio de sistemas operativos, se precisa para empresa financiera en San Antonio, TX. Imprescindible inglés y español. Contrato mínimo 3 años. Traslado a cargo de la compañía. Enviar C. V. Apdo. 973.

1. ¿Qué categorías de información se incluyen en el anuncio? Por ejemplo, el anuncio indica...

   a. el tipo de puesto

   b. el lugar del trabajo

   c.

   d.

   e. ...

2. ¿Qué más se menciona?
3. ¿Qué otra información sería útil saber que no se encuentra en el anuncio?

IMPORTANTE EMPRESA DE SERVICIOS REQUIERE

RELACIONADORA
P U B L I C A

- Muy buena presencia, experiencia en ventas
- Emprendedora, organizada, con gran iniciativa.
- Facilidad para relacionarse
- No mayor de 35 años.

- **Sueldo base más comisión.**
- **Premios e incentivos.**
- **Interesantes proyecciones.**

Enviar Currículum Vitae con foto a:
EVENTOS 5000, CASILLA 13 - D, STGO.

a

BUFETE[1] DE ABOGADOS
San Juan
Solicita:
SECRETARIA(O) Y/O PARALEGAL PARA DEPARTAMENTO DE LITIGIOS

Requisitos mínimos:
•Exp. en litigios en la operación de Word y Windows 98. •Proficiente en inglés y español.
Para entrevistas enviar resumé al
fax 657-5005

b

IMPORTANTE CLÍNICA PRIVADA
REQUIERE
QUÍMICO FARMACÉUTICO

Interesados enviar currículum vitae con pretensiones de renta y foto reciente a:
CLÍNICA
CASILLA 4442 - CORREO CENTRAL SANTIAGO

c

ARTISTA COMERCIAL

Requisitos: •Estudios en Arte Comercial y Gráfico.
• Conocimientos Computarizados en Programas de Diseños. • Bilingüe, español/inglés. •Creatividad • iniciativa propia. Si cualifica enviar resumé a:

P.O. Box 999, San Juan, P.R. 00978
Fax: (787) 847-1023

Patrono con igualdad de oportunidades de empleo

d

IMPORTANTE EMPRESA CONSULTORA REQUIERE SELECCIONAR:

Profesionales Informáticos

para vacantes en grandes empresas e instituciones financieras líderes en algunas de las siguientes plataformas:

- VISUAL BASIC / BASE DE DATOS RELACIONALES
- ORACLE, DEVELOPER 2000, FORMS
- COBOL: VAX, IBM, CIC'S, RM, UNIX, AS 400. RPG
- VISUAL SCRIPT, JAVA, HTLM
- OPERADORES (VAX / VMS, UNIX)

Interesados enviar curriculum con pretensiones de renta[2] a:
FAX: 442 9905 ó
e-mail: rrsphr@netline.cl
Los antecedentes serán tratados en forma confidencial

e

DIÁLISIS QUILICURA LTDA.
Requiere:
AUXILIAR DE ENFERMERÍA DE DIÁLISIS

Interesadas contactarse al:
527-1338

f

Producción de Video

Empresa en expansión está organizando sección producción videos educacionales de carreras técnicas en español. Si usted tiene experiencia en esta especialidad, póngase en contacto con nosotros en

videoschools@ globalnet.att.net

o escriba al: P.O. Box 592733 Miami, Fl. 33159

g

ASISTENTE ADMINISTRATIVA

Dinámica cía busca persona muy organizada. Conocer MS office, exc. relaciones personales. Hablar inglés y esp. Benef. C.Vitae por fax a: (305) 774-9304

h

MEDICO. Bilingüe (Ing/Esp) c/ 3–5 años de exp. en Palm Beach. Exc. salario y beneficios. Por favor llame a Raoul: 305-814-4185

i

PROFESOR precisa agencia de viajes, licenciado en filología hispánica, con experiencia en la enseñanza y desarrollo de programas, disponibilidad de viajar al extranjero. Enviar CV con foto. Ref. Lengua. 28080 Madrid. Apdo. 9.008

j

DIRECTOR profesional se necesita para agencia de viajes y turismo con experiencia en el sector, capacidad de motivar y coordinar a equipo, con sentido del trabajo, sin necesidad de ser supervisado. Enviar C.V. con foto. 28080 Madrid. Ref. Dir. Apdo. 9.008

k

SOLIDARIOS
Para el Desarrollo

NECESITA URGENTEMENTE
VOLUNTARIOS

- Para ayudar en ejercicios de rehabilitación a niños con parálisis cerebral. Zona: Madrid

- Para acompañar un par de horas a la semana a personas mayores con problemas de movilidad. Zona: Madrid

Contactar con Corina Mora en el 902 321 512
ONG SOLIDARIOS PARA EL DESARROLLO
C/ Donoso Cortés 65 - 28015 Madrid

l

COMPAÑÍA INTERNACIONAL
Requiere para su área Comercial:

VENDEDORES ESTRELLAS

Hombres y Mujeres que deseen incorporarse a Empresa Líder en su rubro.
Ofrecemos ingresos: FIJO[3]+ COMISIONES + BONOS[4]
*Amplio plan de capacitación gratuito
Interesados enviar curriculum vitae con fotografía reciente a:
"VENDEDORES" Av. Vitacura 6853, oficina 216-Vitacura-Stgo.

m

---

[1]law office [2]**salario** [3]**salario regular**
[4]bonuses

ADMINISTRATIVE ASSISTANT

REQUIREMENTS:
• Cheerful, well organized. • TQM team player.
• Type from dictation, computer smart-windows proficient / word processor / spreadsheet / presentations. • Fully bilingual (English-Spanish).

Company offers excellent benefits. Salary commensurate with skills.
Send résumé and salary history to:

**ADMINISTRATIVE ASSISTANT
Plaza Palma Real
C/O Administration Office
555 State Road #5
Humacao, Puerto Rico 00791**

"An Equal Opportunity Employer-M/F/V/D"

n

EDUCATION
COORDINATOR OF INTERNATIONAL STUDENT SERVICES

position available at Muskingum College. Located 45 miles east of Columbus, Muskingum College is a private, residential liberal arts and science college serving 1400 undergraduate students. The Coordinator will initiate and implement programs providing international understanding, cultural adjustment and community involvement. This position will provide for non-academic needs, manage the International House and serve as liaison with the Student Affairs office. Prefer studies abroad experience, second language and experience with international students and programs with a BA. Send resume and name and telephone number of three references.

o

Technical
Technical Support Rep

Circle Electric, a multi-national electrical manufacturer, is currently seeking a qualified individual for its Puerto Rico field office located in San Juan.

This position requires an individual who is fluent in both English and Spanish, self-motivated and an independent worker. Prior experience in the electrical industry a plus. Responsibilities include technical assistance and support of outside sales engineers; the ability to read and interpret engineering specs; perform job take-offs; prepare bills of material; and provide technical assistance to customers. Additional responsibilities include quotations, project management and credit/statement resolution.

A 4 year engineering degree or 3–5 years of electrical industry experience required. The successful candidate must have excellent customer service skills, be a team player and have the ability to handle multiple tasks. Good computer skills a must and experience with Windows NT system a plus.

We offer an exceptional compensation package which includes comprehensive benefits, 401(k), incentive plan, and corporate training. Please send resume/salary requirements to: **Circle Electric, Attn: Sales Operations Supervisor, 16830 NW 8th St. Ste. 120, Sunrise, FL 33065 or, FAX: 954-133-5021**

p

RAND LEGAL
HUNDREDS OF JOBS
WE PROMISE TO LISTEN!

* CORPORATE. Managing partner. Work as his assistant.
* LITIGATION. Boutique firm. A get involved oppty!
* CORPORATE. West Side. Upbeat firm. 4 weeks vacation.
* REAL ESTATE. One-on-one. Busy & nice attorneys.
* ENTERTAINMENT. Broadway entertainment. Heavy client contact. Free transit checks.
* INTELLECTUAL PROPERTY. Family atmosphere. Generous year-end review. Paralegal/secy oppty.
* TRUST & ESTATES. Entertainment firm. Great perks.
* BILINGUAL SPANISH. 4 weeks vacation, transit checks.
* PERSONAL INJURY. Light exp ok.
* WORD PROCESSORS. All shifts, all levels, incl anagement.
* HUMAN RESOURCES/ADMIN.

— Call Ms. Smith At —
212-682-6049

q

Social Worker
Mental health agency loc'd in Central Harlem seeks MSW w/psych & MICA exp. Candidate should have supervisory & clinical skills. Will coordinate case mgmt in residential setting. Bilingual a plus. Sal: mid $30's.

r

Bilingual Clubhouse Director
Mental health agcy to start new clubhouse in E. Harlem for Spanish-spkg MICA population seeks indiv w/3 yrs exp in psychosocial environment. Indiv will participate in start up & overall mgmt of clubhse. Supervisory exp w/a track record in voc program development. Master's-level educ. Sal $40's.

s

TEACHER/TUTOR   P/T
SPANISH-fluent/perfect English. Must drive to students, Nassau/Queens. Flexible hrs. Excel $$$. 516-562-9303

u

EMPLOYMENT SPECIALIST

Responsible for recruitment, assessment, training & placement of disabled public assistant recipients to transition from welfare to work. Provide extensive case management, vocational services, run employability groups, provide and link participants w/needed services in the community. BA in related field. Exp working w/welfare population pref'd. Enthusiastic, creative & organized. Spanish speaking a+. Resume & cover letter to: **Karen Morris, Bureau of Community Service, 285 Grandview St, Bklyn, NY 11217. Fax: (718-585-1751).**

t

Respiratory Therapy
Home medical equipment Co. F/T position for certified respiratory therapist. Min. 3 yrs. institutional exp. Bil. Eng/Span preferred. Exc. opportunity. Full benefits. Send/Fax resume to 7835 NW 150 St. Miami Lakes, 33016 or fax 305-128-9217

v

COLLEGE GRAD
BILINGUAL
International co seeks indiv to help w/ training & development of new area. Possible int'l travel. Call 212-968-8444

w

Pre-School Special Education

Immediate positions available for experienced staff at our Golden Hill and/or Beacon Beach locations.

■ **Psychologists**
Full Time

■ **Certified Teachers/ Special Education**
Full Time/Bilingual preferred.

■ **Physical Therapist/Registered**

■ **Bilingual Speech Pathologist**
Part time/Bilingual Spanish. TSHH and Bilingual extension required.

Please send/fax resume, indicating position of interest, to:

FIRST YEARS EARLY CHILDHOOD EVALUATION CENTER

x

SALES START BUILDING A CAREER! Earn $70,000 AND MUCH MORE We will invest the time and training to make you the success you can be! WE NEED Special Representatives Major Accounts Representatives Managers If you have the skills to represent one of the world's foremost and prestigious management consulting firms, the work ethic and polish to sell to business executives, then we want you to join our team. We have immediate openings for professionals who can introduce our services to business owners in your local area seeking to improve their firm's operations. We provide consulting services to thousands of companies throughout North America. If you have sales experience or feel you have the people skills to join our other professionals then we will offer you: Outstanding Advance-ment Opportunities Income Potential of At Least $70,000 to start Full Benefits Package Including 100% Co. sponsored profit sharing Prestige and Pride The Best in Training and Support Bilingual encouraged to apply. In order to fill immediate openigns you must be available to start trianing no later than January 24. To schedule an interview please call Ms. Jones (toll free) at 1-877-835-5002 by 3pm Wednesday, January 12.

y

TRAVEL AGENCY Reservation agent needed for growing travel company. Experience in reservation, computer skills a must. Salary negotiable according to experience. Spanish/English. FT. Please send resume 305-713-7459

z

ACTIVIDAD 20 Comprensión de lectura: Abecedario de ofertas

Trabaje con otro/a compañero/a de clase. Después de echarle otro vistazo a los anuncios clasificados, contesten las siguientes preguntas.

1. ¿Qué puestos de trabajo se ofrecen en las páginas 20 y 21?
2. ¿Cuáles mencionan una edad específica? ¿Es legal en los EE.UU. hacer esta pregunta?
3. ¿Cuáles mencionan los beneficios?
4. ¿Cuáles piden una foto? ¿Es legal en los EE.UU. hacer esta pregunta?
5. ¿Cuáles buscan candidatos que tengan conocimiento de programas de computadora?
6. ¿Cuáles indican que es deseable tener destrezas bilingües?
7. ¿Cuáles quieren que los aspirantes manden un currículum?
8. ¿Cuáles incluyen una dirección de correo electrónico?
9. ¿Cuáles dan un número de FAX?
10. ¿En cuáles hay referencia al salario?

ACTIVIDAD 21 A explorar: A solicitar un puesto

Prepárese para solicitar uno de los trabajos anunciados en los clasificados que acaba de leer. Después de estudiar los modelos de un currículum y de la carta breve que lo acompaña, escriba su propio currículum y su carta de presentación.

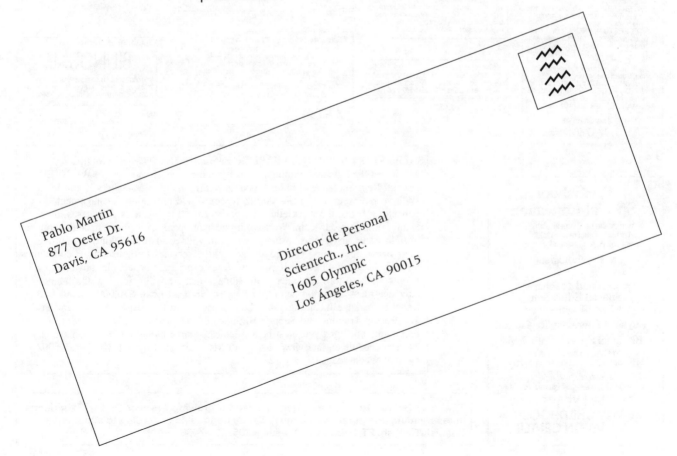

Carta modelo de solicitud de empleo

el membrete o
encabezamiento (*heading*)

877 Oeste Dr.
Davis, CA 95616
(530) 759-8634
pablo@ucdavis.edu

la fecha

25 de septiembre de 20--

la dirección interior o
dirección del destinatario

Scientech., Inc.
1605 Olympic
Los Ángeles, CA 90015

el saludo

Señores:
(o Muy estimados señores: o Distinguido señor:)

la introducción

En respuesta a su anuncio publicado en *La Opinión*, quiero solicitar empleo en su empresa.

el cuerpo o **mensaje**

Les adjunto mi currículum con mis datos personales. Por los detalles contenidos en mi información, pueden saber que soy estudiante de cuarto año de la Universidad de California en Davis. Me voy a graduar esta primavera con una especialización en informática. El verano pasado trabajé para la compañía Sonic con los programas que se mencionan en su anuncio. Espero que me vean capacitado para el puesto que tienen vacante y que me puedan conceder una entrevista.

la despedida o **cortesía final**

En espera de sus noticias, les saludo muy atentamente,

Pablo Martín

la firma

Currículum vitae

Datos personales:

Puesto requerido (o Meta profesional):

Formación (o Estudios):

Antecedentes laborales (o Experiencia o Experiencia laboral):

Conocimientos (o Destrezas) especiales:

Otras actividades:

Proyecto independiente

Un primer acercamiento a su exploración independiente

Este semestre va a combinar el estudio del español con su interés en algún campo profesional. Primero, tiene que decidir qué campo y qué tema quiere explorar. Sigue a continuación una lista de los campos representados en los capítulos de este libro. Entre paréntesis se indican algunas profesiones relacionadas con dichos campos, y en bastardilla (*italics*), ofrecemos algunos temas posibles para explorar.

1. Las comunicaciones (la prensa, el periodismo, la publicidad, la escritura, la literatura, las bellas artes: la música, la pintura, el diseño)

    * *La vida y obra de (un/a escritor/a, pintor/a, músico/a, fotógrafo/a, cinematógrafo/a, etc.)*
    * *El trabajo de los reporteros bilingües que informan sobre el mundo latino*
    * *El mundo de la televisión en algún país*

2. Los servicios sociales (la psicología, el trabajo social)

    * *Los inmigrantes de cierta región de los EE.UU.*
    * *Perfil de algún/alguna o varios profesionales que trabaje/n con cierto grupo de necesitados*
    * *Los trastornos de la alimentación* (eating disorders) *(la anorexia, la bulimia)*

EXPLORACIONES

3. El mundo de los negocios (las ventas, las finanzas, el mundo empresarial, el márketing, las relaciones públicas)

   - *Los anuncios y el márketing de un producto en los EE.UU. y en un país hispanohablante*
   - *La popularidad de algún producto o servicio en cierto país o región*
   - *La historia de la vida profesional de algún/una empresario/a (entrepreneur) o fundador/a de una compañía o de un comerciante que trabaje para una empresa multinacional*

4. La educación (la enseñanza, la administración de las escuelas)

   - *La educación bilingüe en los EE.UU.*
   - *Los libros infantiles (para niños) en español*
   - *Retrato de un/a maestro/a que enseñe cierta materia (subject matter) o que trabaje en una escuela o un programa especial*

5. La salud y la medicina (las ciencias, la ecología)

   - *El SIDA*
   - *La clonación*
   - *El trabajo de un personaje famoso en el campo de la medicina*

6. El derecho y el sector público (las ciencias políticas, la historia)

   - *La formación académica y profesional de un/a abogado/a que desee servir a los clientes hispanos o seguir una carrera en derecho internacional*
   - *El sistema legal de un país*
   - *La importancia de un personaje histórico o de una figura actual famosa*

7. El turismo (los viajes, el ocio, los pasatiempos, el entretenimiento)

   - *El turismo como industria en algún país*
   - *Una gira (tour) por una ciudad*
   - *Una visita a algún país*

8. La informática y la ingeniería (la arquitectura)

   - *El mundo de la tecnología en algún país hispano*
   - *La Internet en español*
   - *Perfil de un/a arquitecto/a o un/a informático/a de importancia*

En su exploración, puede investigar algunas de las siguientes cuestiones (u otras que le interesen más).

1. Una definición del campo:

   - En el mundo hispánico (o en un país o lugar específico), ¿cómo es el trabajo en este campo?
   - ¿Qué significa trabajar en este campo?
   - ¿Cómo se define el campo?

2. Algunos perfiles de la gente asociada al campo:

   - ¿Qué hace la gente que trabaja en este campo?
   - ¿Quiénes son algunas figuras importantes o bien conocidas en este campo? ¿Qué han hecho? ¿Cómo se han preparado? ¿Qué están haciendo?

3. Asuntos de importancia:

   - ¿Qué temas o problemas se investigan en este campo?

4. Detalles prácticos:
   - ¿Cuál es la terminología y la información necesaria para este campo?

5. Metodología:
   - ¿Qué recursos (*resources*) o fuentes (*sources*) serán más útiles para emprender (*undertake*) la exploración?
   - ¿Se encontrará la información necesaria en libros, revistas, periódicos, la red o consultando con profesionales del campo mediante entrevistas?

■ Los elementos clave de su exploración

Después de elegir su tema, su exploración va a consistir en lo siguiente:

1. la búsqueda de lecturas y otras fuentes útiles
2. una entrevista con una persona sobre su tema
3. una presentación oral en clase
4. la preparación de un ensayo final

■ Poco a poco... Los pasos

A lo largo de los capítulos 1–8, en la sección *Exploraciones*, Ud. irá preparando su exploración por pasos. Allí encontrará instrucciones específicas para guiar la preparación escrita y oral de los elementos de su exploración. A modo de introducción, presentamos aquí los ocho pasos.

Capítulo 1
Paso 1: ¿Qué campo le interesaría explorar?

Capítulo 2
Paso 2: Decida qué tema explorará.

Capítulo 3
Paso 3: Busque lecturas y otras fuentes.

Capítulo 4
Paso 4: Prepárese para su entrevista.

Capítulo 5
Paso 5: ¿Qué tal fue la entrevista?

Capítulo 6
Paso 6:
A. Prepárese para su presentación oral.
B. Escuche a sus compañeros con atención e interés y hágales preguntas.

Capítulo 7
Paso 7:
A. Día 1: Prepare un borrador de su ensayo final.
B. Día 2: Lea, revise y comente el ensayo de un/a compañero/a.

Capítulo 8
Paso 8: Termine su exploración y prepárese para una discusión final.

¡Adelante! ¡A explorar los campos y culturas profesionales!

Capítulo 1

Las comunicaciones

Las comunicaciones... ¡Qué campo más amplio!

....

El campo de las comunicaciones abarca una variedad enorme de carreras profesionales. Entre las especialidades se incluye la comunicación gráfica como, por ejemplo, el diseño gráfico, las artes gráficas y el diseño publicitario. Existen muchos otros trabajos en las ciencias y técnicas de comunicación; el cine, la comunicación educativa, la literatura, los medios masivos, el periodismo, la publicidad y propaganda, la radio, las relaciones públicas y la televisión.

"Matthews ... we're getting another one of those strange 'aw blah es span yol' sounds."

Gente y ambiente

En esta sección...

Perfiles de las comunicaciones sin fronteras
I. Los intérpretes del siglo XXI tendrán que responder a las demandas de la globalización: "Para un mercado sin fronteras"
II. Un reportero gráfico habla del poder de las imágenes: "La buena foto está en el ojo, no en la cámara"

Perfiles breves
III. Veamos unas carreras del mundo de la televisión, la radio y el cine: "Jorge Ramos: Detrás de la máscara" y "Autoras de su destino"

Perspectivas literarias del campo

En esta sección...
IV. Un director de películas tiene una sorpresa: "Film", por Juan José Delaney (Argentina)

MASS MEDIA

De los medios de comunicación
en este mundo tan codificado
con internet y otras navegaciones
yo sigo prefiriendo
el viejo beso artesanal[1]
que desde siempre comunica tanto

Mario Benedetti

[1]handcrafted

■ ¿Cómo representan la tira *"The Far Side"* y el poema *"Mass Media"* el mundo de las comunicaciones?

■ ¿Le parece cómica la tira?

■ En el poema, ¿qué dice el poeta sobre los medios modernos de comunicación?

■ ¿Cómo se contrastan los medios modernos con el "beso artesanal"?

■ Según usted, ¿qué connota la frase *mass media*?

■ ¿Qué medios de comunicación de masas le parecen los más poderosos? ¿La televisión? ¿La Internet? ¿Los periódicos? ¿La radio?

■ ¿Cuál es, según Ud., el medio ideal de comunicación?

Orientación breve

ACTIVIDAD 1 Sus preferencias

¿Cómo prefiere Ud. informarse o entretenerse? Para cada medio de comunicación que sigue, apunte sus preferencias y justifique las respuestas. En clase, comparta sus opiniones con sus compañeros.

	Mi favorito	¿Por qué es mi favorito?	El/La que me gusta menos	¿Por qué no me gusta?
1. periódico	_____	_____	_____	_____
2. revista	_____	_____	_____	_____
3. programa de noticias	_____	_____	_____	_____
4. página de la red	_____	_____	_____	_____
5. radio	_____	_____	_____	_____
6. televisión	_____	_____	_____	_____
7. cine	_____	_____	_____	_____
8. literatura	_____	_____	_____	_____

Palabras del oficio

Las comunicaciones

el acontecimiento, el evento, la ocurrencia, el suceso event
concentrarse sobre to focus on
destacar to emphasize
diseñar to design
demostrar to demonstrate, to prove
el enlace link, tie
enterarse to find out
la frontera border, boundary, frontier
la fuente source

los gráficos graphics
la imagen image
la Internet, la Red Mundial World Wide Web[1]
el papel role
mostrar to show
la red net, web, network
señalar to point out, to indicate

---

[1]Para aprender más vocabulario relacionado con la informática y las computadoras, véase el Capítulo 8.

El periodismo y la escritura

a fondo in depth
difundir, publicar to publicize, to spread
la (casa) editorial publisher, publishing house
la fecha tope, la fecha de entrega, el plazo deadline
la imprenta press, printing
imprimir to print
la noticia news report, news story

el pormenor, el detalle detail
la prensa press
redactar to write, to edit
el reportaje report, article; reporting
reportar to cover, to report
el titular headline, caption

El cine, la televisión y la radio

la cadena   (radio, television) network
la cinta   tape
doblar   to dub
la emisora   broadcasting station
emitir   to broadcast
en vivo, en directo   live
la escenografía   scenery (theater), stage design
filmar, rodar   to film
grabar   to record, tape
el/la guionista   scriptwriter

el/la locutor/a   newscaster, announcer
el metraje   film length
　el cortometraje   short film
　el largometraje   feature or full-length film
el montaje   staging, montage
el noticiero, el telediario, el noticiario   news broadcast
el/la presentador/a   anchorman, anchorwoman
el rodaje   filming

¡Ojo! Algunas palabras del campo de las comunicaciones tienen numerosas acepciones, según el contexto. Por ejemplo:

Cineasta se puede referir al director, al productor, al crítico de películas, al aficionado (*film buff*) o al actor.

Redacción puede significar la acción de escribir; las oficinas de un periódico, o el grupo de redactores que trabaja para un periódico o una revista.

ACTIVIDAD 2 Práctica de vocabulario: Descripciones del trabajo

Conteste las siguientes preguntas sobre el campo de las comunicaciones. En el periodismo o las comunicaciones por la Internet...

1. ¿Qué hacen los reporteros o periodistas?
2. ¿Qué hace el/la redactor/a de un periódico?
3. ¿Qué responsabilidades tiene el/la director/a de una revista?
4. ¿Para qué son los enlaces que crean los diseñadores de las páginas de la Red Mundial?

En el mundo del cine, del teatro, o de la televisión...

5. ¿Qué hace un/a guionista?
6. ¿Qué elementos pueden ser parte del montaje de una obra de teatro o de un programa de televisión?
7. ¿Qué papeles desempeñan las cadenas y las emisoras de televisión?
8. ¿Quiénes trabajan en el rodaje de una película?
9. ¿Qué hacen las personas que doblan una película o un programa de televisión?
10. ¿Para qué se graba un progama de televisión o de radio?

ACTIVIDAD 3 Práctica de vocabulario: Escenas de trabajo

Trabajando en parejas, imagínense que trabajan en los siguientes ambientes y completen las conversaciones.

En la redacción (las oficinas de una revista) de Playa y sol:

Director   ¿Qué tal va progresando el reportaje a fondo que está investigando?

Reportero _____

Director   ¿Va a respetar el plazo? Recuerde que la fecha tope es mañana a las cinco de la mañana.

Reportero _____

Director   Quisiera saber algunos pormenores. ¿Cuál es la fuente principal de su información? ¿A quién entrevistó Ud.?

Reportero _____

Director   Quiero saber una cosa. ¿Qué titular sugiere que pongamos?

Reportero _____

En la emisora WLOCO:

Locutor 1   ¡Sabes que el teleapuntador (*teleprompter*) no funciona hoy y que el guionista está enfermo? ¿Qué debemos hacer?

Locutor 2 _____

Locutor 1   La gerencia (*management*) requiere que lo emitamos todo en directo. ¿Con qué noticia debemos comenzar hoy?

Locutor 2 _____

Locutor 1   ¿Qué te parece si cambiamos el formato y nos dedicamos a informar sobre el tiempo y los deportes?

Locutor 2 _____

Locutor 1   ¡Caramba! ¡Se me ha estropeado el micrófono (*the microphone is broken*) y estamos en el aire! ¡Anda, habla!

Locutor 2 _____

ACTIVIDAD 4 Diccionario personal

En su exploración del campo de las comunicaciones, posiblemente
encontrará otras palabras y expresiones que querrá usted aprender.
Apúntelas aquí a medida que hace las actividades del capítulo.
¡Las nuevas palabras serán útiles a la hora de realizar los
trabajos orales y escritos!

Aa   Bb

GENTE Y AMBIENTE

Perfiles de las comunicaciones sin fronteras

I. Los intérpretes del siglo XXI tendrán que responder a las demandas de la globalización: "Para un mercado sin fronteras"

El siguiente artículo proviene del periódico español *Mercado de trabajo*, que anuncia ofertas de empleo y oportunidades profesionales. Describe la formación de los traductores y los intérpretes y el futuro prometedor que los espera.

¡Fíjese! La palabra **propio** tiene varios significados.

Muchas veces señala posesión y quiere decir *own:*   Tengo mi *propia* copia.
A veces es sinónimo de **mismo** (*himself, herself, etc.*):   El *propio* jefe abrió la puerta.
En las siguientes oraciones que vienen del artículo "Para un mercado sin fronteras", verá tres usos diferentes de la palabra **propio**:

> **la posesión:** Los intérpretes deben dominar dos lenguas diferentes de la *propia.*
>
> **correcta, adecuada, conveniente:** El centro... destaca una carrera universitaria *propia.*
>
> **característica:** Se inician en la terminología *propia* de cada área.

ACTIVIDAD 5 ¿Qué quiere decir...?

A veces nos ayuda mucho pensar en nuestro idioma materno para expresarnos en un segundo idioma, ¡pero no siempre!

Las siguientes oraciones contienen palabras que no se parecen mucho a su traducción al inglés. Los contextos le ayudarán a emparejar las palabras de la columna A con su traducción en la columna B.

A

_____ 1. La labor del intérprete *ha cobrado* importancia en los últimos años.

_____ 2. *Dominar* un segundo idioma es una destreza muy útil.

_____ 3. *El dominio* de un segundo idioma se alcanza mediante mucha práctica.

_____ 4. La Unión Europea *apuesta por* la formación de traductores e intérpretes.

_____ 5. Es importante que los traductores e intérpretes conozcan los temas *de actualidad.*

B

a. current

b. to be fluent

c. bets on, has a stake in

d. fluency

e. has gained

Ahora, en español y en sus propias palabras, apunte o explíquele a un/a compañero/a estos mismos términos.

1. cobrar
2. dominio
3. dominar
4. apostar por
5. de actualidad

ACTIVIDAD 6 Antes de leer "Para un mercado sin fronteras"

En parejas, discutan la diferencia entre un traductor y un intérprete.

UNA PROFESIÓN CADA VEZ MÁS DEMANDADA POR LAS EMPRESAS
Para un mercado sin fronteras

El perfil de los intérpretes del siglo XXI responde a profesionales documentados, creativos, inquietos y con gran capacidad de concentración

Si bien es cierto que los traductores e intérpretes deben dominar al menos dos lenguas diferentes de la propia, su actividad profesional no se resume al mero conocimiento de idiomas. Muchos de estos profesionales, para obtener una formación de garantías[1], deciden realizar la carrera de Traducción e Interpretación, sabedores de que este título universitario les puede abrir las puertas a un mercado laboral que tiende a la globalización y en el que ellos cada vez son más necesarios. De hecho, según los expertos, España es el país de la Unión Europea que más está apostando por la formación integral de este grupo de profesionales.

Una nueva carrera

Uno de los centros que vienen formando a las nuevas remesas[2] de

La labor del intérprete ha cobrado un gran protagonismo[3].

traductores e intérpretes en España es Cluny-ISEIT. Funciona en nuestro país desde 1956 y ha sido pionero en la enseñanza de la traducción e interpretación. El centro pertenece a la Facultad de Letras de la Universidad Católica de París y entre su oferta formativa, destaca una carrera universitaria propia, que tiene una duración de cuatro años y en la que se incide, aparte de en los conocimientos técnicos, en asignaturas de carácter cultural.

Álvaro Arroyo es el director del centro y explica brevemente el plan de estudios que han diseñado. "Nosotros combinamos traducción e interpretación con otra carrera denominada *Lettres Modernes* (Letras Modernas). ¿Por qué? Para completar el vacío[4] humanístico y universitario introducimos esta especialidad que engloba[5] también literatura, civilización y lengua".

La apuesta por la formación integral

Entre los expertos del sector existe un eterno debate: unos opinan que con un año de formación es suficiente mientras que otro grupo apuesta por la formación integral.

Álvaro Arroyo se inclina por la segunda opción, que conjuga formación técnica y universitaria. "Los idiomas que trabajamos son el inglés y el francés y, a diferencia de otros centros, los alumnos desde el primer curso realizan traducción directa e inversa en los dos idiomas", añade Álvaro. También se incide en materias como la lengua española, que al ser la materna, debe conllevar un dominio de otras áreas como la Gramática, la

---

[1]**formación...** an education with promise
[2]supply

[3]leading role

[4]**ausencia**   [5]incluye

Estilística, la Lexicología, la Documentación, los temas de actualidad, el Derecho o la Economía.

Ya en el segundo ciclo, se prosigue con la traducción de textos jurídicos[6], económicos o científicos, se inician en la terminología propia de cada área y se dan asignaturas propias de la interpretación.

"Aunque no todos los alumnos están capacitados para ejercer[7] como intérpretes, aquí les damos la posibilidad de que se formen. La traducción está al alcance de[8] la mayoría de los alumnos mientras que la interpretación no, porque ésta significa, aparte de dominar todas las técnicas de traducción, reunir unas condiciones psicológicas que no todo el mundo tiene", resalta[9] el director.

Desde la secretaria a los free-lance

El buen traductor debe ser un perfecto conocedor de los idiomas extranjeros, creativo, inquieto[10], con amplia formación lingüística y documentado. Además de estas cualidades el intérprete, "debe tener —añade Álvaro Arroyo— una gran capacidad de concentración, de memorización, de crear, de salir del paso[11] de todas las situaciones que le surjan[12] y ha de poseer dotes[13] de relaciones públicas".

El director de este centro augura[14] también perspectivas laborales halagüeñas[15] porque cada vez es mayor el número de ofertas. Muchos se orientan al ámbito del secretariado, otros a la integración en empresas multinacionales y algunos acaban trabajando como free-lance.

---

[6]judical   [7]to practice   [8]**al...** within reach of

[9]**destaca**   [10]anxious

[11]**escapar**   [12]**aparezcan**   [13]talents
[14]foresees   [15]**atractivas, prometedoras**

ACTIVIDAD 7 Comprensión de lectura: ¿Por qué?

Trabajando solo/a o en parejas, apunten una o dos razones para apoyar los siguientes asertos (*statements*) que se hacen en la lectura.

1. Para los traductores y los intérpretes, no basta el mero conocimiento de idiomas.

2. Las puertas laborales para los traductores y los intérpretes están abiertas de par en par (*wide open*).

3. Cluny-ISEIT, uno de los centros de traductores e intérpretes más conocidos de España, ofrece una carrera que combina traducción e interpretación con Letras Modernas.

4. Hay debate entre los que opinan que un año de formación es suficiente para los traductores y los que apoyan la formación integral.

5. Los estudiantes que siguen la carrera técnica y universitaria pasan por dos ciclos y estudian una variedad de asignaturas.

6. Aunque no todos los estudiantes están capacitados para ejercer como intérpretes, en Cluny-ISEIT reciben una buena formación.

7. Un buen intérprete debe poseer las mismas capacidades y cualidades que los traductores, además de otras.

8. Los traductores e intérpretes encuentran puestos en una variedad de campos profesionales.

Actividad 8   A explorar: Seamos traductores

Trabajen en parejas y escojan entre el ejercicio A o B en la página 36.

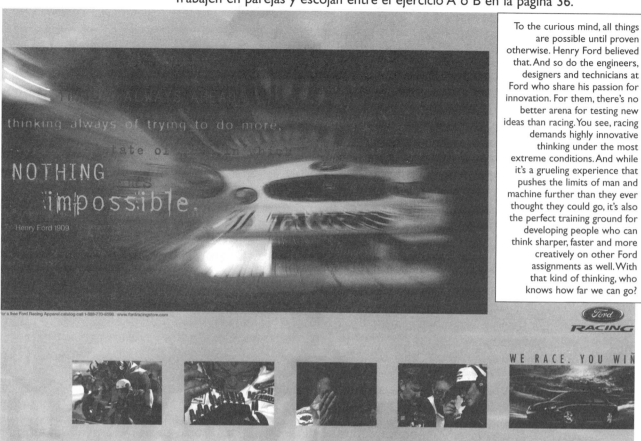

To the curious mind, all things are possible until proven otherwise. Henry Ford believed that. And so do the engineers, designers and technicians at Ford who share his passion for innovation. For them, there's no better arena for testing new ideas than racing. You see, racing demands highly innovative thinking under the most extreme conditions. And while it's a grueling experience that pushes the limits of man and machine further than they ever thought they could go, it's also the perfect training ground for developing people who can think sharper, faster and more creatively on other Ford assignments as well. With that kind of thinking, who knows how far we can go?

Su corazón es un motor Zetec de 2.0L y 130 caballos de fuerza*. Combínalo con la precisión de su suspensión multicanálica y te dará taquicardia. Pero llamarlo un auto deportivo sería muy superficial.

Adentro hay espacio para cinco y sobra. Cómodos controles ponen todo al alcance de tu mano — incluyendo la opción de tremendo sistema de sonido de 60 vatios, tocador de CD y 4 bocinas. Pero sólo llamarlo "práctico" sería un insulto.

Te presentamos el nuevo Focus. Su diseño avanzado transciende la categorización.

Y eso es algo que puedes apreciar.

El Nuevo Ford Focus 2000

A.

1. Miren los dos anuncios en la página 35 y compárenlos.

   - ¿Cómo son similares?
   - ¿Qué diferencias ven?
   - ¿Qué rasgos o elementos culturales notan?

2. Busquen un anuncio en una revista o un periódico en inglés y hagan una versión del anuncio para un público hispanohablante.

¡Ojo! No se fijen solamente en las palabras. Piensen en el producto y en las imágenes.

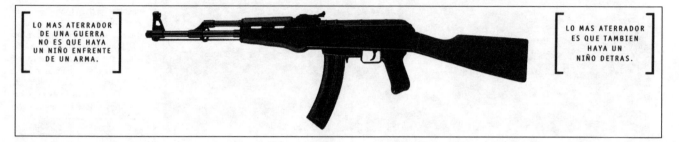

LO MAS ATERRADOR DE UNA GUERRA NO ES QUE HAYA UN NIÑO ENFRENTE DE UN ARMA.

LO MAS ATERRADOR ES QUE TAMBIEN HAYA UN NIÑO DETRAS.

B.

1. Estudien el anuncio de la Cruz Roja sobre los niños y las armas.

   - ¿Qué les parece el anuncio? ¿Es efectivo o no? ¿Por qué?
   - ¿Qué les impresiona especialmente?

2. Ahora, les toca a ustedes diseñar su propio anuncio. Piensen bien en el mensaje, y en los otros elementos de la composición, como por ejemplo las gráficas, el tipo de letra y el color.

II. Un reportero gráfico habla del poder de las imágenes: "La buena foto está en el ojo, no en la cámara"

Javier Bauluz, fotógrafo premiado con el Pulitzer en 1995, cuenta la historia de su entrada en el campo del periodismo gráfico. Ofrece una perspectiva crítica y algunos consejos para los no iniciados.

¡Fíjese! Los reportajes periodísticos que presentan las noticias contestan las preguntas **¿quién?**, **¿qué?**, **¿cuándo?**, **¿dónde?** y **¿cómo?** En la siguiente entrevista con Javier Bauluz, verá que las fotos más impresionantes que acompañan a los reportajes intentan también contestar con fuerza estas preguntas periodísticas básicas.

ACTIVIDAD 9 ¿Qué quiere decir...?

Rellene los espacios con el sinónimo apropiado de la lista.

desviarse	abrirse camino	estropea
pésimo	destrozada	

Luego, háganse las preguntas entre compañeros.

1. Si quiere seguir una carrera larga y difícil, ¿qué pasos debe tomar para *comenzar* o para _____ en ésta?

2. ¿Qué hace si se le *rompe* o _____ la computadora y tiene que entregar pronto una tarea?

3. ¿Es Ud. una persona persistente o le es fácil *distraerse* o _____ de sus propósitos?

4. Si queda *destruida* o _____ una cosa suya, ¿cómo reacciona Ud.?

5. ¿Qué le sugeriría a alguien *muy malo* o _____ en las relaciones públicas?

ACTIVIDAD 10 Antes de leer "La buena foto está en el ojo, no en la cámara"

Lea una vez más el título del artículo. ¿Podría predecir de qué va a tratar la lectura? En su cuaderno, complete la siguiente oración. Compare su respuesta con las de sus compañeros.

Cuando el entrevistado dice que "la buena foto está en el ojo, no en la cámara", va a indicar la importancia de...

A ver si su respuesta se desarrolla en el artículo.

Javier Bauluz, redactor gráfico profesional y Premio Pulitzer 1995

"La buena foto está en el ojo, no en la cámara"

No es un buen relaciones públicas y él lo sabe. No le ha hecho falta. Por su retina han pasado imágenes que recorrieron medio mundo. Hasta tal punto que una de ellas le supuso el premio Pulitzer en 1995. A pesar de su juventud, algunos lo consideran ya todo un veterano —del objetivo y de la guerra— aunque, eso sí, con vocación humanitaria.

—¿Qué crees que debe tener un buen reportero gráfico?

—En principio, hay que estar bastante loco. Esta profesión no tiene nada que ver con la visión romántica que alguien, no sé muy bien quién, ha querido vender y que se transmite fuera. Ya he oído que en Sarajevo o en sitios así cada vez hay más gente que se lanza en paracaídas[1] para ver si coge[2] algo. Y no es tan fácil. En realidad, todo es mucho más complicado que colgarse[3] una cámara al cuello. Es muy difícil comer de esto y abrirse camino. Primero tienes que hacer bien tu trabajo, luego que te publiquen las fotos y que te las paguen. No es tan fácil como parece.

—¿...Y cómo se vencen[4] esas dificultades?

—La única formula es la constancia y, por supuesto, tener verdadera vocación, ser consciente de que en realidad esto es lo suyo[5].

—¿Cuándo te diste cuenta tú de que podías dedicarte a ello?

—Hacia el año 81, 82, no recuerdo bien... Estaba fregando[6] platos en Londres intentando aprender inglés, me prestaron una cámara de fotos y un buen día me encontré en una manifestación en Hyde Park, con carga policial[7], golpes y esas cosas. Revelé[8] las fotos en una tienda normalísima, las vi y entonces pensé que podía dedicarme a esto. Llamé a mi madre para decírselo aunque no sabía muy bien cómo empezar.

—¿Y cómo has llegado aquí?

—Con mucha paciencia y constancia.

—¿Llamando a muchas puertas?

—No. Siempre he sido un pésimo relaciones públicas. Yo, en realidad, hago las fotos para que las vea mucha gente, no para que me las publiquen. Luego, claro, tienen que publicártelas y eso, sobre todo para seguir adelante.

—¿Y vale todo...?

—No, no vale todo. Antes que fotógrafos, somos personas. No podemos ir caminando encima de los seres humanos como si tal cosa[9]. También hay una ética, una moral que rige[10] tu vida y tu trabajo.

—Para ti,... ¿qué es una buena foto?

—Cuando me han hecho esa pregunta, siempre he contestado que una buena foto es aquélla que, después de pasar por una fotocopiadora mala, sigue siendo buena.

—¿Y dónde está,... en la cámara o en el ojo?

—Muchos compañeros se han reído muchas veces de mí diciendo que llevo un equipo de hace mil años, pero luego han visto las fotos y se han tenido que callar. Lo importante es el contenido, lo que dice, y eso no se consigue ni con el mejor equipo[11] del mundo. Eso está o no está.

—¿Qué cambiarías de la profesión en este país?

—El trabajo de un fotógrafo no lo hace cualquiera y, sin embargo, luego

---

[1]parachute   [2]catch   [3]to hang

[4]are conquered   [5]**lo...** one's thing

[6]**lavando**   [7]**carga...** attack by the police
[8]I developed   [9]**como...** as though it were nothing   [10]governs   [11]equipment

llega un conserje[12] (con todos los respetos hacia los conserjes) y elige entre ellas. Quiero decir con esto que existe una figura, la del editor, que nadie sabe muy bien lo que es. Son esos que están entre medias del fotógrafo y el propio medio de prensa y que muchas veces estropean tu trabajo, cortan las fotos, las desechan[13],...

—O sea, que te han destrozado muchas fotos.

—Muchas.

—Pero parece bastante difícil solucionar eso.

—No. Es más fácil de lo que parece. Bastaría con mirar a lo que hacen al lado, al otro lado de los Pirineos. Podríamos fijarnos en lo que hacen en Bonn, en Londres, en París, en otras ciudades y países europeos, donde hay excelentes profesionales que sí saben valorar un buen trabajo.

—Y,... ¿qué es lo que realmente ocurre en esta profesión? ¿Realmente está arriba quien vale o hay muchos buenos profesionales en el anonimato?

—Yo creo que pasa como en cualquier profesión. Por ejemplo, el éxito mío es fruto de la casualidad[14]. Llevo muchos años trabajando y el premio ha sido el que me ha hecho ser más conocido....

—Cuéntanos esa imagen buscada, ese momento que siempre has querido captar.

—Me gustaría estar presente en el momento en que un señor 'valiente', de ésos que van con la cabeza rapada[15], dan patadas[16] a otro señor en el suelo, simplemente porque tiene el pelo largo o porque tiene la piel de un determinado color. Me gustaría reflejar esa barbarie, simplemente por el mero hecho de acabar con ella, para hacer pensar a la gente y que eso no se vuelva a repetir.

—Un último consejo para los no iniciados.

—Lo primero, por supuesto, que se enteren de lo que es esto. Y después, que estén convencidos de que realmente les gusta.

A partir de ahí, que tiren para adelante[17] y que se busquen la vida de cualquier manera para superar[18] todos los obstáculos que encuentren.

---

[12]committee   [13]throw them out

[14]chance

[15]**cabeza...** skinhead   [16]**golpes con el pie**
[17]**que...** forge ahead   [18]overcome

ACTIVIDAD 11 Comprensión de lectura: "La buena foto está en el ojo, no en la cámara"

Indique todas las respuestas que completen las oraciones correctamente.

1. Javier Bauluz llegó a ser un reportero gráfico...
   a. después de seguir una carrera universitaria de periodismo.
   b. porque no quería seguir trabajando en un restaurante.
   c. por casualidad, después de sacar fotos en una manifestación en Londres.

2. Según Bauluz, los fotógrafos más exitosos...
   a. tienen buen equipo.
   b. son muy humanos y guiados por una ética.
   c. son constantes, trabajan mucho y tienen verdadera vocación por su trabajo.

3. Bauluz critica...
   a. a los editores que cortan y estropean las fotos.
   b. a los profesionales de Bonn, Londres y París.
   c. la censura.

4. Al hablar de las fotos, Bauluz...
   a. indica la suma importancia de su contenido.
   b. se refiere a una foto que todavía no ha sacado.
   c. expresa su deseo de reflejar la barbarie de la discriminación.

ACTIVIDAD 12 A explorar: Una foto vale más que mil palabras... (¡pero basta con unas 100!)

Escoja una foto de un periódico o de una revista e invente un breve reportaje a base de ésta. En su reportaje, no se olvide de contestar las preguntas periodísticas ¿quién?, ¿qué?, ¿cuándo?, ¿dónde? y ¿cómo? Traiga la foto y presente su informe oralmente a la clase.

GENTE Y AMBIENTE

Perfiles breves

III. Veamos unas carreras del mundo de la televisión, la radio y el cine: "Jorge Ramos: Detrás de la máscara" y "Autoras de su destino"

Los trabajos que aparecen descritos en estos perfiles breves nos llevan al mundo del cine, de la televisión y de la radio, de Hollywood, Miami y más allá (*beyond*).

¡Fíjese! La identidad de un individuo está íntimamente conectada con los ambientes culturales donde ha vivido. Definirse como latino, como norteamericano, como hombre, como mujer, etc., se puede relacionar con una infinidad de cosas. En los siguientes perfiles breves, fíjese, por ejemplo, en la variedad de referencias culturales al mundo latino y cómo contribuyen al retrato biográfico.

En "Jorge Ramos: Detrás de la máscara", se mencionan...

- los movimientos guerrilleros en Chiapas
- a Castro, Menem, Zedillo, Salinas de Gortari
- a Octavio Paz, Isabel Allende, Carlos Fuentes, Mario Vargas Llosa

Y en "Autoras de su destino", se menciona...

- ser rebelde en Hollywood
- nacer en Cuba y criarse en Miami
- *"The Chavez Family"*
- *The Mambo Kings*

ACTIVIDAD 13 ¿Qué quiere decir...?

Para familiarizarse con algunas palabras de las lecturas, fíjese en las palabras escritas *en bastardilla* y complete las oraciones con alguna información personal para practicar su uso. En clase, comparta sus respuestas con sus compañeros.

1. La vida de algunas personas *da muchas vueltas*, es decir, una persona puede experimentar muchos cambios y muchas sorpresas. Mi vida *dio una vuelta* cuando...

2. *La estancia* del reportero en la televisión fue corta. Mi *estancia* en

   _____ fue...

3. A menudo hay mitos o leyendas sobre lugares o personajes famosos que *prevalecen* en la memoria colectiva. Por ejemplo, un mito o una leyenda

   sobre _____ (esta universidad, mi pueblo, la vida de..., etc.) que *prevalece* en la mente de muchos es...

4. Trabajar duro puede tener sus *recompensas*. Si yo trabajo duro, espero que mi *recompensa* sea...

5. Algunos estudiantes trabajan *más que nadie*. Y yo, *más que nadie*,...

ACTIVIDAD 14 Antes de leer los perfiles breves...

Muchas veces los títulos comunican varios significados mediante juegos de palabras (*word play*). Lea los titulares de los dos artículos a continuación. Para cada título, apunte dos posibles significados. ¡Use la imaginación!

MODELO: "Jorge Ramos: Detrás de la máscara"
   a. *El artículo trata de los pasos profesionales de un hombre.*
   b. *El artículo describe la vida de una persona que lleva ropa extravagante.*

1. "Jorge Ramos: Detrás de la máscara"

   a. _____

   b. _____

2. "Autoras de su destino"

   a. _____

   b. _____

Jorge Ramos:
Detrás de la máscara

Desde el 3 de noviembre de 1986, es el conductor titular del "Noticiero Univisión" en los Estados Unidos. De hecho, es el personaje de la televisión en español en los Estados Unidos que más tiempo ha estado en el aire de manera ininterrumpida en un mismo programa o noticiero....

Estudió la carrera de Comunicación en la Universidad Iberoamericana (1977–1981) y se graduó con la tesis: "La mujer como figura comunicativa de la publicidad comercial en la televisión mexicana". Ya en los Estados Unidos, estudió un curso especializado en televisión y periodismo de la Universidad de California en Los Ángeles (UCLA) y mucho más tarde, obtuvo una maestría en relaciones internacionales de la Universidad de Miami.

Profesionalmente, su vida ha dado muchas vueltas. Se inició en el periodismo casi por casualidad. Formó parte de un reducido grupo de estudiantes que recibió un curso de periodismo en las estaciones de radio de México XEW y XEX. Poco después fue productor y escritor del "Noticiario de América Latina", que enlazaba[1] a las principales estaciones de radio del continente.

Dio el paso a la televisión para trabajar como redactor en el noticiero "Antena Cinco" y luego como investigador y reportero en el programa "60 Minutos", ambos de la cadena Televisa. Sin embargo, su estancia en la televisión mexicana fue corta. Tras un incidente de censura decidió irse a vivir a los Estados Unidos y llegó a la ciudad de Los Ángeles en enero de 1983. Ahí comenzó su aventura americana.

Combinando su tiempo entre la universidad (UCLA) y los oficios de mesero[2] y cajero[3], sobrevivió su primer año. El primero de enero de 1984 obtuvo su primer trabajo como reportero en KMEX, la estación afiliada de Univisión en Los Ángeles. En 1985 fue designado para trabajar con el ganador de la medalla de oro en las olimpíadas de México, Felipe Muñoz, en un noticiero matutino[4] llamado "Primera Edición",

En 1986 se trasladó a Miami donde hizo el programa "Mundo Latino" junto con Lucy Pereda, y luego, se inició como presentador del noticiero (entonces Noticiero S.I.N.) junto con Teresa Rodríguez en noviembre de 1986...

Como conductor del "Noticiero Univisión," Ramos ha cubierto tres guerras (El Salvador, el Golfo Pérsico y Kosovo), numerosos eventos históricos (la caída del muro[5] de Berlín, el fin del apartheid en Sudáfrica, la desintegración de la Unión Soviética, cumbres[6] iberoamericanas, movimientos guerrilleros en Chiapas y Centroamérica, elecciones en casi todo el continente y ha entrevistado a algunas de las figuras políticas y culturales más importantes de nuestros tiempos (Clinton, Bush, Castro, Menem, Zedillo, Salinas de Gortari... Octavio Paz, Isabel Allende, Carlos Fuentes, Mario Vargas Llosa...).

Además de su tarea en el "Noticiero Univisión", que se transmite en los Estados Unidos y doce países de América Latina, Ramos colabora con dos cadenas internacionales de radio y escribe una columna semanal en más de 30 diarios del hemisferio...

Ha recibido, individualmente o en grupo, siete premios Emmy, el máximo reconocimiento de la televisión en los Estados Unidos....

---

[1]**conectaba** [2]waiter [3]cashier

[4]**de la mañana** [5]wall [6]summit meetings

Autoras de su destino: Escritoras latinas en Hollywood

Es un buen momento para ser latina en Hollywood. Éste parece haber redescubierto a las actrices como Jennifer López y Salma Hayek. ¿Pero qué hay de aquellas que se abren paso tras bastidores[1]?

Josefina López, guionista prodigio[2], fue desde NYU hasta Hollywood con su comedia teatral *Real Women Have Curves* —que viajó por los Estados Unidos en dos idiomas. La escribió a los 19 años. Colaboró en la comedia *"The Chavez Family"*, para ABC, y se convirtió en la primera escritora latina en tener tres programas de televisión simultáneamente en vías de desarrollo, en distintas cadenas. Todo esto a los 26 años. Entonces, decidió tomarse un año libre. "Hay mucha ignorancia en la calle", afirma, añadiendo que los prejuicios que prevalecen en la industria dificultan su labor. Josefina —que ahora tiene 28 años— sólo escribe sobre temas latinos. Y aunque la vida sea dura para una rebelde en Hollywood, también tiene sus recompensas. Ella comenta, "Yo sé que la gente respeta lo que hago".

Natalie Chaidez es una de las productoras y escritoras del drama policial, *"Cracker"*, y fue editora del programa *"New York Undercover"*, donde trabajó por tres años. Se crió en el Montebello, California, estudió cine en UCLA y luego obtuvo una beca para el Programa de Becas[3] para Escritores, de Walt Disney.

Sobre el racismo en el empleo Natalie dice, "Si les confrontas, caes en su juego. Trato de convencerles de que las alternativas son mejores para el programa, y generalmente se muestran mucho más receptivos". A los que quieren ser escritores, les dice: "Escriban con el corazón. Estudien su oficio. No se obsesionen con la técnica. Y trabajen más que nadie".

Cynthia Cidre coescribió *In Country*, protagonizada por Bruce Willis, y el libreto para *The Mambo Kings*. Nacida en Cuba y criada en Miami, no tenía planes de convertirse en escritora. Pero ganó un concurso literario a los 21 años, y se fue para California. Dice, "He sido muy afortunada. Nunca he pasado un sólo año sin trabajar".

También opina que ha tenido suerte en que no la hayan obligado a escribir sobre temas latinos solamente. "Los escritores queremos poder escribir acerca de lo que se nos antoje[4]", dice. Y aconseja a los que trabajan en el sistema: "Dénse cuenta que el proceso nunca termina. Cuando entreguen un libreto, acepten el hecho de que han hecho lo mejor que podían".

---

[1]**tras...** behind the scenes [2]**fenomenal** [3]grants, scholarships [4]**lo...** what we take a fancy to

---

ACTIVIDAD 15 Comprensión de lectura: ¿Quién habla?

Imagínese que está escuchando un programa de radio en que hablan las personas retratadas en los dos artículos. Escriba el nombre de la persona que habría dicho las siguientes oraciones: Jorge Ramos, Josefina López, Natalie Chaidez o Cynthia Cidre.

¡Ojo! A veces es posible que haya más de una respuesta correcta.

_____ 1. —Me importa escribir sobre temas latinos y no latinos.

_____ 2. —A veces los prejuicios me han hecho difícil el trabajo, pero me da mucha satisfacción el haber colaborado en una variedad de programas para la televisión.

_____ 3. —¡Qué interesante ha sido entrevistar a tanta gente!

_____ 4. —El racismo existe, pero lo que intento es sugerir mejores alternativas para los programas y generalmente los jefes son mucho más receptivos.

ACTIVIDAD 16 A explorar: ¿Qué les diría y qué les querría preguntar?

Lea los siguientes opiniones expresadas por las personas de los dos artículos. Luego, en su cuaderno, anote su opinión o algún comentario sobre tal opinión. En clase, comparta sus comentarios con sus compañeros.

Jorge Ramos	He cubierto tres guerras y he entrevistado a algunas de las figuras políticas y culturales más importantes de nuestros tiempos.
Usted	_____
Josefina López	A los 26 años, después de mucho trabajo y mucho éxito, he decidido tomarme un año libre.
Usted	_____
Natalie Chaidez	Si quieres ser escritor, escribe con corazón, estudia tu oficio, no te obsesiones por la técnica, y trabaja más que nadie.
Usted	_____
Cynthia Cidre	La suerte es un factor importante en el trabajo.
Usted	_____

Ahora formule dos preguntas que le gustaría hacer a una o a varias de las personas.

El campo y ustedes

¿Qué les parece a ustedes el campo de las comunicaciones? En grupos de tres o cuatro compañeros, discutan las siguientes preguntas.

1. ¿Se puede imaginar como profesional en el campo de las comunicaciones? ¿Le atrae alguna de las carreras presentadas en este capítulo (como la de traductor/a, intérprete, reportero/a, fotógrafo/a, locutor/a de radio o televisión, guionista) u otro puesto (como por ejemplo diseñador/a de páginas de la Internet, periodista, disjockey, editor/a de revista, etc.) en el campo? ¿Por que sí o por qué no?

2. ¿Cree que la televisión y los otros medios de comunicación contribuyen a la violencia de la sociedad norteamericana? Explique.

3. ¿Debe haber más control del contenido emitido y dirigido a los niños? Respalden su opinión.

4. ¿Qué les parecen los siguientes dichos (*sayings*) que tienen que ver con las comunicaciones? En sus propias palabras, expliquen cómo entienden cada uno, e indiquen si están de acuerdo con su mensaje.
   a. Quien mucho habla, algo suyo tiene que callar.
   b. Más vale poco y bueno, que mucho y malo.
   c. La verdad, como el aceite, queda encima siempre.
   d. Las buenas palabras quebrantan (*break down*) las penas (*troubles*) y ablandan (*soften*) los corazones.

5. ¿En qué circunstancias podría ser especialmente útil el conocimiento del español para trabajar en el campo de las comunicaciones? Mencionen unos ejemplos.

 Manos a la obra

Una feria de comunicaciones

En una exposición, Ud. va a lanzar (*launch*) una creación suya que compartirá con el público. Siga las instrucciones para compartir sus ideas.

1. Elija un puesto en el campo de comunicaciones entre los presentados en este capítulo u otros puestos, y piense en un producto que quisiera crear.

Siguen a continuación algunas sugerencias.

Puesto	Creaciones o productos posibles	Versión escrita	Presentación oral
traductor/a	la traducción de un poema o de algunos anuncios (del inglés al español o viceversa)	su traducción escrita	una explicación detallada de su trabajo
intérprete	la traducción de una canción, una conversación u otro intercambio oral	el guión de su traducción	una dramatización de su traducción

Puesto	Creaciones o productos posibles	Versión escrita	Presentación oral
diseñador/a	una página de la red	la página misma	una explicación o demostración de su función
reportero/a	-un reportaje	el informe escrito	una descripción del contenido
reportero/a gráfico/a	una serie de fotos sacadas durante cierto evento	un "álbum" de las fotos con unas leyendas (*captions*) y una introducción	una descripción del álbum
locutor/a de radio	un programa corto de radio	el guión del programa	una presentación del programa
presentador/a	(parte de) un telediario	el guión del reportaje	una presentación del reportaje
redactor/a de revista	su revista ideal	el diseño en forma escrita	una descripción del diseño y/o los contenidos
guionista	el guión para un programa de televisión o para una película corta	el guión o parte del guión	una escena dramática
disc-jockey	el programa musical para una fiesta o una noche de discoteca	el plan escrito	una presentación de parte del plan oralmente

2. Siga las instrucciones de su profesor/a para compartir en clase su creación.

❧ *Perspectivas literarias del campo*

IV. Un director de películas tiene una sorpresa:
"Film", Juan José Delaney (Argentina)

Juan José Delaney (1954–), cuentista argentino, juega con las percepciones de la realidad y la fantasía en esta versión de la filmación de una película histórica.

¡Fíjese! Muchas veces, una obra literaria comienza con una exposición donde se presenta el contexto o fondo (*background*) necesario para orientar al lector en su lectura. Lea el primer párrafo y la primera oración del segundo párrafo del cuento "Film". Las siguientes preguntas sobre la exposición nos orientan hacia la trama (*plot*) del cuento.

Párrafo 1: ¿Cómo se evaluó la primera película?
¿Qué aspectos de la primera película se criticaron?

Párrafo 2: ¿Qué influencia tiene la evaluación de la primera película sobre Jorge Federico Espinosa?

Esta exposición cumple varios propósitos: presenta el contexto de una primera película y anuncia que la trama girará en torno a (*will revolve around*) una segunda película. Además, ¡se verá cómo la expresión "triste experiencia" entraña (*implies*) una ironía central!

ACTIVIDAD 17 ¿Qué quiere decir...?

A continuación aparecen entre paréntesis palabras que encontrará en la lectura, junto a otras palabras derivadas: verbos, sustantivos, adjetivos o adverbios. Complete cada una de las oraciones utilizando la palabra correcta en la forma correcta.

MODELO: (ensayo/ensayar/ensayado)
¿Cuándo serán *los ensayos* para nuestras escenas? Debemos estudiar más lo que *ensayamos* ayer para que el director no nos diga que nuestra parte ha sido mal *ensayada*.

1. (ensayo / ensayar / ensayado)

Puede ser muy caro y muy duro tener tantos _____ ,

pero es importante que las escenas sean bien _____ .

Si los actores las _____ mucho, es probable que la película salga bien.

2. (alejarse / alejadas / lejos)

El fotógrafo quería estar más _____ de la acción y así

_____ unos metros más para filmar la vista panorámica

con sus cámaras _____ .

3. (fomento / fomentar)

Con el _____ de la inversión local, el gobierno

_____ el crecimiento económico local.

4. (reivindicativo / reivindicar / reivindicación)

   Después del fracaso de su primera película, el director quería

   _____ su reputación; quería que la segunda película

   fuera una _____ , es decir, un acto

   _____ .

5. (parecido / parecerse / parecer)

   El actor, cuyo _____ con la figura histórica era

   increíble, le _____ al director el candidato perfecto. Era

   fortuito que los dos _____ tanto.

ACTIVIDAD 18 Antes de leer "Film"

Conteste las siguientes preguntas y, en clase, compare sus respuestas con las de sus compañeros.

1. ¿Le gustan las películas épicas, con escenarios extravagantes y numerosos actores y extras? ¿Tiene alguna preferida? ¿Cuál es? ¿Por qué le gusta?

2. ¿Qué películas ha visto basadas en la historia o en acontecimientos famosos en que haya habido grandes batallas: *The Ten Commandments* (Los diez mandamientos), *Ben Hur, Gone With the Wind* (Lo que el viento se llevó), *La guerra de las galaxias, Gettysburg, Saving Private Ryan,* otras?

3. ¿Cuáles le han parecido muy similares a los hechos históricos? ¿Cuáles le han parecido más fantásticas o inverosímiles (improbables)?

4. ¿Puede pensar en algún papel peligroso (*stunt*) muy impresionante en el cine probablemente hecho por un "doble", o un/a especialista en escenas peligrosas? ¿Qué se hizo?

Film

La primera película había resultado mal. En su momento, la crítica hizo ver el insuficiente movimiento de cámaras, el abuso de diálogos intrascendentes° **sin importancia** y la exótica música que muy poco tenía que ver con el contexto de la cinta; por otra parte, el crítico del diario *El Mundo* se había atrevido° a decir que el rostro° de **dared / cara** la heroína era el menos indicado para ocupar ese papel. Pero lo más lamentable fue el descubrimiento que hizo público un comentador de la radio; señaló este buen hombre que en uno de los momentos más dramáticos de la obra, bastaba con poner un poco de atención para descubrir, en un segundo plano°, que dos o **en... in the background** tres "extras" sonreían como felices de su papel.

Todo aquello había tenido lugar cuatro años atrás y recién ahora Jorge Federico Espinosa reconocía los mencionados errores, disponiéndose a emprender, con un renovado entusiasmo, una filmación que anulara aquella triste experiencia. Contagiado por el mismo fervor histórico que había llevado a directores como Leopoldo Torre Nilsson[1] a revivir *El Santo de la Espada* o *Güemes*, Espinosa se pro-

---

[1]Famoso cinematógrafo argentino (1924–1978).

puso resucitar la figura del general Roca en su campaña contra los salvajes. El guión se lo encomendó° a un escritor amigo: *La conquista del desierto* se tituló el engendro°. Cinematográfica Omega (C.O.) en un arrebato° de patriotismo que aún hoy es objeto de discusiones, avaló° la producción.

    Lo que le llevó más tiempo fue encontrar al hombre que debía encarnar° el papel principal. Llegó a poner un aviso en el diario. Un afortunado día se presentó a su domicilio una persona cuyo parecido con el general era sorprendente. Al cabo de° una prolongada charla Espinosa se enteró de que el prohombre° era un firme entusiasta del arte de este siglo y de que estaba dispuesto a tomar el papel, increíblemente, sin cobro de honorarios°. También supo que el oportuno visitante era descendiente directo del heroico Roca. No encontró mayores dificultades para dar con° el resto de las figuras: Avellaneda, Alsina, el coronel Conrado Villegas, etcétera[2]. Una vez distribuidos los libretos°, confió en la memoria de los reaparecidos hombres de la historia. Mientras tanto los responsables armaron° los escenarios de la segunda mitad del siglo XIX y solicitaron los correspondientes permisos para los exteriores. Al poco tiempo comenzaron los ensayos. La seriedad y arrogancia de Roca, su postura de visionario, la casi exacta interpretación de los demás personajes justificaban el optimismo de Espinosa, quien pensaba que finalmente reivindicaría su condición de cineasta.

    Superados° los primeros inconvenientes, se pasó a filmar las escenas interiores. El director se preocupó por ser preciso en la pintura de costumbres y formas de la época. Impuso una disciplina casi militar y, a decir verdad, se trabajó con mucha seriedad y los frutos fueron realmente satisfactorios. Pese a que° la obra se refería exclusivamente a la conquista del sur, en su afán° de rigor histórico, señaló Espinosa los peligros de los malones° en el nordeste del país, el Chaco. También, en un intento por justificar la figura del general ante las distintas corrientes, una voz acompañada por paisajes° patagónicos° refirió los frustrados intentos por asimilar los indígenas° a la civilización cristiana.

    El principio del film se ocupaba de aquellos años en que Adolfo Alsina atendía el Ministerio de Guerra, es decir: hasta 1877. Por acción de este ministro se había fomentado la inútil construcción de numerosos fortines°. También se había ideado cavar° grandes zanjas° que impidieran el acceso de los salvajes. Para demostrar lo estéril del intento las cámaras abandonaron la Capital con el fin de grabar escenas en las cuales los indios colmaban° las cavidades con ovejas° para pasar con sus caballos sobre ellas. La idea de Espinosa consistía en exponer —un tanto magnificado tal vez— el débil plan concebido por Alsina para contrarrestar su figura con la de Roca y sus sólidos proyectos.

    Al abandonar Alsina el ministerio, Roca tomó la cartera°. Poco después el Congreso examinó la proposición del nuevo hombre de guerra.

    El guionista se había permitido ciertas libertades que lo favorecían sin invalidar la esencia de lo histórico.

    En un momento la cámara observaba una carta recién escrita y con disimuladas pretensiones seniles: "...ir directamente a buscar al indio en su guarida°, para someterlo°, o expulsarlo, oponiéndole en seguida, no una zanja abierta en la tierra por la mano del hombre, sino la grande e insuperable barrera° del río Negro, profundo° y navegable en toda su extensión, desde el océano hasta los Andes". Tal como en la historia (como en los libros de historia), el proyecto es aprobado en 1878. Aquí concluía la primera parte de la película.

---

[2]El general Roca y demás personajes que se mencionan son figuras históricas de la segunda mitad del siglo XIX. Dirigían las campañas del gobierno argentino para dominar las pampas y controlar a los gauchos y los indios.

Glosas (margen):

asignó

el producto / **en...** in an outburst / **pagó por**

hacer

Al... Después / **protagonista, líder**

sin... without pay

encontrar

scripts

prepararon

having overcome

despite

deseo

ataques de los indios

landscapes / **de Patagonia (región al sur de la Argentina)** / **los nativos**

little forts

dig / ditches

llenaban / sheep

ministerial post

refugio

dominarlo

obstáculo

deep

Espinosa cedió° a los actores unos días vacantes con el fin de entrenar a los "extras" y prepararse para el fragmento más ambicioso de su obra. Fue así como al cabo de una semana, ciento cincuenta hombres se encontraron suficientemente adiestrados para repetir la lucha entre indios y soldados. Históricamente la campaña duró desde julio de 1878 a enero de 1879. En ese lapso se "limpió" el desierto de salvajes. Hubo más de veinticinco expediciones. Se filmarían tres y la película terminaría el 24 de junio, fecha en la que Roca llegó a Choele-Choel u organizó con todo éxito la línea de la frontera del río Negro, a cuyo frente quedó el coronel Conrado Villegas. Entonces empezarían a escucharse los acordes° de una música marcial que conmovería° al espectador incitándolo al aplauso que coronaría° los esfuerzos de Espinosa y su condición de artista consagrado°.

El primer enfrentamiento no necesitó de muchos ensayos: el segundo fue definitivo. Habían logrado tanto realismo y crudeza en la matanza° que Espinosa tembló al pensar que un día aquello había sido real. Pero lo reconfortó su condición de observador secular.

Por la noche los actores acamparon en el desierto donde no muy tarde se entregaron al sueño, previo abrigo escrupuloso° ante las amenazas del viento y frío patagónicos.

Al día siguiente filmarían otra batalla. Tendría lugar por la tarde, de manera que Espinosa dedicó la mañana a explicar los pormenores de la pelea cuyo realismo debía superar a la anterior. Marcharían a través de° una serie de lomas° hasta descubrir un monte donde estarían los salvajes. Allí se libraría° la lucha.

A las cinco de la tarde todo estaba dispuesto y un firme entusiasmo animaba a los soldados. Cuando el director lanzó la palabra "acción", iniciaron las máquinas su andar y los caballos el suyo. Al frente iba Roca acompañado por subalternos°, y en seguida el resto de la tropa que, pese a° no contar con más de noventa hombres, fue multiplicada mediante hábiles° trucos° cinematográficos. Pausadamente ascendían y descendían las irregulares elevaciones de arena°. No eran demasiado pronunciadas pero su longitud impedía acceder° al desarrollo del paisaje. Respetando instrucciones recibidas, las cámaras permanecieron en el mismo lugar en el que habían iniciado su actividad; la idea consistía en permitir que la escuadra° se alejara para lograr así una sensación de amplitud que sería graduada con el objetivo. El único que acompañaba a los soldados —y a una distancia prudencial— era Espinosa, quien, conducido por un *jeep*, megáfono en mano, estaba atento para cualquier indicación.

Lo increíble sucedió cuando al llegar a la culminación de una de las lomas, Roca se encontró, a muy pocos pasos debajo de él, con una cantidad de hombres oscuros cuyo número no supo precisar. Con armas y firmemente instalados en sus caballos, lo miraban. Sonrió. También lo hicieron los otros que fueron llegando. El sitio indicado para la batalla aún estaba lejos, debía ser una confusión. "La pelea es en el monte" —dijo. Como si eso hubiera sido un insulto, los hombres (nunca llegó a saber que eran indios) arremetieron° contra ellos como por obra de un gigantesco resorte°. Los soldados llegaron a escuchar un improperio° que salió de un megáfono y que rápidamente fue ahogado° por el crudo lenguaje de lanzas° y boleadoras°. Las armas de utilería° nada pudieron hacer y la sangre fue real. En pocos minutos la acción había terminado y en un remolino de potros° y gritos los matadores se borraron° de la escena.

Las lejanas cámaras lo habían filmado todo. En seguida llegaron los indios apócrifos° y encontraron a Espinosa llorando junto a los cadáveres de los actores.

Todo parecía un sueño pero no lo era ciertamente.

En Buenos Aires los diarios difundieron el suceso: *Reducción indígena confunde ficción con realidad, Extraña masacre en el Sur, Desconocido director cinematográfico en un*

dio

acordes° strains, chords
emocionaría
would crown / renowned

matanza° slaughter

abrigo... good shelter

across / low ridges
let loose

subordinados
pese... in spite of
skillful / tricks
sand
entrar

squadron

lanzaron un ataque
spring / curse
sofocado
lances / weighted lassos / props
remolino... whirlwind of colts / **se...** escaped

falsos (es decir, los actores)

trágico suceso inesperado; un matutino° directamente deliraba°: *La historia cobra su venganza°*. La búsqueda de los prófugos° no contó con el entusiasmo necesario y la justicia fue sólo una palabra.

periódico de la mañana / raved / **cobra...** takes its revenge / **fugitivos**

En cuanto a Espinosa, tal vez resulte innecesario señalar que tanto él como sus colaboradores estimaron oportuno abandonar el proyecto para que la historia no se repitiese. Por lo demás, Cinematográfica Omega (C.O.) recuperó los gastos invertidos° con la proyección pública del referido documento bárbaro.

invested

ACTIVIDAD 19 Comprensión de lectura: ¿Historia fantástica o historia documental?

Indique si las siguientes oraciones son ciertas o falsas. Si son falsas, corríjalas en su cuaderno. Si son ciertas, agregue algún otro detalle a la información. En clase, compare sus respuestas con las de otro/a compañero/a.

_____ 1. La primera película dirigida por Jorge Federico Espinosa fue un fracaso.

_____ 2. Una empresa cinematográfica pagó los gastos de rodar *La conquista del desierto*, que representó las hazañas del general Roca contra los indios.

_____ 3. Fue fácil encontrar a un actor para desempeñar el papel de Roca.

_____ 4. El director se preocupaba mucho por el rigor histórico de la película.

_____ 5. Se construyeron muchísimos escenarios y utilería para asegurarse de que todo fuera auténtico.

_____ 6. Espinosa quería destacar la grandeza del general Roca.

_____ 7. Para filmar la segunda parte de la película, Espinosa no necesitaba muchos "extras".

_____ 8. La filmación de la última batalla tuvo consecuencias muy sorprendentes.

_____ 9. Los asesinos fueron arrestados y Espinosa pudo terminar con el proyecto.

_____ 10. De la tragedia salió una exitosa película documental.

ACTIVIDAD 20 A explorar: ¡De película!

Escriba una breve reseña (de una página) sobre alguna película "épica" que haya visto.

1. Póngale un título a su reseña que indique su perspectiva crítica.
2. En su evaluación, incluya algunos de los elementos que se mencionan en el primer párrafo de "Film": el movimiento de cámaras, los protagonistas, los extras, la actuación, los diálogos, la música u otros.

Proyecto independiente

Paso 1: ¿Qué campo le interesaría explorar?

■ Para escribir...

En uno, dos o tres párrafos, presente tres posibilidades que le interesa explorar y explique brevemente por qué le interesaría explorar los temas que menciona. Entréguelo en clase.

■ Para presentar oralmente...

Comparta sus ideas en clase con un grupo de dos o tres estudiantes.

Capítulo 2

Los servicios sociales

Los servicios sociales... Con metas de ayudar a los seres humanos

Los profesionales del campo de los servicios sociales dedican su atención al bienestar de la gente mediante una gran diversidad de trabajos relacionados con una multitud de disciplinas. Se dedican al estudio de las circunstancias humanas, las relaciones interpersonales y la conducta humana. Se ocupan de la prevención y curación de los problemas del individuo o de los grupos en las comunidades urbanas y rurales. Trabajan en hospitales, en la industria o en el sistema legal, como, por ejemplo, psicólogos con especialidad en casos infantiles, adolescentes o criminales, o como trabajadores sociales que planifican programas comunitarios, gubernamentales o internacionales para mejorar la vida de ciertos grupos.

Gente y ambiente

En esta sección...

Perfiles de profesionales en el campo de los servicios sociales

I. El poder "defenderse" con el español le ha abierto muchas puertas: "Una entrevista con Madeleine L. Dale"

II. Dos psicólogas españolas hablan de su profesión: "María Cervera Goizueta y Blanca Sada García-Lomas, psicólogas"

Otro perfil breve

III. Un servidor público de Houston se dedica a trabajar con los centros comunitarios: "Celebra Félix Fraga cincuenta años de servir a la comunidad"

Perspectivas literarias del campo

En esta sección...

IV. Una madre comparte su perspectiva sobre la comunicación entre padres y adolescentes: "Mentiras", Alejandra Vallejo-Nágera (España)

■ ¿De qué se queja Calvin?

■ ¿Se identifica usted con la tira? Explique.

■ Imagínese que usted es Hobbes o el/la psicólogo/a de Calvin, y diga una o dos preguntas o comentarios que le haría a Calvin para responder a su queja.

Orientación breve

ACTIVIDAD I ¿Cómo es su comunidad?

¿Qué saben ustedes de los servicios sociales de su comunidad? Trabajen en parejas y entrevístense para ver si conocen los servicios sociales de su comunidad. ¿Cuál es su lugar de residencia permanente?

¿Sabe si en su comunidad hay...	Sí	No	No sé
1. un Departamento de Salud Pública?	___	___	___
2. un Departamento de Bienestar Social?	___	___	___
3. hogares o asilos para ancianos?	___	___	___
4. una oficina de desempleo?	___	___	___
5. guarderías infantiles (*day care centers*)?	___	___	___
6. un orfanato (*orphanage*)?	___	___	___
7. familias de crianza (*foster families*)?	___	___	___
8. albergues para la gente sin casa (*homeless shelters*)?	___	___	___
9. comedores de beneficencia (*soup kitchens*)?	___	___	___
10. hogares transitorios (*halfway houses*)?	___	___	___

EN RESUMEN: Toda la clase
Comparen los servicios sociales que se encuentran en los lugares donde viven.

Palabras del oficio

El mundo de los servicios sociales

el alquiler, la renta   rent
apoyar, sostener   to support physically or emotionally
el/la auxiliar, el/la ayudante   aide, helper
———— **médico-doméstico/a**   home-healthcare aide
el bienestar   welfare, well-being
carecer de, hacer falta   to lack
la caridad   charity
comportarse, portarse   to behave
el descuido, el abandono   neglect
el desempleo, el paro (*Spain*)   unemployment
disponible   available

en apuros   in trouble
encargarse de, ser responsable de   to be in charge
experimentar   to experience
la manutención, el mantenimiento   maintenance, upkeep, support
el papeleo   paperwork
repartir, distribuir   to distribute
sobrevivir   to survive
la tasa   rate
———— **de abandono escolar** (*de la escuela*)   school dropout
los trámites   procedures, steps
el vínculo, el lazo   tie, bond, connection

Los necesitados de la comunidad

el/la anciano/a   elderly person
el/la asistido/a   recipient of assistance
el/la desamparado/a   homeless person
el/la drogadicto/a   drug addict
la familia de crianza   foster family
el/la huérfano/a   orphan
el/la inválido/a   invalid

el/la jubilado/a   retired person
el/la menor de edad   minor
el/la minusválido/a   disabled person
la persona mayor, la persona de tercera edad   senior citizen
el/la retrasado/a mental   mentally retarded person

Los lugares de la comunidad

el alojamiento   housing
el asilo   shelter
el centro de entrenamiento   training center
el comedor de beneficencia, la olla común   soup
  kitchen

la guardería (infantil)   day care center
el hogar   home
  —— **transitorio, temporal, de transición**
  halfway house
el orfanato   orphanage

ACTIVIDAD 2 Práctica de vocabulario: A buscar ayuda...

¿Adónde podría ir un/a necesitado/a para buscar ayuda? ¿Qué servicios sociales hay disponibles? Complete cada oración con una frase apropiada. En clase, compare sus respuestas con las de sus compañeros. **¡Ojo!** No se olvide de emplear el condicional para completar las siguientes oraciones hipotéticas.

> **MODELO:**   Si un niño se quedara sin padres,...
> *podría* ir a vivir con una familia de crianza.

1. Si un/a niño/a se quedara sin padres y no hubiera una familia de crianza donde alojarlo/a,...
2. Si una familia experimentara dificultades económicas y no pudiera pagar el alquiler,...
3. Si un/a desamparado/a no tuviera dinero para comprar comida,...
4. Si un/a minusválido/a no pudiera encontrar trabajo,...
5. Si una familia no pudiera cuidar en casa a su hijo/a retrasado/a,...
6. Si un/a drogadicto/a necesitara vivir en un ambiente especial para dejar su hábito,...
7. Si un/a anciano/a se encontrara en apuros económicos,...
8. Si una madre soltera quisiera volver a estudiar o a buscar trabajo,...
9. Si en un hogar se encontrara evidencia de que se maltrata a un menor,...
10. Si una persona mayor sola se enfermara pero no quisiera abandonar su casa,...

ACTIVIDAD 3 Práctica de vocabulario: ¿Para qué sirve?

Escriba oraciones para describir o definir una o algunas de las funciones o el significado de los siguientes términos.

1. La Seguridad Social sirve para...
2. La caridad...
3. La oficina de desempleo...
4. Un auxiliar médico-doméstico...
5. Una guardería...
6. El alquiler...
7. Un centro de entrenamiento...
8. Una familia de crianza...
9. El papeleo...
10. La manutención...

ACTIVIDAD 4   Diccionario personal

Aa   Bb

En su exploración del campo de los servicios sociales, posiblemente encontrará otras palabras y expresiones que querrá usted aprender. Apúntelas aquí a medida que hace las actividades del capítulo. ¡Las nuevas palabras serán útiles a la hora de realizar los trabajos orales y escritos!

GENTE Y AMBIENTE

Perfiles de profesionales del campo de los servicios sociales

I. El poder "defenderse" con el español le ha abierto muchas puertas: "Una entrevista con Madeleine L. Dale"

Madeleine L. Dale, animada neoyorquina, ha ocupado una variedad de puestos y gozado de diversas experiencias profesionales antes de volver a esta ciudad para ser la Directora del Centro de Desarrollo Profesional de la Facultad de Trabajo Social de Columbia University. Habla de su profesión y de la influencia que ha ejercido el idioma español en su vida.

¡Fíjese! El conocimiento de una cultura se demuestra de muchas maneras: hablando el idioma, pero además conociendo algo de la vida de la gente, las costumbres, las actitudes, la historia y la literatura, entre otros aspectos. En la siguiente entrevista con Madeleine L. Dale, hay mucha evidencia de su conocimiento de varios aspectos de la cultura hispana. Busque, por ejemplo, la mención de las siguientes referencias que tienen que ver con la religión, la medicina y la literatura:

- **la santería:** secta religiosa caribeña de origen africano
- **el curanderismo:** arte y práctica de la medicina folklórica o popular por curanderos (*healers*)
- **Lope de Vega:** (1562–1635) un dramaturgo español
- **Juan Ramón Jiménez:** (1881–1958) poeta español premiado con el Nobel de Literatura en 1956

Cuando lea, fíjese en la influencia que la cultura hispana ha ejercido sobre la vida de Madeleine L. Dale.

ACTIVIDAD 5 ¿Qué quiere decir...?

Para familiarizarse con algunas palabras de la lectura, fíjese en las palabras escritas *en bastardilla*, y complete las oraciones con un ejemplo. En clase, comparta sus respuestas con sus compañeros.

1. Muchas personas se *han arrepentido* de una decisión o de una acción que han tomado. Por ejemplo,...

2. A veces, las creencias de unos *chocan* con las de otros. Por ejemplo,...

3. En algunas ciudades, hay oportunidades o programas especiales *brindados* a la gente pobre o a los jóvenes de los barrios pobres. Por ejemplo,...

4. Hay gente que *disfruta* enormemente de hacer trabajo social voluntario. Por ejemplo,...

Actividad 6 Antes de leer la "Entrevista con Madeleine L. Dale"

Trabaje solo/a o con otra persona. A base del currículum de Madeleine L. Dale a continuación, conteste las preguntas y apunte 2 ó 3 más suyas.

1. ¿Qué trabajos ha tenido Madeleine L. Dale en el campo de los servicios sociales?
2. ¿En qué ciudades ha trabajado?
3. Apunte usted dos o tres preguntas que quisiera que contestara ella sobre su trabajo. ¡Tal vez ella las conteste en su entrevista!

CURRÍCULUM VITAE   Madeleine L. Dale

TÍTULOS OBTENIDOS

Maestría (Salud Materno-Infantil), Escuela de Salud Pública, Universidad de California en Berkeley, 1981

Maestría (Tratamiento Psicosocial de Niños y Familias), Escuela de Administración de Servicio Social, Universidad de Chicago, Illinois, 1973

Licenciatura en Artes (Español y Sociología), Elmira College, Elmira, Nueva York, 1971

Certificado en Estudios Españoles, Facultad de Filosofía y Letras, Universidad de Madrid, España, 1970

Licencia Clínica en Trabajo Social, Estado de California, desde 1980

IDIOMAS

Dominio del inglés y el español
Conocimiento medio del francés
Conocimientos básicos del italiano y el portugués

EXPERIENCIA PROFESIONAL

1996–hoy
  Directora de Desarrollo Profesional, Coordinadora de Servicios para Estudiantes Minusválidos, Facultad de Trabajo Social de la Columbia University en la Ciudad de Nueva York

1994–1996
  Asesora y Supervisora Gerente, Fleishman-Hillard Miami/Latin America, Coral Gables, Florida

1991–1994
  Directora de Proyectos Internacionales, Instituto de Niños y Familias en Riesgo Educadora, Centro de Desarrollo Profesional

1990–1991
  Oficial de Proyecto, Proniño, Fundación Paniamor, San José, Costa Rica

1988–1990
  Profesora Asistente Clínica de Pediatría y Jefe de Trabajo Social, División de Medicina Adolescente, Departamento de Pediatría, Universidad de California, San Francisco

1981–1988
  Asesora de Trabajo Social en Salud Pública, Sección de Salud Materno-Infantil, Departamento de Servicios de Salud, Estado de California

1978–1980
  Profesora Asistente Clínica y Directora de Educación en Trabajo Social, Departamento de Pediatría, Universidad de California en Irvine

1976–1978
  Jefe de Servicios Hispanos, Children's Hospital, Boston, Massachusetts

1973–1975
  Trabajadora Social de Pediatría, Yale-New Haven Hospital, New Haven, Connecticut

Una entrevista con Madeleine L. Dale

"Y es cierto, el poder 'defenderme' y más en español me ha abierto el mundo entero en cuanto a mi experiencia profesional. Bueno, el mundo entero no, pero Latinoamérica sí..."

¿Qué te motivó a estudiar español? ¿Cómo creció tu interés?

La verdad es que cuando entré en la escuela intermedia quería estudiar francés. Mis padres y mi hermano todos hablaban francés. Mi mamá era maestra de francés. Mi papá insistió en que siguiera con el español. Nunca me he arrepentido. ¿Conoces la canción *Gracias a la vida, que me ha dado tanto?* Pues, yo canto: *Gracias al castellano que me ha dado tanto....*

¿Cuál fue tu especialización en Elmira College?

No cabía duda[1] de que iba a seguir estudiando idiomas, aunque sabía que quería ser trabajadora social. Al llegar a Elmira supuestamente había completado el nivel intermedio de español. Pasé el tercer año en la Facultad de Filosofía y Letras en Madrid. Vivía en el Colegio Mayor Isabel de España para mujeres. Me acuerdo de que al estar allá tal vez un mes, pasé dos noches con dolor de cabeza. Al despertarme el tercer día me di cuenta de que había estado soñando

en español. Desde ese día, diría que hablo bien el español. Me es igual pensar o hablar en español. A veces encuentro que me puedo explicar mejor en un idioma o en el otro, debido a diferencias sutiles de lenguaje y cultura. Como tenía créditos universitarios gracias a mis estudios de español de la escuela secundaria, con dos cursos de verano me gradué temprano.

Y después de terminar tus estudios en Elmira, ¿qué hiciste?

Fui a la Universidad de Chicago a hacer la maestría en trabajo social. Siempre fue mi anhelo[2] ejercer una carrera dedicada al bienestar de los demás—derecho, pedagogía. Pero el trabajo social me pareció un medio por el cual podía tener contacto más íntimo con las personas. En el trabajo, disfrutaba enormemente de poder ayudar a las personas latinas... puertorriqueños, cubanos, mexicanos, que no hablaban inglés. Encontré mi "onda"[3] como dicen los mexicanos. Durante mi estancia en Chicago, vivía

en la Casa Internacional, donde me junté a un grupo de suramericanos, incluyendo a unos brasileños que dominaban el "portañol". Empecé a descubrir las diferencias de cultura e idioma de los distintos grupos latinos... ¡y me fascinaban!

En la mayoría de mis clases me encontré con colegas que habían estudiado psicología–y yo no tanto. Pero yo insistía y sigo insistiendo en que si uno quiere saber algo sobre la psicología del ser humano, que lea a Shakespeare, así como a Cervantes, a Lope de Vega, a Neruda, a Unamuno o a mi adorado Juan Ramón Jiménez. Y yo leo la gran literatura en varios idiomas y así tengo un entendimiento, una comprensión más sensible del ser humano, descrito en su propio idioma. Como decía un abuelo mío, "El idioma es la cultura. El idioma describe la cultura". Un ejemplo bien claro de la diferencia entre el concepto del tiempo se expresa claramente en el hecho de que mi reloj *anda* o *marcha* en español y en inglés mi reloj *corre*.

¿Qué decidiste hacer después de terminar tus estudios en Chicago?

Al graduarme de Chicago me di cuenta de que recibía muchas ofertas de trabajo no porque era una buena trabajadora social sino porque hablaba español, lo cual me molestaba. Acepté un puesto en un departamento de pediatría atendiendo a los pacientes de cultura hispana. Me metí a participar en las actividades de la comunidad latina. Tenía una gran satisfacción en el trabajo y en el hecho de que la comunidad me aceptaba por dominar el idioma y por respetar la cultura. Durante aquellos dos años estudié las diferencias de creencias entre los distintos grupos con referencia a la salud. Di charlas y, varios años

---

[1]**No...** There was no doubt   [2]**deseo**   [3]**interés profundo**

después, publiqué un artículo sobre estos temas, el curanderismo, la teoría de lo frío y lo caliente, la santería y mucho más. Me reconocieron en el hospital por tener estos conocimientos y me llamaron a diferentes departamentos, hasta a los servicios médicos de adultos, cuando tenían dudas sobre ciertos diagnósticos y tratamientos que chocaban con las creencias de los pacientes. De allí fui a otro hospital donde me nombraron "Jefe de Servicios Hispanos". Lo cómico era que me mandaron todos los pacientes que no hablaban inglés. Entrenaba a los miembros de mi equipo con el fin de que fueran abiertos y sensibles en cuanto a lo que percibían como diferencias culturales.

Por razones familiares me mudé a California donde encontré un trabajo excelente, entrenando a médicos, otros trabajadores sociales, psicólogos, enfermeras, nutricionistas y otros estudiantes y profesionales en ciencias médicas.

¿Y qué hacías en California? ¿Cómo empleabas el español en tus contactos con la gente?

Cuando yo estaba en mi primer trabajo yo era (y esto parece increíble) la única terapeuta bilingüe en el estado de Connecticut. Y yo, ¡recién graduada! Así que el departamento de psiquiatría me invitó a seguir el curso especial que se ofrecía sobre el primer año de vida y sobre la vida de niñez temprana. Me capacitaron psiquiatras famosísimos. ¡Y esta gran oportunidad me caía encima porque hablaba español! Y también, espero, porque demostré mi capacidad.

En California seguía trabajando con las familias hispanohablantes y terminé sacando una segunda maestría en salud pública materno-infantil. Con eso

logré ser asesora[4] al departamento de salud pública del estado de California en la división materno-infantil durante muchos años, donde con mis colegas introdujimos programas y políticas[5] muy importantes para los ciudadanos y no ciudadanos de California.

¿Y cómo es tu trabajo actual?

Hoy en día me encuentro de nuevo en Nueva York. Ahora soy Directora de Desarrollo Profesional en una escuela graduada de trabajo social. Supongo que es mi manera de "devolver" algo a la profesión que me ha brindado tanto a mí. Lo curioso es que es la primera vez en mi vida profesional que hablo más inglés que español durante el día. Me acuerdo que cuando vine para la entrevista, que duró un día entero, llegué al aeropuerto para volver a Miami con un poco de dolor de cabeza. Pensaba que fue por el día tan largo y el estrés de las múltiples entrevistas. Al abordar el avión oí a unas personas hablar "cubano". ¡Púchica[6]! El dolor de cabeza resultó de haber pasado un día entero comunicándome en inglés, haciendo el esfuerzo de hallar el vocabulario correcto en inglés. Todo lo contrario de lo que había experimentado tantos años atrás en el colegio en Madrid. Qué alegría poder relacionarme con el mundo en español de nuevo.

Mi poema favorito en español es de Juan Ramón Jiménez. Empieza, *"¡Inteligencia, dame el nombre exacto de las cosas! ...Que mi palabra sea la cosa misma, creada por mi alma nuevamente."* Yo siempre trato de explicarme claramente, no importa el idioma. Pero como dije anteriormente, a veces es más fácil en un idioma que en otro. Y siempre he pensado que el puesto que

---

[4]consultant   [5]policies   [6]Well I'll be darned!

tengo es el mejor del mundo y por lo tanto el mejor que pudiera tener, hasta que las circunstancias me lleven por otro camino.

¿Qué oportunidades ves para los recién graduados que buscan empleo en el campo de los servicios sociales?

El campo de servicio social es tan amplio. Uno puede proveer servicios directos de ayuda (alojamiento, servicios legales, alimentación), hacer psicoterapia individual o en familia o en grupos, desarrollar política social, hacer investigación social, administrar programas. Uno puede ejercer la profesión con especialidad en problemas sociales específicos como por ejemplo la drogadicción, la pobreza, el abuso y la violencia. O se puede dirigir su esfuerzo a ciertos grupos como por ejemplo a los niños, a los adolescentes, a los adultos, a las personas de la tercera edad que se encuentran viviendo en un barrio en particular. Yo he dirigido mi carrera hacia una comunidad, la latina, con énfasis en el bienestar de los niños y familias por medio de la salud, en los Estados Unidos y en América Central. He trabajado en hospitales médicos universitarios, para el gobierno y en universidades.

Nunca he trabajado en una agencia social. El trabajo social es una profesión que adopta destrezas y conocimientos de varios campos de las ciencias sociales, reformándolas y uniéndolas a las que son específicas al trabajo social, creando una práctica para promover el bienestar del ser humano en su ambiente. Tal vez no se gana mucho económicamente comparado a otras carreras, pero yo he vivido bien. No me puedo quejar. He ganado millones en cuanto a la satisfacción personal.

ACTIVIDAD 7 Comprensión de lectura: Les quiero presentar a Madeleine L. Dale...

1. Apunte información para describir a la entrevistada, su vida y su trabajo. Para cada categoría, escriba una o dos oraciones e incluya detalles concretos.
   a. Sus primeras experiencias cuando aprendía español
   b. Su vida de estudiante universitaria
   c. Su estancia en España
   d. Su decisión de hacer la maestría en trabajo social
   e. Sus primeros trabajos y sus contactos con la gente latina
   f. Su MPH (*Masters in Public Health*) y sus trabajos en California
   g. Sus experiencias en Nueva York
   h. Su perspectiva del campo de trabajo social

2. ¿Qué les parece la relación entre Madeleine y la cultura hispana? ¿Qué les ha impresionado especialmente de su perfil? En clase, trabajen en parejas para compartir su información y reconstruir una biografía profesional de Madeleine L. Dale.

ACTIVIDAD 8 A explorar: ¿Y ustedes?

¿Se identifican ustedes con la historia de Madeleine? Trabajen en grupos de tres o cuatro personas para comentar las siguientes afirmaciones de Madeleine. ¿Qué opinan ustedes? ¿Han tenido experiencias parecidas a las de Madeleine? Expliquen con ejemplos concretos de su propia experiencia.

1. "Mi papá insistió en que siguiera con el español. Nunca me he arrepentido."
2. "...me di cuenta de que había estado soñando en español."
3. "...si uno quiere saber algo sobre la psicología del ser humano, que lea a Shakespeare... a Cervantes... la gran literatura."
4. "...siempre trato de explicarme claramente, no importa el idioma. Pero... a veces es más fácil en un idioma que en otro."

II. Dos psicólogas españolas hablan de su profesión: "María Cervera Goizueta y Blanca Sada García-Lomas, psicólogas"

¡Fíjese! En el mundo hispánico los títulos universitarios son los siguientes:

la licenciatura	Bachelor's Degree
la licenciatura superior, la maestría, "masters"	Master's Degree
el doctorado	Doctorate, Ph.D.

¡Ojo! Los graduados de la escuela secundaria reciben su **bachillerato**. Y los **colegios** no son universidades sino escuelas secundarias privadas.

En la siguiente lectura, fíjese en cómo dos licenciadas en psicología describen su preparación y su trabajo.

ACTIVIDAD 9 ¿Qué quiere decir...?

A veces, entre un grupo de palabras relacionadas, las de una categoría gramatical pueden ser más comunes o conocidas que las de otra. Lea la introducción al artículo y busque los sustantivos relacionados con los siguientes verbos comunes.

portarse, comportarse, ajustar, medir

ACTIVIDAD 10 Antes de leer "María Cervera Goizueta y Blanca Sada García-Lomas, psicólogas"

Antes de leer la entrevista con las dos psicólogas españolas, échele un vistazo a las cinco preguntas que se encuentran en el recuadro que sigue. Para cada pregunta, trate de adivinar (*guess*) alguna información que va a leer en las entrevistas.

Psicólogo

La sociedad lo ha relacionado con los enfermos mentales, lo que implica limitar y reducir la verdadera capacidad analítica de este profesional. El psicólogo se adentra en los secretos del comportamiento humano, en el consciente y en el subconsciente. Realiza funciones tan variadas como medición de la inteligencia, test de personalidad, análisis de desajustes de comportamiento, ayuda laboral, lucha contra la depresión o el estrés o terapias de familia y pareja.

1 Breve currículum académico y profesional y cursos o "masters" que haya seguido en su formación.

2 ¿Qué pasos hay que seguir para llegar a esta profesión?

3 ¿Cómo es su trabajo y cuáles son sus principales características?

4 ¿Cuál es el perfil necesario para desarrollar correctamente su actividad?

5 ¿Cómo está el mercado de trabajo?

María Cervera Goizueta

1 Licenciada en Psicología por la Universidad Complutense de Madrid, en 1982. He realizado diversos cursos de postgrado encaminados a la formación en psicología clínica, enfoques en diversas teorías y técnicas psicoterapéuticas dinámicas, cognitivas, conductuales[1] y humanistas. He trabajado durante diez años como psicóloga escolar[2] en un centro privado de bachillerato, soy coordinadora de psicólogos en un centro de servicios sociales desde el año 1989 y tengo mi propia consulta privada desde 1990.

2 Licenciarse en Psicología en cualquiera de las universidades públicas o privadas. Si se desea trabajar en hospitales de la Seguridad Social hay que acceder a los cursos de Psicólogo Interno Residente (PIR), similares a los cursos de los médicos, y realizar una especialización. Si se desea establecerse independientemente es necesaria la formación de postgrado.

3 Hay diversas maneras de desarrollar la psicoterapia. En mi consulta realizo primero la evaluación psicológica, encaminada a entender de forma global la personalidad de mi paciente y, a partir de ésta, enfocar la terapia a seguir. Hay unas entrevistas previas en las que explico mi forma de trabajar, que varía si se trata de niños, adolescentes o adultos y, a partir del psicodiagnóstico, planifico unos objetivos que, en algunos casos, pueden ser muy generales y, en otros, más concretos.

4 Como en todas las profesiones relacionadas con la salud, la vocación es un requisito indispensable. Hace falta también saber conjugar la disponibilidad[3] con un conocimiento de los límites que existen en toda intervención terapéutica, pues muchas veces se puede pecar[4] de exceso de celo[5].

5 Teniendo en cuenta la cifra de paro[6] en España, la psicología, como cualquier otra profesión, tiene su paro. En España, sin embargo, existe un campo escasamente[7] desarrollado, que es la psicología en la empresa.

Blanca Sada García-Lomas

1 Licenciada en Psicología por la Universidad Complutense de Madrid, donde hice la especialidad en Psicología Clínica. He realizado diferentes cursos de postgrado, entre ellos, el de Psicodiagnóstico de Rorschach, y distintos seminarios y cursillos sobre neuropsicología. He trabajado en el Departamento de Psicología de la clínica López-Albor, realizando trabajos de evaluación, psicodiagnóstico, estudios neuropsicológicos y terapias. Actualmente tengo mi propia consulta privada enfocada fundamentalmente a la neuropsicología.

2 Licenciarse en Psicología en cualquier universidad, con la especialidad elegida y colegiarse[8].

3 Atendemos a pacientes que llegan a nuestra consulta, bien por problemas psicológicos generales o bien por alteraciones neurológicas, tales como secuelas[9] postraumáticas, tumores o demencias. En todos los casos, nuestro trabajo consiste en una entrevista inicial con el paciente y los familiares para elaborar la historia psicológica, a continuación evaluamos al paciente mediante pruebas psicológicas o neuropsicológicas y, finalmente, se propone el tratamiento adecuado a cada caso.

4 En esta profesión, como en todas en las que interviene el factor humano, es muy importante la vocación. La formación es lenta, sobre todo en la psicología clínica, porque se necesita mucha experiencia y trato con la distintas patologías. Además, son fundamentales algunas características, como conocerse a sí mismo en profundidad, saber escuchar, tener sentido común, equilibrio, objetividad, capacidad de empatía, comprensión y humanismo, entre otras.

5 En general, mal, pues existe una gran cantidad de psicólogos bien preparados que acaban dedicándose a otro tipo de trabajos. Los campos que actualmente tienen más posibilidades laborales son la psicología industrial y de la empresa.

---

[1]behavioral   [2]school   [3]to balance one's availability   [4]sin
[5]fervor, zeal   [6]**desempleo**   [4]scarcely

[8]to become a member of one's professional association
[9]**consecuencias**

Actividad 11 Comprensión de lectura: Parecidas y distintas

Trabaje solo/a o en parejas para comprobar su comprensión de la lectura. ¿Qué tienen en común las dos entrevistadas? ¿Y cómo son distintas sus experiencias y sus opiniones? Para cada categoría, apunte algunas de las semejanzas y las diferencias que ha encontrado.

	Diferencias		Semejanzas
	María Cervera Goizueta	**Blanca Sada García-Lomas**	**Las dos...**
Su licenciatura			
Su educación postgraduada			
Sus puestos			
Su estilo o manera de consultar con los pacientes			
Su opinión de las características esenciales para ser psicólogo/a			
Su perspectiva sobre el mercado de trabajo			

Actividad 12 Exploración: ¿Qué opinan ustedes?

En grupos de tres o cuatro compañeros, discutan las siguientes preguntas.

1. Al apuntar en la Actividad 11 los rasgos esenciales para ser psicólogo/a, ¿incluyeron la vocación, saber escuchar, tener sentido común, equilibrio, objetividad, capacidad de empatía, comprensión y humanismo? ¿Por qué es importante que un/a psicólogo/a posea dichas características?

2. En su opinión, ¿qué otros rasgos debe tener un/a buen/a psicólogo/a? Explique.

3. Las dos psicólogas mencionan posibilidades laborales en la psicología industrial y de la empresa. ¿Qué situaciones o casos pueden ustedes imaginar en estos ambientes? ¿Por qué se necesita consultar con un/a psicólogo/a?

4. De las noticias de la tele o de los periódicos o de su experiencia personal, ¿qué saben ustedes de los psicólogos que trabajan en las escuelas o las universidades de los EE.UU.? ¿Qué problemas pueden tener los jóvenes a quienes atienden?

Gente y ambiente

Perfil breve

III. Un servidor público de Houston se dedica a trabajar con los centros comunitarios: "Celebra Félix Fraga cincuenta años de servir a la comunidad"

Félix Fraga, trabajador social dinámico y activista, ha tenido un gran impacto en su ciudad.

¡Fíjese! Por lo general, hay tres clases de artículos que aparecen en los periódicos y las revistas. Para obtener información de estos tipos de escritos de manera eficaz, fíjese en las tendencias que presenta cada uno de éstos.

1. En los artículos de noticias (*news*), se presentan primero la información esencial y los detalles claves, seguidos de descripción menos esencial.

2. En los artículos de opinión (*editorials*), la perspectiva principal se presenta en la introducción y en el resumen final, con los argumentos para apoyarla en el medio.

3. En los artículos de fondo (*background*) o de interés personal (*features*), típicamente la información más importante se presenta en el cuerpo del texto para informar o divertir a los lectores.

Verá que el siguiente perfil de Félix Fraga es esencialmente un breve artículo de interés personal con una noticia rápida en la primera oración.

Actividad 13 ¿Qué quiere decir...?

A continuación aparecen entre paréntesis palabras que encontrará en la lectura, junto a otras palabras derivadas: verbos, sustantivos, adjetivos o adverbios. Complete cada una de las oraciones utilizando la palabra correcta en la forma apropiada.

Modelo: (la comunidad/comunitario)
Los líderes de las dos *comunidades* tuvieron una reunión para discutir un programa nuevo de servicios *comunitarios* para gente minusválida.

1. (la comunidad / comunitario)

Los activistas _____ promueven proyectos y programas

para el mejoramiento de su _____ .

2. (el servicio / el servidor)

Los _____ públicos se preocupan por los

_____ que necesitan los ciudadanos.

3. (el líder / el liderazgo)

A menudo critican _____ gubernamental cuando se

reúnen con _____ de varios sectores de la comunidad.

4. (el logro / lograr)

Si _____ desarrollar programas de beneficio, tales

_____ pueden cambiar profundamente la vida de los

necesitados.

ACTIVIDAD 14 Antes de leer "Celebra Félix Fraga cincuenta años de servir a la comunidad"

Con un grupo de tres o cuatro compañeros, conteste las siguientes preguntas.

1. ¿Qué les sugieren a ustedes las palabras "servir a la comunidad"?
2. ¿Cómo definen ustedes la frase "servidor público"? Mencionen algunos de los campos o las actividades en que trabaja un servidor público.
3. En su opinión, ¿qué rasgos debe poseer el servidor público ideal?

Veamos si en el siguiente perfil se mencionan algunas de las características que acaban de señalar.

CELEBRA FÉLIX FRAGA CINCUENTA AÑOS DE SERVIR A LA COMUNIDAD

Los más de 50 años de servicio a la comunidad y de búsqueda de mejoras para la vida de los ciudadanos de Houston de Félix Fraga fueron reconocidos por 50 de los principales líderes de la comunidad empresarial en una ceremonia especial desarrollada en "The Houston City Club".

La carrera de Fraga inició desde su adolescencia, cuando trabajadores del centro comunitario "Rusk Settlement" le ofrecieron un puesto, pero con la condición de que siguiera asistiendo a la escuela. Fraga aceptó y, tras ser uno de los primeros miembros de su vecindario en terminar la secundaria, siguió adelante en los estudios, hasta terminar una maestría en trabajo social. Esta carrera de servicio comunitario tuvo uno de sus puntos más altos con la elección de Fraga al concilio[1] de la ciudad en 1994.

Sin embargo, previamente, Fraga había iniciado sus labores en la Ripley House en 1952, donde fue nombrado gerente

en 1969 y trabajó hasta 1990, cuando se cambió a "Neighborhood Centers" (la organización que supervisa a Ripley House y un gran número de centros comunitarios), para asumir el puesto de vicepresidente a cargo de asuntos comunitarios.

Félix Fraga, en su época de estudiante, fue un destacado jugador de béisbol con los "Houston Cougars". Su hermano Lupe Fraga, presidente y jefe ejecutivo de Texas Office Supply, recuerda que "Félix rechazó un contrato que le ofrecieron los Cardenales de San Luis, a fin de permanecer en Houston y ayudar a la comunidad. Es poca la gente en este mundo que da tanto de sí misma".

Asimismo, Fraga ha enseñado cómo organizarse a los miembros de la comunidad, desarrollando la voz de la colectividad para hacerse oír frente al gobierno, a fin de obtener lo que necesita el vecindario.

Entre los logros de Félix Fraga se cuentan el haber ayudado a que se recabaran[2] cinco millones de dólares para "Neighborhood Centers" y, asimismo, haber colaborado en el crecimiento de la "Ripley House", para que ésta llegara a ser uno de los centros comunitarios más grandes del país, incluyendo servicios médicos, clases de inglés, guardería, empleo y comida, junto a la asistencia externa para las personas de edad avanzada.

---

[1]council

[2]collect

ACTIVIDAD 15 Comprensión de lectura: Activista de su comunidad

¿Qué impacto ha tenido Félix Fraga en Houston? ¿Qué ha hecho? ¿Qué ha logrado? Identifique el significado de los siguientes términos con relación a su carrera de servicio público.

1. The Houston City Club
2. Rusk Settlement
3. Ripley House
4. Neighborhood Centers
5. los "Houston Cougars"
6. cinco millones de dólares

ACTIVIDAD 16 A explorar: Mi comunidad

Trabaje solo/a o en un grupo de tres o cuatro estudiantes para hacer una lista de los cinco deseos que tienen ustedes para mejorar la comunidad en que viven. **¡Ojo!** No se olviden de usar el subjuntivo para comunicar sus deseos.

1. (Espero, Esperamos) que...
2.
3.
4.
5.

EN RESUMEN: Toda la clase
Cada grupo debe compartir sus deseos y compararlos con los de los otros grupos.

El campo y ustedes

¿Qué les parece a ustedes el campo de los servicios sociales? En grupos de tres o cuatro compañeros, discutan las siguientes preguntas.

1. ¿Se pueden imaginar como profesionales en el campo de los servicios sociales? ¿Por qué sí o por qué no? ¿Qué les atrae de una carrera en este campo? ¿Qué no les atrae?
2. ¿Qué problemas de su comunidad les parece que sean los más graves? Si fueran miembros de un grupo de ayuda a la comunidad, ¿qué programas les gustaría desarrollar? ¿Cómo podrían ayudar más los que trabajan en el campo de los servicios sociales?
3. Si tuvieran que dedicar un año al servicio comunitario, ¿en qué sector y con qué personas preferirían trabajar?
4. ¿Han participado alguna vez en un experimento psicológico? Descríbanselo brevemente a sus compañeros. ¿Qué les parece el hecho de que en algunos programas de psicología, se requiere que los estudiantes participen en los experimentos de investigación?
5. ¿En qué circunstancias podría ser especialmente útil el conocimiento del español para trabajar en el campo de los servicios sociales? Mencionen unos ejemplos.

Manos a la obra

Un caso para discutir

Imagínense que son miembros de un equipo de servidores públicos en que trabajan dos de los siguientes profesionales: un/a director de un centro comunitario, un/a trabajador/a social y un/a psicólogo/a.

1. Lean la descripción del caso.
2. Trabajen en un grupo de tres o cuatro estudiantes para contestar las preguntas de análisis en "Para contemplar" y para consultar con los clientes.
3. Formulen algunas recomendaciones.

Primero: El caso

Tina, una joven de 15 años, tiene una madre drogadicta, y repetidas veces ha abandonado las casas de crianza en que las agencias sociales la han colocado (*placed*). También se ha huido (*fled*) de la casa de su abuela. Es estudiante de primer año en la escuela secundaria. Su asistencia a la escuela es muy irregular. Tina se siente muy resentida y frustrada porque todo el mundo parece estar enojado con su madre. Cuando la trabajadora social de Tina le pidió que dijera algo positivo sobre su madre, la joven respondió, "No importa cuán drogada esté mi madre, siempre me deja comida en la mesa".

Segundo: Para contemplar

1. ¿Cómo se puede responder a los sentimientos de frustración de Tina?
2. ¿Cómo se puede guiar a Tina a buscar sus propias fuerzas y a depender de sí misma de una manera constructiva?
3. ¿Cómo se puede hablar con Tina de la importancia de cumplir con las responsabilidades?
4. ¿Dónde debe vivir Tina?
5. ¿A qué recursos de la comunidad se podría acudir para ayudar a Tina?

Tercero: Recomendaciones/Resumen del tratamiento

¿Qué sugieren ustedes para el tratamiento de Tina? Formulen ustedes un plan breve con varias recomendaciones concretas.

Perspectivas literarias del campo

IV. Una madre comparte su perspectiva sobre la comunicación entre padres y adolescentes: "Mentiras", Alejandra Vallejo-Nágera (España)

Experta en psicología aplicada, Alejandra Vallejo-Nágera es colaboradora en diversos programas de radio en España y escritora popular de los libros *El amor no es ciego, La edad de pavo* (adolescencia), *Hijos de padres separados* y *Mi hijo no juega, sólo ve la televisión.*

¡Fíjese!   Las anécdotas son relatos breves que tratan de algún rasgo o suceso particular o curioso. En la siguiente lectura, fíjese en cómo Alejandra Vallejo-Nágera emplea las anécdotas para crear una representación viva de la relación entre una madre y sus hijos adolescentes. Así la psicóloga logra escribir de un tema serio sin perder el sentido de humor.

ACTIVIDAD 17 ¿Qué quiere decir...?

Siguen a continuación algunos grupos de palabras relacionadas o sinónimas que aparecen en la lectura "Mentiras". Para cada grupo, escriba otra palabra más que se asocia con el grupo. Luego, escriba una oración con su nueva palabra y con otra de la lista. En clase, puede compartir sus oraciones con sus compañeros.

1. la adolescencia, la edad de pavo
2. los progenitores, los padres
3. la mentira, el embuste, el engaño, la trola
4. el enredo, la confusión, el desorden
5. gritar, chillar, aullar
6. suspendido, fracasado
7. espantado, asustado, con miedo
8. escaso, poco
9. el remordimiento, el arrepentimiento

ACTIVIDAD 18 Antes de leer "Mentiras"

Piense usted en su adolescencia. ¿Recuerda una vez cuando mintió, inventó una pequeña mentira o trató de engañar a otra persona? Escriba usted un breve párrafo para contar una anécdota sobre lo que hizo, o cuénteselo a un/a compañero/a.

Mentiras

Leo el periódico y me quedo pegada a las declaraciones de un experto en educación: "La relación entre padres y adolescentes ha de° basarse en la mutua confianza—informa con toda la tranquilidad del mundo. Hasta ahí, reconozco que el hombre tiene pase°; pero lo que sigue me deja estupefacta—: Los jóvenes merecen gozar de la máxima credibilidad por parte de sus progenitores, ya que sobre ella se edifica su autoestima."

Este experto será un pozo° de sabiduría, no lo niego, pero ¿tendrá hijos normales?

Para su edad y sus circunstancias, Nela y Javi ostentan° una autoestima bastante bien amueblada°, creo; pero desde que están en la edad del pavo han incorporado a su conducta un nuevo pasatiempo. Mienten como rufianes°. Por lo visto, mis hijos comparten la afición por los embustes con la mayoría de sus colegas; sus sufridos padres no cesan de contármelo. El otro día, la madre de C—un angelito de trece años— relataba horrorizada que su hijo había aparecido en casa con toda la cabeza rapada°, a excepción de un ridículo flequillo en punta°.

ha... must

permiso, libertad

well, source

demuestran
furnished
hooligans

afeitada / flequillo... bangs
coming to a point

—¡Aaa! —gritó la madre espantada—. ¿Por qué te has hecho este estropicio° en la cabeza? —chilló sujetando° el melón brillante en el que se había convertido la cabeza de C.

—No sé. Era obligatorio.

—¿Qué?

—En el colegio hay piojos°. Han dicho que era obligatorio.

—¿Quién?

—No lo sé.

—¿Dónde te has cortado el pelo? ¿Quién te lo ha hecho?

—No lo sé.

—¿¿No sabes quién te ha cortado el pelo?? ¡Qué te ocurre! ¿Acaso no llevabas la cabeza contigo?

—No lo sé. Me han obligado. Hay piojos.

¿Credibilidad? Ante semejante panorama, ¿cómo pueden nuestros hijos merecerla?

Me gustaría contarle al señor experto que, al igual que le ocurre a la madre de C, Javi y Nela fustigan° mi confianza con aterradora destreza, especialmente cuando deseo saber lo que han hecho o tienen intención de hacer. Yo intento creer plenamente en ellos, en serio, pero a veces me llevo unos chascos° devastadores. Hoy, por ejemplo, he sufrido dos; uno con cada hijo.

El primer episodio ha venido de la mano de° Javi.

Resulta que ha suspendido° un par de asignaturas, pero, en lugar de traer las notas, las ha tirado a la basura y se ha quedado tan campante°.

—Nos ha llamado tu tutora —comienzo a regañarle—. Estoy furiosa contigo. Has suspendido matemáticas y sociales°.

—¿¿¿Yooo???

—¿Por qué no has traído las notas?

—Nadie me las ha dado.

—Estás mintiendo.

—¿¿¿Yooo???

—Mira, Javi, estoy a punto de perder la paciencia. ¿Dónde están las notas?

—No lo sé. Te lo prometo. Puede que se las hayan entregado a otros, pero no a mí. A lo mejor se han olvidado. No lo sé. Yo no las tengo.

—Tu tutora asegura que todos los niños han llevado de vuelta las notas firmadas por sus padres. Tú no lo has hecho. Te lo pregunto por última vez: ¿dónde están las notas?

—Nunca las he visto, de verdad, se han olvidado de dármelas.

—¡Eres increíble! Mientes, y mientes y mientes —chillo desesperada—. ¿Acaso crees que soy idiota?

—¡No miento! ¡Mi tutora es la que miente! Se ha olvidado de mis notas y ahora inventa una trola° porque no quiere que la echen del colegio...

Nada. Cuanto más acorralo° a Javi, más embustes° fabrica. Si sospecha que hay una remota posibilidad de salir airoso°, Javi se agarra° a una retahíla° de engaños cada vez más descomunales°. Mi niño se siente atacado cuando descubro un

Glosas (margen derecho):

acto de destrucción
holding

lice

beat down

disappointments

ha... had to do with
failed
unruffled, relaxed

social studies

fib

corner / **mentiras**
triunfante / he latches on /
serie / **extraordinarios**

embuste, entonces persevera en su versión como si fuese la cruzada° más impor-   crusade
tante de su vida.

    —¿No te da vergüenza?
    —¿El qué?
    —¡Ser un embustero, un cobarde, un horrible mentiroso! ¿Te parece poco?
    —Yo no miento —aúlla ofendidísimo—. Tú eres la que no me crees. Sólo crees
a esa asquerosa° profesora. Ella es la que miente. Están a punto de echarla del   disgusting
colegio, pero tú nunca crees lo que te digo. Me odias.

Javi siente escaso remordimiento al utilizar la mentira como arma de defensa
y, para colmo°, reacciona con la misma violencia cuando dice la verdad y no le   **para...** to top it all
creo, que cuando miente y le descubro. Un horror.
    Por si no hubiéramos tenido bastante con el embuste de Javi, Nela nos ha sal-
pimentado° la jornada° con otro tremendo incidente.   seasoned / **el día**
    —¿Puedo dormir esta noche en casa de Inés? —pregunta a la hora de comer.
    —¿Está su madre de acuerdo?
    —Sí. También van Tama y Amelia.
    —¿Amelia? ¿Quién es Amelia? Nunca te he oído hablar de ella.
    —Es una. Su madre la odia.
    —¿Por qué?
    —No lo sé. Oye, bueno, que sepas que me quedo a dormir en casa de Inés.

El experto del periódico debía haberme visto; dudo que en el mundo existiese
una madre más crédula que yo en ese momento. De no haber sido por una casualidad, habría continuado eternamente confiada y tranquila. Pero las verdades
siempre salen a relucir° cuando menos se lo espera una. De pronto, me extraño   **salen...** surface
porque Nela no ha mencionado a Casil, su íntima amiga del alma. Presiento° que   I sense
se han peleado otra vez y llamo a su madre con una excusa tonta para ver si me
entero° de algo.   I find out

    —¡Hija! Un drama. Casil está llorando en su cuarto. No la he dejado quedarse
hasta las tres de la madrugada° como has hecho tú. Al final me ha dicho "vete a la   dawn
mierda°", ¿te lo puedes creer? Me dice "vete a la mierda" y se queda tan fresca,   **vete...** go to hell
como si nada. La he tenido que castigar del todo. No ha ido a la fiesta.
    Me quedo erguida°. Fiesta, madrugada, se supone que lo sé todo, pero estoy en   **sorprendida**
las Batuecas°. La madre de Casilda está intensamente ofendida. Ha cogido la pala-   **en...** utterly confused
bra y no la suelta°. En el transcurso de su cháchara° me lo aclara todo.   **Ha...** She has begun talking and isn't letting up / chatter

    —Nela dijo que tú sabías que había una fiesta y que la dejabas quedarse hasta
las tres de la madrugada.
    —¡A una fiesta! ¿Qué fiesta?
    —A la de su primo Andrés.
    —¿Su primo qué?
    —Ah, ¿pero no tiene Nela un primo que acaba de llegar de Argentina?
    —¿QUÉÉÉ?

Llamo enloquecida a las madres de las implicadas. Un enredo° monumental de **tangle**
embustes nos envuelve a todas. Las niñas se han pasado la pelota unas a otras,
han conspirado en equipo. Sus madres están espantadas y amenazan con una
batería de castigos inimaginables. Sólo la madre de Casilda se ha librado por los
pelos°. Nadie sabe quién demonios es el primo de Argentina. Unas veces se lo **se... got out by a lucky chance**
atribuyen a Nela, otras a Tama, otras a una tal Loreto, cuyo nombre oigo por pri-
mera vez. Ninguna madre podrá pegar ojo° hasta que alguna de estas incautas° **pegar... sleep / careless ones**
aparezca en algún sitio. Los padres han decidido formar un comando de bús-
queda y captura. Se han distribuido la ciudad por zonas y ahora deben conducir
hasta encontrarlas. Esas mocosas° se van a enterar de lo que les espera. **brats**

Los episodios de hoy me tienen exhausta. Estoy desolada, harta° de que los **fed up**
niños utilicen mi confianza para golpearme con ella en la cabeza. ¿Tendrá esto
remedio? ¿Qué opinarán los Asesores°? Después de varias llamadas, finalmente **professional advisors**
contacto con Ana Isabel Masarrasa y Bartolomé, catedrática de instituto, una
eminencia. Habitualmente transita por el barrio con sus hijas, dos maravillosas
chicas adolescentes que exhiben largos cabellos negros. Cuando miran escapara- **shop windows / latch on,**
tes°, agarran° a su madre del brazo formando una cautivadora estampa°. Las **grab / impression**
niñas de Ana Isabel emanan perfección y siempre aparentan comportarse correctamente. Caminan tiesas°, sin arrastrar los pies; usan ropa decente y sonríen a los **stiffly**
transeúntes°. Parecen comunicativas y maduras. Nada que ver con Nela. **passersby**

Confieso a Ana Isabel mi turbación infinita. ¿Qué hace ella para educar bien a
sus impecables niñas? Inmediatamente, me arrepiento de haber llamado. Pre-
siento que la mujer me ahogará° con su discurso, pero no. Se muestra feliz al **will drown me**
encontrar a un alma gemela.° Las hijas de Ana Isabel son todo fachada°. También **kindred spirit / facade**
chillan, acribillan° a sus padres con horribles reproches y mienten incansable- **molestan**
mente. El marido vigila a las niñas como un perro policía y no las deja hacer
absolutamente nada, pero ellas maquinan estratagemas increíbles y terminan
engañando a todo hijo de vecino°. La madre está harta. **everyone and his mother's uncle**

Ya sé que es una tontería, pero me tranquiliza saber que en todas partes cue-
cen habas°; bueno, en todas partes excepto en la casa del experto del periódico. **en... it's the same everywhere**
Allí, por lo visto, las habas gozan de la máxima credibilidad y confianza. ¿Cómo lo **(literally: they cook beans**
harán? **everywhere)**

ACTIVIDAD 19 Comprensión de lectura: ¡Qué increíble!

Conteste las siguientes preguntas. Conteste en forma de anécdota, es decir, en
forma narrativa, contando brevemente los episodios que ha leído.

1. ¿Qué es lo que la autora ha leído en el periódico que la conduce a
   compartir su serie de anécdotas? ¿Cuál es su reacción?

2. ¿Qué pasó entre la madre de C y su hijo, el que llegó a casa con la cabeza
   rapada?

3. ¿Cómo discuten Javi y su madre las notas de aquél?

4. ¿Qué pasa cuando Nela le pide permiso a su madre para quedarse en casa
   de una amiga?

5. ¿Cómo describe la autora a la familia de Ana Isabel Masarrasa, su esposo y
   sus dos hijas?

ACTIVIDAD 20 A explorar: Decálogo para los padres y los adolescentes

Ahora que han leído de las experiencias de una madre de adolescentes, ¿qué recomendaciones tendrían para ella y otros padres de adolescentes? ¿Y para los hijos/as adolescentes? Trabajen en parejas y escriban un decálogo de recomendaciones: cinco para los padres y cinco para los hijos. ¿Qué sugerencias tendrían para que se llevaran bien los unos con los otros? **¡Ojo!** Al apuntar sus recomendaciones, practiquen el uso de los mandatos y escríbanlos en forma plural (por ejemplo: *Escuchen...*, *Hagan...*, etc.).

Para los padres	Para los hijos
1.	1.
2.	2.
3.	3.
4.	4.
5.	5.

Proyecto independiente

Paso 2: Decida qué tema explorará.

■ Para escribir...

En un párrafo, describa el tema que ha escogido. Indique, si se puede, la tesis o una tesis preliminar, o la/s pregunta/s que quisiera contestar como parte de su exploración. Entréguelo en clase y fije con su profesor/a la fecha de su presentación oral en clase.

¡Ojo! La tesis es la idea central que provee el enfoque para su exploración. Su tesis va a requerir un proceso de desarrollo, pero en esta etapa temprana de su exploración, será muy útil escribir en el párrafo una oración que presente su tesis. Esta oración de tesis servirá para afirmar la idea esencial de la exploración que eventualmente va a defender y apoyar con los detalles concretos que encontrará.

MODELO:

Tema   La educación bilingüe en los EE.UU.

Párrafo con oración de tesis
Pienso explorar la historia de la educación bilingüe de los inmigrantes hispanohablantes de los EE.UU. ¿Cómo son algunos programas de educación bilingüe? ¿Hay muchas diferencias entre los programas? ¿Dónde se encuentran? ¿Han tenido éxito? Quiero examinar los argumentos principales a favor de la educación bilingüe y en contra de la misma. *Me parece importante que se respalden programas para la educación bilingüe en este país.*

■ Para presentar oralmente...

Comparta sus ideas en clase con un grupo de dos o tres estudiantes.

EXPLORACIONES

Capítulo 3

Los negocios

Los negocios... Con atención a la economía y al mundo del dinero

Trabajar en el campo de los negocios significa un sinnúmero de actividades que tienen que ver con las relaciones comerciales. Hay gente que se orienta hacia la banca, las finanzas, la contaduría (*accounting*), el comercio, las ventas (*sales*) y el márketing. Son dueños (*owners*) y empleados cuyas funciones varían mucho. Trabajan como directores, ejecutivos, supervisores, vendedores, secretarios, técnicos y obreros (*workers*). Se ocupan de la organización y la planificación, la administración y la dirección, la producción y la distribución, la importación y la exportación en todo tipo de industria, en las empresas y compañías pequeñas y grandes, nacionales y multinacionales.

Gente y ambiente

En esta sección...

Perfiles de empresas y negociantes
I. Tres jóvenes desarrollan una impresionante empresa de publicidad y márketing: "La publicidad también es digital"
II. Con esfuerzo y perseverancia, una mujer se enfrenta con los desafíos de la vida: "Myriam Chiffelle Kirby"

Perfiles breves
III. Dos franquicias españolas tienen como meta el mejorar la calidad de la vida: "Agencias Matrimoniales" y "España pone en venta la siesta"

Perspectivas literarias del campo

En esta sección...
IV. Visitamos una fábrica moderna: "Fábrica de cosas", Marco A. Almazán (México)

- ¿Qué discuten los empleados y el jefe?
- ¿Qué les falta a los empleados?
- ¿Qué ejemplos de la publicidad se le ocurren a usted cuando piensa en un bello "jingle", un "slogan" fuerte o una "fabulosa imagen"?

Orientación breve

ACTIVIDAD I Ustedes y el dinero

¿Cómo administra su dinero? Indique si las siguientes oraciones describen sus costumbres y compare sus respuestas con las de sus compañeros.

1. Investigo y comparo los precios antes de comprar algo.
2. Tengo claro cómo negociar un buen precio por algo que quiero vender.
3. Trato de manejar prudentemente mi dinero, por ejemplo, ahorrándolo en el banco o invirtiéndolo para el futuro.
4. Leo la sección de negocios del periódico.
5. Pago más con efectivo (*cash*) que con tarjeta de crédito.

Palabras del oficio

Los negocios, las ventas y el márketing

el/la **comerciante**, el/la **negociante**   business person
el/la **consumidor/a**   consumer
la **contabilidad**   accounting
la **cuenta**, la **factura**   bill, invoice
durar   to last
las **ganancias**   earnings
los ingresos   income
el/la **jefe/a**   boss
la **marca**   brand (name)
el/la **mayorista**   wholesaler
la/s **mercancía/s**   goods, merchandise

el/la **minorista**   retailer
la **oferta**   supply, offer, offering, "sale"
el **pago**   payment
la **pérdida**   loss
el **plazo**   term, installment
   a largo (corto) plazo   long- (short-) term
el **presupuesto**   budget
el **recibo**, el **comprobante**   receipt
los **seguros**   insurance
el **surtido**   supply, selection

Las compañías y las empresas

la **cadena**   chain
la **empresa**   company, enterprise
el/la **empresario/a**   business person, entrepreneur
la **fábrica**   factory
fabricar   to manufacture
la **franquicia**   franchise
el/la **gerente**   manager

lanzar   to launch
el/la **propietario/a**   owner
el **rendimiento**   yield
la **sociedad anónima (S.A.)**   corporation
el/la **socio/a**   partner
la **surcursal**   branch office

Los bancos y las finanzas

la **acción**   stock
ahorrar   to save
el/la **banquero/a**   banker
la **bolsa (de valores)**   stock market
el/la **cajero/a**, el/la **pagador/a**   teller
cobrar un cheque   to cash a check

la **cuenta de ahorros (corriente)**   savings (checking) account
el **fondo**   fund
invertir   to invest
la **inversión**   investment
el **préstamo**   loan
la **tasa de cambio**   exchange rate

largo plazo - empresa - long term business

→ *los ingresos de Chilanos son más alto que otros*

→ *Somos un socio de la gente hispanico*

→ *Inversión extranjero - foreign investment*

ACTIVIDAD 2 Práctica de vocabulario: ¿Qué hacen?

Empareje a cada persona de la columna A con las funciones que desempeña en la columna B. Puede haber más de una posibilidad apropiada.

A

_____ 1. el/la comerciante

_____ 2. el/la consumidor/a

_____ 3. el/la contador/a

_____ 4. el/la minorista

_____ 5. el/la negociante

_____ 6. el/la empresario/a

_____ 7. el/la fabricante

_____ 8. el/la gerente

_____ 9. el/la propietario/a

_____ 10. el/la socio/a

_____ 11. el/la banquero/a

_____ 12. el/la accionista

_____ 13. el/la cajero/a

_____ 14. el/la inversionista

B

a. administra la sucursal de una empresa o sociedad anónima

b. compra las mercancías de los mayoristas

c. se encarga de las cuentas de las empresas

d. fabrica productos de marcas populares

e. le importa que los minoristas compren las mercancías

f. comparte el control de una compañía

g. les da préstamos a los clientes

h. abre cuentas de ahorros y cobra cheques

i. es dueño/a de un negocio

j. compara los precios antes de comprar

k. dirige un equipo de empleados

l. invierte, compra y vende acciones en la bolsa

m. vende franquicias de su empresa

n. analiza los gastos y el presupuesto

ACTIVIDAD 3 Práctica de vocabulario: ¿Por qué?

Trabajen en parejas para dar algunas razones posibles por las siguientes circunstancias.

MODELO: abrir una cuenta de ahorros

Abrimos una cuenta de ahorros para ahorrar dinero, para no gastar todo lo que ganamos, para tener fondos para comprar algo costoso en el futuro.

1. preferir las marcas populares
2. tener un presupuesto
3. invertir o comprar acciones en una sociedad anónima
4. comprar una franquicia de una compañía
5. pedir un préstamo
6. pagar algo a largo plazo
7. querer ser propietario/a de una empresa
8. comprar seguros

ACTIVIDAD 4 Diccionario personal

En su exploración del campo de los negocios, posiblemente encontrará otras palabras y expresiones que querrá usted aprender. Apúntelas aquí a medida que hace las actividades del capítulo. Éste será su diccionario personal. ¡Las nuevas palabras serán útiles a la hora de realizar los trabajos orales y escritos!

GENTE Y AMBIENTE

Perfiles de empresas y negociantes

I. Tres jóvenes desarrollan una impresionante empresa de publicidad y márketing: "La publicidad también es digital"

Este perfil de la agencia Triple y sus fundadores proviene de la revista *Ideas y negocios.* Presentará las claves del éxito para lanzar un nuevo negocio.

¡Fíjese! En la próxima lectura, se trazará el desarrollo de la agencia Triple. Preste atención a las palabras que ayudan a marcar la cronología u orden de los acontecimientos. Aquí tiene algunos ejemplos tomados de la lectura:

- **ya** (*already*): ...un camino que Gracia Sánchez *ya* tenía en mente...
- **lo anterior** (*the aforementioned*): ...buena prueba de lo *anterior*...
- **apenas** (*scarcely, hardly, barely*): En *apenas* un año de funcionamiento...
- **mientras** (*while*): *Mientras* otras empresas elaboran la parte técnica...

ACTIVIDAD 5 ¿Qué quiere decir...?

A continuación siguen algunas oraciones con vocabulario que se usa en "La publicidad también es digital". Empareje cada palabra *en bastardilla* de la columna A con su sinónimo en la columna B.

A

_____ 1. La jefa se *percató de* que había bastantes empresas que ofrecían servicios de Internet.

_____ 2. También vio que había muy pocos que *atendieran a* la parte creativa y de diseño.

_____ 3. Muchos clientes *acudían a* los técnicos.

_____ 4. El negocio *se puso en marcha* hace poco tiempo.

_____ 5. Representa *un aporte* importante a la comunicación digital.

_____ 6. Es esencial desarrollar con cuidado para que la producción no *se dispare.*

_____ 7. Se ha triplicado *la plantilla.*

_____ 8. Se espera que la compañía *lleve a cabo* sus metas.

B

a. una contribución

b. notó

c. aumente excesivamente

d. comenzó

e. realice

f. el personal

g. buscaban la ayuda de

h. prestaran atención a

Actividad 6 Antes de leer "La publicidad también es digital"

Trabaje solo/a o en grupos de dos o tres compañeros. Imagínense que van a poner en marcha una empresa pequeña. ¿Qué sería necesario hacer para tener éxito? Apunte por lo menos tres ideas. Después, al leer el artículo, vea si sus ideas están relacionadas con la evolución de la empresa descrita en la lectura. **¡Ojo!** Al expresar sus ideas en esta situación hipotética, no se olviden de emplear el imperfecto de subjuntivo: *Sería necesario (importante, imprescindible, esencial) que empleáramos a cinco ayudantes.*

Triple Grupo de Comunicación
La publicidad también es digital

El tiempo parece correr más deprisa en Internet. Y si no que se lo pregunten a la agencia Triple, que se puso en marcha un año antes de lo que habían planificado sus mentores. La demanda de un cliente, a principios de 1998, fue el impulso para emprender un camino que ya tenía en mente Gracia Sánchez, la directora de esta empresa de comunicación y márketing.

Con formación universitaria en publicidad profesional en el ramo[1] de la ingeniería de sistemas, Gracia Sánchez del Real vio que ambos campos estaban muy relacionados. Se percató de que había bastantes empresas que ofrecían servicios de Internet, páginas *web...* "pero muy pocas que atendieran a la parte creativa o de diseño".

El momento, por tanto, parecía adecuado para poner en marcha esta iniciativa. "Cuando una empresa quería contar con una página *web*, no sabía a quién dirigirse. Habitualmente, acudía a alguien relacionado con la parte técnica, no se le ocurría ir a su agencia de publicidad y si se le ocurría tampoco encontraba respuesta. Las agencias de publicidad no se metían[2] en ello", afirma Gracia Sánchez.

Buena prueba de lo anterior es que a Gracia le costó embarcar en la empresa a su hermano **Mario**, director creativo de Triple: "Tuvo que

Los tres socios de esta agencia se preocupan por formarse continuamente en su trabajo.

convencerme. Soy de los que les gusta coger un lápiz, rotulador[3] y dibujar, pero ella sabía muy bien que podíamos hacer un aporte en comunicación digital, porque no había muchas agencias que vieran ese lado del negocio".

Triple Grupo de Comunicación arrancó[4] con una inversión de ocho millones de pesetas y el trabajo de los tres socios. Este puzzle de tres piezas (de ahí el nombre) se completa con **Eva de la Rosa**, directora de Proyectos.

En apenas un año de funcionamiento, sin embargo, eran ya nueve las personas trabajando, además de tener que contar con equipos externos para determinadas tareas. "La evolución es meteórica, pero se debe al tipo de negocio en el que estamos. Trataremos de crecer con cuidado, para que no se dispare la producción y seamos capaces de cubrirla. No queremos hacernos más grandes antes de tiempo, aunque ya vamos preparando el terreno para ello", comenta Mario Sánchez.

Reciclaje continuo

Otro de los riesgos al elevar la producción es disminuir el tiempo imprescindible[5] para la propia formación de sus equipos humanos: "Necesitas un reciclaje continuo. Una

---

[1]branch   [2]**no...** did not get involved   [3]drawing marker   [4]**empezó**   [5]**esencial**

En el primer año de trabajo han triplicado la plantilla, además de precisar colaboraciones externas

gran cantidad de trabajo impide dedicar el tiempo suficiente para estar al día[6] en los cambios que suceden a gran velocidad. Cuando quieres darte cuenta[7], todo ha cambiado, nuevas herramientas[8], nuevo *software* e incluso nuevo *hardware*", apunta la directora de la empresa.

El componente técnico de la comunicación digital requiere, en ocasiones, una colaboración externa para afrontar determinados trabajos. Mientras otras empresas elaboran la parte técnica, Triple se encarga del diseño visual y del desarrollo de imágenes y contenidos. "Ese tipo de alianzas[9] puede funcionar satisfactoriamente y, normalmente, son difíciles de llevar a cabo entre grandes firmas", señala Gracia Sánchez al valorar los aspectos positivos del tamaño[10] de su empresa.

Igualar fuerzas

Por esta vía han realizado trabajos para grandes compañías, aunque en el variado perfil de sus clientes abundan las pymes[11] que ven en sus servicios

una buena oportunidad. "En Internet se igualan las fuerzas. En otros campos, como televisión, una empresa pequeña no puede meter publicidad o como mucho diez segundos en horarios y canales de poca audiencia. En la Red, cualquier empresa por pequeña que sea, puede estar al nivel de las grandes marcas", afirma Mario Sánchez.

El grupo Triple se reparte, coherentemente con su nombre, en tres divisiones, digital, publicidad y relaciones públicas, que operan de forma independiente y en equipos mixtos para atender a campañas globales. "Somos una agencia de servicios plenos[12]. Por ejemplo, en el primer trabajo nos solicitaron un sito *web* corporativo, y terminamos llevando la comunicación total de la empresa", señala el director creativo.

Los tres socios tienen claro que quieren centrar entre un 80 y un 90% de su actividad en Internet. De ahí que a través de su división digital, Triple ofrece servicios de consultoría y márketing, entre otros, para redes[13] de comunicación y otros medios digitales, como *CD Rom*.

Como estrategia de captación de clientes, la empresa ha apostado por[14] las presentaciones directas, aunque también ha estado presente en ferias.

Las Claves
- **Fecha de creación de la empresa:** marzo 1998
- **Inversión inicial:** 8 millones de pesetas
- **Facturación prevista para este año:** 30 millones de pesetas
- **Amortización[15]:** 2 años y medio
- **Valor añadido:** introducción en las nuevas tecnologías destinadas al márketing y a la comunicación empresarial

De hecho, en este certamen[16] fue valorado lo que les gusta llamar su trabajo bandera[17], la creación de una galería virtual de arte.

Aunque su mercado se circunscribe sobre todo a Madrid, estos emprendedores han detectado un camino por el que crecer: "Al ser una pequeña empresa recién creada, no cuesta salir de nuestro ámbito[18] natural, pero recibimos muchas consultas de compañías de otros municipios para las cuales este campo queda un poco fuera de su alcance[19]. Ése es un mercado a explotar". Para este año, esperan facturar 30 millones de pesetas.

---

[6]**estar...** to be up-to-date, current [7]**darte...** realize [8]tools [9]alliances [10]size [11]**pequeñas y medianas empresas (España)**

[12]full [13]networks [14]**ha...** has bet on

[15]Depreciation [16]competition [17]**trabajo...** signature work [18]sphere [19]**fuera...** out of their reach

ACTIVIDAD 7 Comprensión de lectura: ¿Qué es lo que cuenta?

Indique qué se dice de los siguientes participantes o factores en el desarrollo de la empresa Triple. En clase, compare sus respuestas con las de sus compañeros.

1. la visión de Gracia Sánchez
2. el papel de su hermano Mario
3. el significado del nombre Triple
4. el primer año de funcionamiento de la empresa
5. la atención al reciclaje continuo
6. la colaboración con empresas externas
7. la Internet y el concepto de "igualar fuerzas"
8. la relación entre Triple y sus clientes

ACTIVIDAD 8 A explorar: Especialistas en márketing y publicidad

Trabajen en grupos de tres estudiantes para hacer esta actividad. Como indica el perfil de Triple, Gracia Sánchez y sus compañeros tienen que satisfacer a un variado grupo de clientes. Imagínense que ustedes trabajan para Triple y que tienen que personalizar su campaña de publicidad por la Red para un público específico.

1. Lean la lista de "estilos de vida" de Faith Popcorn, especialista de márketing, y escojan un grupo de consumidores para ser su público.
2. Piensen en un producto o servicio, dirigido a este grupo de consumidores.
3. Describan brevemente su campaña de publicidad.

MODELO: 1. Nuestro tipo de consumidor: *el grupo de "pequeñas indulgencias".*
2. Nuestro producto: *chocolates por aromas y sabores.*
3. Nuestra campaña de publicidad: *Por la Red, el cliente podrá ver y oler el producto. También podrá indicar adónde y cuándo se le enviará el pedido (order) y con qué frecuencia (¿una vez a la semana? ¿una vez al mes?).*

Capitales para los negocios

Las 10 mejores ciudades de Latinoamérica para hacer negocios.

1 **Santiago, Chile**

2 **Monterrey, México**

3 **Buenos Aires, Argentina**

4 **Río de Janeiro, Brasil**

5 **México DF, México**

6 **São Paulo, Brasil**

7 **Ciudad Juárez, México**

8 **Brasilia, Brasil**

9 **San Juan, Puerto Rico**

10 **Caracas, Venezuela**

NOTA: La clasificacíon se basa en una encuesta mundial entre 1.200 ejecutivos, una encuesta de organizaciones de fomento económico de 160 ciudades y datos adicionales compilados por las oficinas de Arthur Anderson.

FUENTES: Revista Fortuna/ Arthur Anderson.

Estilos de vida de los consumidores

Personas con ingresos similares pueden adoptar estilos de vida muy diferentes que se manifiestan en sus actividades, intereses, opiniones y, cómo no, en sus hábitos de compra. Especialistas en márketing, como Faith Popcorn, tratan de analizar las nuevas tendencias:

- **Encapsulamiento:** vivir pegado a la televisión y el video, comprar por teléfono o por catálogo, redecorar la casa y utilizar el contestador[1] como filtro.
- **Liberación:** cambiar el ritmo de vida por otro más gratificante. Vuelven los valores simples, el aire puro y la alimentación[2] sana.
- **Regresión:** actuar y sentirse más joven de lo que se es.
- **Individualismo:** desear ser visto y tratado como si uno fuera distinto al resto de la humanidad.
- **Fantasía de aventura:** necesitar una evasión emocional para salir de la rutina.
- **99 vidas:** estado desesperado de la gente que debe asumir muchos roles y responsabilidades. Es el caso de la supermamá que ejerce una profesión, se hace cargo del hogar, de los niños, de las compras...
- **SOS:** tendencia a luchar por que la sociedad sea más responsable con respecto a la educación, el medio ambiente y la ética.
- **Supervivencia[3]:** reconocer que el antiguo estilo de vida puede matar: comida basura, fumar, respirar aire contaminado y consumir drogas.
- **Pequeñas indulgencias:** los consumidores estresados necesitan gratificaciones ocasionales para lograr un alivio emocional.
- **El consumidor vigilante:** no tolera los productos y servicios de mala calidad. Quiere que en la tienda le acepten las devoluciones[4] y le reintegren[5] el dinero.

[1]answering machine [2]food [3]survival [4]returns [5]refund

II. Con esfuerzo y perseverancia, una mujer se enfrenta con (*faces*) los desafíos de la vida: "Myriam Chiffelle Kirby"

La historia de Myriam Chiffelle Kirby demuestra que a veces el camino al éxito profesional no es nada fácil.

¡Fíjese! Muchas veces es posible adivinar el significado de una palabra desconocida si nos fijamos en el contexto y si usamos nuestra capacidad para asociar palabras y significados. Recuerde, como indica el subtítulo del perfil de Myriam, que éste cuenta la historia de una mujer en el mundo de los negocios y que la parte humana le importa mucho.

ACTIVIDAD 9 ¿Qué quiere decir...?

Trate de adivinar el significado de las palabras escritas *en bastardilla* que se encuentran en la siguiente lectura. Dé una palabra o una frase sinónima en español. Después, al leer el perfil de Myriam Chiffelle Kirby, podrá comprobar el significado de estas palabras.

1. Tuvo que *congelar* su carrera porque a su esposo lo habían trasladado (*transferred*).
2. *Postuló* a la Universidad Católica porque quería continuar sus estudios.
3. Cuando *egresó* de la universidad, hubo otro traslado, y la familia tuvo que mudarse otra vez.
4. Su padre nunca *transó* la educación de sus hijos; los puso en los mejores colegios.
5. Pero el sueldo de su marido no *alcanzaba* para mandar a las niñas a una buena escuela.
6. Al llegar el cambio de la economía, la empresa no duró mucho y *quebró*.

ACTIVIDAD 10 Antes de leer "Myriam Chiffelle Kirby"

Antes de leer la historia de Myriam Chiffelle Kirby, complete las siguientes oraciones. Éstas tienen que ver con la relación entre el trabajo y la familia. Imagínese que es una familia de dos padres y tres hijos, que tienen 8, 12 y 15 años de edad. En clase, comparta sus respuestas con un grupo de tres o cuatro estudiantes. **¡Ojo!** Recuerde el uso del subjuntivo para expresar probabilidad.

1. Si uno/a de los padres decide seguir los estudios universitarios, es posible que...
2. Si el trabajo de uno de los esposos requiere un traslado a otra ciudad, es probable que...
3. Si uno/a de los padres gana mucho más dinero que el/la otro/a, puede que...
4. Si los dos padres son profesionales y uno/a encuentra dificultad en encontrar trabajo, es posible que...

MYRIAM CHIFFELLE KIRBY

La Gerente General de Proservice es una mujer solidaria, preocupada no sólo de los negocios de la empresa, sino también de la parte humana, algo que para ella es sumamente importante

Una oficina preciosa, grande y con muchas plantas es donde nos atiende Myriam Chiffelle Kirby, Gerente General de Proservice, una empresa filial[1] del Banco de Crédito e Inversiones de Chile. Pero su trabajo en esta gran oficina y el puesto que tiene hoy en día es algo de estos últimos 4 años y todo se lo ha ganado con esfuerzo y perseverancia.

Su vida, como ella bien dice, no comenzó hace 4 años y menos en un banco. Myriam, hija de padre con sangre suiza y madre inglesa, ingresó a la universidad cuando sólo tenía 16 años y estudió Agronomía en la Universidad de Chile, en Santiago. Mientras cursaba su carrera, se enamoró de un marino, el que en poco tiempo se convertiría en su marido. Tenía 20 años cuando esto sucedió y recuerda que tuvo que congelar su carrera porque a su esposo lo habían trasladado a Punta Arenas[2].

Llevaba muy poco tiempo establecida en esta ciudad cuando nació su primera hija, Carolina, y con menos de un año de diferencia vendría la segunda, Caterina. Durante tres años estuvo en Punta Arenas y Puerto Williams, dedicándose a sus dos hijas y a su marido, pero siempre con la mente puesta en terminar su carrera. Un nuevo traslado, esta vez a Viña del Mar, le indicó que debía terminar lo que había comenzado. Postuló a la Universidad Católica de Valparaíso e hizo la práctica en Quillota.

La vida se le complicaba a esta emprendedora mujer, al atender a sus hijas. Mientras las niñitas dormían, Myriam estudiaba y recuerda que cuando estaba su marido, que eran pocas veces debido a su trabajo, se dedicaba a él. No le reprocha nada, era su trabajo y cuando podía la apoyaba, "pero la cultura machista de nuestro país llevó a que nuestra relación se fuera deteriorando".

Una vez que Myriam egresó de la universidad, a su marido lo volvieron a trasladar a Punta Arenas. Esta vez fue durante un año y tuvo a su tercera hija, Antonella. De vuelta a Viña del Mar se encontró con una realidad: había que mandar a sus hijas al colegio. Y ella quería un colegio de monjas[3]. "Mi padre jamás transó la educación de sus hijos, nunca dudó en ponernos en los mejores colegios". Las cosas estaban mal, el sueldo de su marido no alcanzaba para mandar a las niñitas a un buen colegio. Algo tenía que suceder.

Myriam recuerda que "un día estaba hablando con unas personas sobre lo difícil que era para una profesional casada con un marino conseguir trabajo, ya que debe trasladarse adonde manden a su marido. Una señora me ofreció un trabajo, que consistía en reunir a un grupo de mujeres y mostrarles un maletín con productos de limpieza. La empresa se llamaba Stanhome. En un mes ya ganaba el doble que mi esposo, y mis hijas entraron al colegio de monjas".

De simple ejecutiva, Myriam pasó a ser jefa, luego subgerente y finalmente gerente de Stanhome. En medio de todo esto, tuvo a su cuarta hija, Pía.

Stanhome no duró mucho, ya que cuando en 1985 en Chile vino el cambio del dólar, la empresa quebró. Pero el empuje[4] de esta mujer la hizo buscar otro trabajo y postuló para supervisor para armar un proyecto de ventas en el Banco Santiago de Valparaíso. Fue contratada como jefa de ventas regional de la V región y más tarde pasó a ser jefa de Banca de Personas del Banco Santiago.

En medio de este tiempo, Myriam tuvo a su quinto hijo: Ignacio. Sin embargo, una cosa ya no funcionaba: su matrimonio. "Hicimos terapias matrimoniales, por los niños, pero no resultó. Para mí fue muy duro; yo depositaba mi sueldo en su cuenta y todo estaba a su nombre. Me quedé sola y con 5 hijos".

Pero como siempre, salió adelante.

En 1989 fue ascendida de puesto: Jefa de Banca de Personas en el Banco Santiago. Ahí estuvo hasta marzo de 1995 cuando la llamaron del Banco de Crédito e Inversiones (BCI). La propuesta se llamaba Proservice, una empresa encargada de efectuar las preevaluaciones de los nuevos clientes que ingresan a la banca de personas del BCI. Su puesto es el de gerente general.

Myriam fue llamada para construir un proyecto, un trabajo que fue tan bien hecho, que ahora el modelo se ha vendido a otros países de América. Pero a ella no sólo le preocupan los negocios del banco, sino también la parte humana.

Myriam, casada de nuevo y orgullosa de sus 5 hijos, es una líder en su trabajo, aunque ella lo que busca es ser valiosa.

---

[1]affiliate   [2]**En el extremo sur de Chile, cerca de la Antártida**

[3]nuns   [4]drive

ACTIVIDAD 11 Comprensión de lectura: Retrato de la gerente

Trabajen en parejas para describir a Myriam Chiffelle Kirby.

1. Apunten información que han sacado de la lectura para las categorías indicadas en el siguiente recuadro. Escriban por lo menos dos datos o hechos por categoría.

Myriam Chiffelle Kirby como...
estudiante:
madre:
esposa:
empleada de Stanhome:
empleada del Banco Santiago:
mujer que se enfrenta con los desafíos:

2. Ahora que han apuntado la información, enfóquense en lo central.
   a. En su opinión, ¿cuáles de las categorías contienen la información más importante o destacada del artículo?
   b. Para resumir las ideas fundamentales del artículo, escriba dos oraciones que capten la esencia del perfil de la gerente.

ACTIVIDAD 12 A explorar: En el banco

falling behind

transfer

traps

ni... I can't even

En parejas, conversen sobre una de las siguientes situaciones. Uno/a de ustedes asume el papel de estudiante y el/la otro/a el del/de la oficial del banco.

Un/a estudiante universitario/a...

1. habla con el/la gerente del banco para solicitar empleo de verano como cajero/a.
2. habla con un/a oficial del banco para pedir un préstamo de estudiante.

3. ha girado un cheque en descubierto (*overdrawn*) y habla con un/a oficial del banco para arreglar el problema.

4. tiene que explicarle a un/a representante de atención al cliente (*customer service*) que la máquina no le devolvió su tarjeta bancaria.

5. tiene un préstamo retrasado (*overdue*) y se lo explica al/a la gerente del banco.

6. ha averiguado que alguien ha firmado su nombre para escribir cheques y le explica el fraude al/a la oficial del banco.

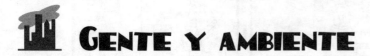

GENTE Y AMBIENTE

Perfiles breves

III. Dos franquicias españolas tienen como meta el mejorar la calidad de la vida: "Agencias Matrimoniales" y "España pone en venta la siesta"

Una franquicia para juntar parejas y otra para promover el relajarse y sentirse bien. ¿Le parece que son negocios interesantes?

¡Fíjese! Por lo general, las lecturas que tienen que ver con los negocios contienen números o cifras (*figures*), estadísticas y porcentajes. Recuerde que en español, los números decimales se separan de los números enteros (*whole numbers*) utilizando la coma (14,6%) mientras que los millares y millones llevan punto (por ejemplo, 13.500 ó 5.400.000). Además, cuando la información se presenta en tablas, muchas veces las cifras se presentan "en millares" o "en millones". Por ejemplo, en la tabla "Primeras cifras" de la lectura "Nuevo horizonte", para el renglón (*line*) de "Canon de entrada" (*initial offering*), la cifra 2,25 representa **dos millones doscientas cincuenta mil pesetas**.

ACTIVIDAD 13 ¿Qué quiere decir?

Para familiarizarse con algunas palabras de las lecturas, fíjese en las palabras escritas *en bastardilla* y conteste las preguntas con alguna información personal. En clase, comparta sus respuestas con sus compañeros.

1. La oficina mide unos 50 *metros cuadrados*.
   ¿Cuántos metros cuadrados mide su habitación?
   ¡Ojo! Un metro equivale 39,34 pulgadas (es decir, unos 3 pies con 3 pulgadas).

2. Los diversos empleados de una universidad *desempeñan* trabajos distintos.
   ¿Qué tipo de labores (*tasks*) desempeña alguien que trabaja en la oficina de admisiones?

3. A veces hay planes de construcción que *se desechan* por razones de diseño o por falta de espacio.
   ¿Qué otras razones habrá para desecharlos?

4. Los que sufren de *trastornos* del sueño duermen con dificultad y tienen síntomas de estrés y fatiga.
   ¿Qué se recomienda para una persona que sufre de este tipo de trastornos?

5. Se dice que el masaje ofrece gran *alivio* para los dolores musculares.
   ¿Qué hace usted para aliviar los dolores musculares?

ACTIVIDAD 14 Antes de leer "Agencias Matrimoniales" y "España pone en venta la siesta"

Antes de leer los dos artículos sobre estas franquicias, discuta las siguientes preguntas en un grupo de tres estudiantes.

1. ¿Cómo se conocieron algunas de las parejas que conoce usted, por ejemplo, sus padres, sus abuelos o algunos amigos suyos? En su opinión, ¿cuáles son las mejores maneras de buscar la "persona ideal"?

2. ¿Le gusta dormir una siesta durante el día? ¿Duerme la siesta regularmente, de vez en cuando o nunca? ¿Le parece una buena idea dormir la siesta todos los días? (¿Por cuánto tiempo? ¿Dónde? ¿Por qué?)

AGENCIAS MATRIMONIALES

Cuestión[1] de psicología

Nuevo Horizonte. Desde su apertura en 1977, Cristina Almansa ha dirigido esta agencia matrimonial. En la actualidad, cuenta con siete oficinas franquiciadas.

La actividad de las agencias matrimoniales aún está poco clara en España. ¿Cuál es su función exacta?, se plantean muchas personas cuando leen un anuncio de alguna de las varias oficinas dedicadas al sector.

Su labor no es tan compleja como pueda parecer a primera vista. Simplemente ponen en contacto a un hombre y una mujer con el fin de que tengan (y, si puede ser, llegue a buen fin) una relación de pareja. Todos aquellos que tengan dificultades a la hora de conseguirlo pueden acercarse a las oficinas de **Nuevo Horizonte**.

Esta agencia, dirigida por Cristina Almansa desde su fundación, comenzó a operar en España en 1977. Pero no fue hasta el año pasado cuando comenzaron a franquiciar sus oficinas, debido a que la afluencia de clientes solicitando sus servicios era superior[2] a la oferta que estaban capacitados para atender.

En tan sólo un año de funcionamiento, han conseguido montar[3] una red de siete franquiciados, todos ellos conscientes de que trabajan en un sector en el que existen más de ocho millones de clientes potenciales.

Requisitos

Para acceder a alguna de las franquicias de esta cadena se deben cumplir varios requisitos. Entre otros, realizar una inversión de tres millones de pesetas y poseer un local[4] de 60 metros cuadrados.

También se requiere ilusión, iniciativa y *amor* por el trabajo que se desempeña[5]. Pero todo esto no es suficiente. También es imprescindible poseer conocimientos en psicología, ya que gran parte de los clientes se muestra reticente a la hora de facilitar información personal. Pero esta cuestión no debe ser motivo suficiente como para desechar la idea de franquiciarse a Nuevo Horizonte, ya que no se exige ninguna licenciatura[6], ni master en psicología. Todo queda en manos de la cadena madrileña, que se encarga de organizar cursos previos de formación.

Desde 1986, Nuevo Horizonte forma parte de Infomaf (Federación Internacional de Agencias Matrimoniales y Relacionales), una institución que aglutina[7] a agencias del sector de los cinco continentes.

PRIMERAS CIFRAS*	
Inversión	4,5
Canon de entrada	2,25
Local	60 m²
*En millones de pesetas	

---

[1]matter, issue

[2]greater [3]construir

[4]place, area [5]**hace** [6]**título universitario**
[7]**reúne, junta**

ESPAÑA PONE EN VENTA LA SIESTA

Una cadena de masajes ofrece por 1.000 pesetas un breve sueño de relajación para personas con estrés

CARLES ESCOLA, **Barcelona**

La siesta ya se puede comprar. Una empresa barcelonesa ofrece en su cadena de establecimientos de salud y belleza la posibilidad de dormir en sus instalaciones después de un breve masaje antiestrés por 1.000 pesetas.

Los científicos ya hace tiempo que han demostrado que la siesta es saludable porque es una necesidad biológica. "El cerebro pide desconectar dos veces al día, por la noche y entre las dos y cuatro de la tarde", ilustra el doctor Eduard Estivill, jefe de la Unidad de Trastornos del Sueño del Instituto Dexeus. Sin embargo, el ritmo de vida moderna hace que sólo el 20% de los españoles la practique de forma regular.

El empresario Federico Busquets, propietario de la franquicia que opera bajo el nombre de *Masajes a 1.000*, explica cómo se le encendió la bombilla[1]: "Observé que a la hora de comer muchas personas, gente incluso con traje, maldormía en el coche leyendo el diario esperando para volver a la oficina". Busquets, cuyo negocio se basa en los masajes rápidos antifatiga, pensó en sus tiendas como islas urbanas de relajación para aquellas personas a las que las prisas[2] del trabajo les impiden dormir la siesta en casa.

Esta cadena tiene 18 tiendas en Barcelona y ahora acaba de abrir otra en Madrid. Según Busquets, en sus establecimientos se suelen dar unos 400 masajes diarios contra el estrés y la fatiga, aparte de depilaciones[3], manicuras y bronceados de rayos UVA. En los próximos meses abrirá tiendas en Bilbao, Valencia, Zaragoza y Palma de Mallorca.

Y todo acompaña para que el sueño se cumpla[4]. El masaje, habitualmente de entre cinco y diez minutos, se realiza en una silla especial (ergonómica), en la que el cliente se coloca[5] en una posición semifetal y sin tocar el suelo, lo que permite de entrada un gran alivio muscular. La decoración del local invita a olvidar los problemas cotidianos[6]: luz tenue[7], temperatura cálida y música suave especial para la relajación. Las manos del masajista hacen el resto. Primero unas caricias[8] neurosedantes sobre la cabeza, luego el cuello, la espalda...

"El cliente se queda traspuesto[9] y le cubrimos con una manta[10] para que esté más a gusto", cuenta el masajista Miguel Lozano.

Al especialista en trastornos del sueño Eduard Estivill le parece que el asunto de vender la siesta es una gran idea. Pero advierte[11]: "Jamás debe de utilizarse para recuperar las horas perdidas en el descanso nocturno". Estevill recomienda que el sueño de tarde sea breve, máximo de 20 minutos, y que se haga en el propio sofá de casa. "Si se duerme más tiempo, se corre el riesgo de despertar de mal humor. Basta con descansar un rato para afrontar el resto del día con más energías, apunta.

La cultura anglosajona, acostumbrada a combatir la somnolencia[12] de mediodía con bebidas estimulantes como el café o el té, empezó a interesarse por esta costumbre mediterránea desde el momento en que sus científicos descubrieron los beneficios de la siesta. Fue en 1986 cuando el científico americano Scott Campbell publicó la primera prueba de esta necesidad biológica. Estudios posteriores hablan de sus efectos preventivos contra enfermedades cardiovasculares. Ahora, España toma la delantera[13] abriendo el gran negocio de la siesta. ¿Quién la quiere comprar?

---

[1]**encendió...** a light went on   [2]bustle   [3]hair removal   [4]**se...** is achieved   [5]places himself   [6]**comunes**   [7]suave   [8]gentle touches

[9]**dormido**   [10]blanket   [11]warns   [12]**fatiga**   [13]**toma...** takes the lead

ACTIVIDAD 15 Comprensión de lectura: El desarrollo de dos franquicias españolas

Termine cada oración con todas las respuestas posibles.

1. La empresa Nuevo Horizonte se dirige a...
   a. la gente que quiera buscar pareja.
   b. los clientes algo afluentes.
   c. los hombres y las mujeres profesionales de todas partes del mundo.

2. Para abrir una franquicia de Nuevo Horizonte, se requiere...
   a. una educación universitaria formal.
   b. un buen conocimiento de la psicología humana.
   c. un gran interés en promover las metas de la empresa.

3. Desde su fundación, Nuevo Horizonte...
   a. se ha juntado con una federación de agencias matrimoniales y relacionales.
   b. ha abierto por lo menos siete franquicias.
   c. ha cambiado de directora.

4. El fundador de Masajes a 1.000 se dio cuenta de que...
   a. mucha gente duerme después de comer, pero no duerme bien.
   b. ofrecer un buen lugar para echar una siesta promovería la buena salud.
   c. sería prudente desarrollar su negocio en Barcelona solamente.

5. En las franquicias de Masajes a 1.000, se ofrecen...
   a. masajes y siestas en sillas especiales.
   b. clases de ejercicio aeróbico y bebidas estimulantes.
   c. manicuras y bronceados.

6. La costumbre de la siesta...
   a. es practicada por el 20% de los españoles.
   b. es considerada una necesidad biológica por algunos científicos.
   c. se recomienda para recuperar las horas perdidas en el sueño nocturno.

ACTIVIDAD 16 A explorar: ¿Qué le parece tener una franquicia de...?

Escoja uno de los siguientes temas y escriba un párrafo para dar su punto de vista. En clase, comparta sus ideas en un grupo de tres o cuatro personas.

1. ¿Qué le parece la franquicia Masajes a 1.000? ¿Cree que tendría éxito en los Estados Unidos? Explique.

2. ¿Qué opina de las agencias matrimoniales? Si fuera usted cliente de Nuevo Horizonte, ¿qué información le importaría compartir con el/la agente matrimonial? ¿Qué tipo de persona buscaría? ¿Y qué querría saber sobre las personas con quienes la agencia lo/la pusiera en contacto?

3. Si tuviera el capital para comprar una franquicia, ¿de qué empresa la compraría? ¿Por qué? ¿Es parte de una red extensa? ¿Cómo la cambiaría para hacerla aún más lucrativa?

El campo y ustedes

¿Qué les parece a ustedes el mundo de los negocios? En grupos de tres o cuatro compañeros, discutan las siguientes preguntas.

1. ¿Qué imágenes se les ocurren cuando piensan en el mundo de los negocios? ¿Qué aspectos les impresionan más? Expliquen.

2. En el futuro, ¿se imaginan haciendo carrera en el campo de los negocios? Expliquen.

3. Si pudieran o tuvieran que escoger un puesto en el campo de los negocios, ¿en qué ambiente les interesaría trabajar más (por ejemplo, la banca, los seguros, la bolsa, una empresa grande, una compañía más pequeña, en una ciudad o en un ambiente más rural, en otro ambiente)? ¿Por qué?

4. ¿Qué les impresiona especialmente de los perfiles presentados en este capítulo (por ejemplo, aspectos de la historia personal de la gente, su entrenamiento, sus actividades, sus desafíos, sus éxitos o sus fracasos)?

5. ¿En qué circunstancias podría ser especialmente útil el conocimiento del español para trabajar en el mundo de los negocios? Mencionen unos ejemplos.

Manos a la obra

Su empresa

¡Ahora ustedes pueden ser fundadores de una empresa! Formen grupos de cuatro o cinco socios para hablar de los siguientes puntos. Después de tomar todas las decisiones necesarias, presenten su plan en clase. Luego, sus compañeros (es decir, los socios de los otros grupos) van a evaluar su plan.

Sigan los siguientes pasos:

1. Para desarrollar los planes...
   a. Escojan un producto y expliquen por qué este producto puede tener éxito.
   b. Escojan un nombre para su producto.
   c. Analicen la competencia y expliquen cómo su producto es diferente del de sus competidores o mejor que el de los mismos.
   d. Elaboren un plan para lanzar su producto al mercado.
   e. Describan brevemente los planes de expansión de su empresa.

2. Para evaluar los planes...
   Después de oír la presentación de cada grupo, los estudiantes deben responder a las siguientes preguntas:
   a. ¿Qué aspecto les gusta más del plan?
   b. ¿Qué aspecto les parece problemático?
   c. ¿Comprarían ustedes acciones en esta empresa?

Perspectivas literarias del campo

IV. Visitamos una fábrica moderna: "Fábrica de cosas", Marco A. Almazán (México)

Los ensayos satíricos y divertidos de Marco A. Almazán, el humorista más conocido de México, aparecen en revistas, periódicos y antologías. Este cuento ofrece una perspectiva satírica de la fabricación de productos en la era moderna.

¡Fíjese! Cuando un/a autor/a emplea un tono satírico, crea una especie de subtexto. Este segundo texto juega con el sentido literal de las palabras y con la realidad que describe. Por ejemplo, el uso de la sátira puede invitar al lector a considerar que lo que dice o hace el narrador u otro personaje, o que la situación en que se encuentra sea cómica, ridícula, exagerada o falsa. Cuando lea el cuento, fíjese en la perspectiva satírica que crea Almazán.

ACTIVIDAD 17 ¿Qué quiere decir...?

Para familiarizarse con algún vocabulario clave de la lectura, empareje las palabras escritas *en bastardilla* de la columna A con un antónimo posible en la columna B.

A

_____ 1. ¡Qué *duradero* (lasting, long wearing) es ese producto!

_____ 2. Ese vaso es *irrompible*.

_____ 3. *Gritó* el secreto.

_____ 4. La compañía *se construyó* hace poco.

_____ 5. *Se perfeccionó* el aparato el año pasado.

_____ 6. *Se terminó* todo con mucha publicidad.

_____ 7. *No tuvo confianza* en esa marca.

B

a. susurró

b. se derrumbó (*fell apart*)

c. frágil

d. se fió de

e. perecedero (*perishable*)

f. se desmejoró

g. se lanzó (*launched*)

ACTIVIDAD 18 Antes de leer "Fábrica de cosas"

En grupos de tres estudiantes, discutan las siguientes preguntas.

1. ¿Cómo cuida usted de sus posesiones? ¿Generalmente las cuida bien, no se preocupa mucho por ellas o las maltrata? Por ejemplo, ¿cómo trata usted sus productos electrónicos, los casetes o discos compactos, el equipo deportivo, el coche, los libros, la ropa o los zapatos? ¿Le duran sus cosas y se queda con ellas por mucho tiempo? Explique.

2. ¿Hay ciertas cosas que se le estropean o rompen fácilmente? ¿Cuáles son?

3. Piense en algo que se le rompió recientemente o hace tiempo. ¿Qué pasó? ¿Por qué se le rompió? ¿Era defectuoso el producto o se rompió a causa de otro factor?

Fábrica de cosas

Era una enorme fábrica de cosas, muy moderna e importante. Se encontraba en un gran edificio en lo que se llama «el cinturón industrial» que rodea° a la capital. Todo en el edificio era funcional, y antes de entrar me hicieron un examen físico y un análisis siquiátrico. Después me obligaron a ponerme un casco° azul y una bata° blanca, con una placa° en la que aparecía mi nombre, mi dirección, número de teléfono, placa° de mi coche, huella digital° y dos referencias bancarias.

Mi amigo, el director de la fábrica, me enseñó el establecimiento de arriba abajo°.

—Perdona que te hayamos hecho pasar por tanto registro, — me dijo — pero tú comprenderás que en estos tiempos de piratería° industrial no se puede uno fiar ni de su propio padre. Son requisitos que ha fijado la junta accionista° y que no tengo más remedio que ver que se cumplan°.

—Está bien — contesté, sacando un cigarrillo.

—¡No! — gritó mi amigo.— ¡No se puede fumar aquí! ¡Está prohibido!

(right margin glosses)

surrounds

helmet
lab coat / badge
license plate / **huella...** fingerprint

de... from top to bottom

piracy
junta... stockholders' board
se... they are met

—¿Fabrican Uds. explosivos o productos de materias inflamables? — pregunté.

— No. Aquí fabricamos cosas. Simplemente cosas. De cualquier manera, está estrictamente prohibido fumar. Ven conmigo y verás por qué aquí no se puede encender nada.

El director de la enorme fábrica me tomó del brazo y me condujo° a un gran salón donde una serie de empleados trabajaban en escritorios llenos de papeles, lápices de colores, tintas e instrumentos de dibujo.   °led

—Esto es lo primero — me explicó.— Este es el departamento de lanzamiento de la cosa. Aquí se inventa el nombre y el «slogan», se realiza la campaña publicitaria y, cuando la marca es suficientemente conocida, estudiamos en qué va a consistir la cosa.

—¡Caramba! — exclamé asombrado.— ¿Quieres decirme que hasta este punto no saben qué es lo que van a fabricar y lanzar al mercado?

—¡Claro que no! En eso consiste la sorpresa y la emoción del asunto. Lo mismo puede salir una bebida que un automóvil, una pasta dentífrica, un tostador, un aparato para matar moscas° y mosquitos o un nuevo modelo de zapatos ortopédicos. Y sea lo que sea°, siempre le encontramos mercado mediante una intensa campaña publicitaria. Claro que si la campaña publicitaria resulta demasiado costosa, a veces ya no nos queda dinero para fabricar la cosa en sí°, pero eso es lo de menos°.   °flies   **sea...** whatever it may be   **la...** the thing itself   the least of it

Mi amigo y yo continuamos el recorrido° de la fábrica y pasamos por el laboratorio y la oficina de proyectos.   °tour

—Aquí se determinan las condiciones de máxima calidad del producto y se preparan los planos del producto perfecto. En esta otra sección se fabrican los primeros prototipos no comerciales. Ven, ahora pasaremos por esta puerta.

Mi amigo, después de identificarse como director de la empresa y jurar° que jamás revelaría los secretos de la misma, me introdujo en una nueva sala.   °swearing

—Éste — susurróme al oído — es el departamento más reservado e importante de la fábrica de cosas. Sin él, nuestra compañía se hubiera derrumbado desde hace tiempo. Se trata del departamento de defectos.

—¿Del departamento de qué? — pregunté cada vez más asombrado.

—De defectos. Si nuestros productos se lanzaran al mercado sin pasar antes por este departamento, durarían siglos sin deteriorarse, lo cual determinaría que nuestras ventas apenas aumentaran.

Abrí tanto la boca que mi amigo el director se creyó en la obligación de cerrármela.

—Aquí — me susurró al oído —, creamos los puntos débiles de nuestros productos, a fin de que duren relativamente poco tiempo.

Para demostrar su aserto, me señaló algunas de las cosas que estaban siendo sometidas° a estudio para crearles defectos.   °subjected

—Mira este bolígrafo. Precioso, ¿verdad? Y técnicamente, casi perfecto. Sin embargo, se está tratando de desmejorar el resorte° para que no dure más de seis meses sin romperse.   °spring

Aquí examinan un refrigerador que ha salido muy resistente. Demasiado resistente. Pero por fin se nos ocurrió debilitar la manija° de la puerta, de tal manera que el usuario o la usuaria se quede con la manija y la puerta entera cada vez que abra o que la cierre. Su máxima duración es de dos o tres años. Este accidente de quedarse con la manija en la mano produce tanta rabia que el propio usuario la emprende a patadas° contra el refrigerador, destruyéndolo del todo en cuestión de meses. De esta manera se ve obligado a comprar otro.   °handle   **la...** kicks

Al advertir mi indignación, mi amigo el director de la gran fábrica de cosas aclaró:

—Ten en cuenta° que una sociedad de consumo se destruiría a sí misma si todo fuera irrompible y duradero. Fabricamos cosas con defectos por el bien común°. Tenemos que producir y producir y producir, para dar de comer a sesenta mil personas, entre funcionarios, empleados, obreros, publicistas y distribuidores. Lo que parece ser una maldad° de nuestra parte, con respecto al usuario, en realidad es un acto digno con respecto al productor.

—O sea que no les importa a ustedes el usuario...

—Todo lo contrario, mi querido amigo. ¿No ves que ese usuario a la vez es productor de algo? A él también le interesa que todo lo que salga de sus manos — o de su intelecto, o de su boca sea perecedero y a la vez renovable, para seguir produciendo.

Al despedirme°, mi amigo el director de la gran fábrica de cosas me regaló un bonito encendedor° de gas, el cual hizo explosión veinticuatro horas después.

Ten... Bear in mind
bien... common good

wrongdoing

decir adiós
lighter

ACTIVIDAD 19 Comprensión de lectura: ¿Cómo es la fábrica?

Conteste las siguientes preguntas para comprobar su comprensión de la lectura.

1. ¿Qué tuvo que hacer el narrador antes de entrar en la fábrica?
2. ¿Qué le explicó el director sobre la necesidad de tomar tantas precauciones?
3. ¿Qué producía la fábrica?
4. ¿Qué funciones desempeñaban cada uno de los tres departamentos que visitaron el narrador y su guía?
5. Según el director, ¿cuál de los departamentos era el más importante? ¿Cómo justificaba su existencia?
6. ¿En qué consiste la sátira del cuento? ¿Qué frases, detalles y circunstancias comunican esta perspectiva satírica?

ACTIVIDAD 20 A explorar: ¡Los consumidores se quejan!

Imagínense que han comprado algo fabricado en la "fábrica de cosas" y que quieren devolverlo a la tienda donde lo compró. Primero decidan lo que compraron.

Trabajen en parejas. Uno/a de ustedes explica ("muestra") lo que compró y por qué quiere devolver su compra a la tienda. La otra persona trabaja de empleado/a de la tienda y decide cómo responder: aceptar o no aceptar la devolución, dar o no dar un reembolso (*refund*), etc. Luego, cambien ustedes de papel, utilizando el mismo producto u otro.

Proyecto independiente

Paso 3: Busque lecturas y otras fuentes (sources).

■ Para escribir...

Empiece una bibliografía de las "Obras que consulto actualmente". Entréguela en clase. Algunas instrucciones:

1. Busque por lo menos una o dos lecturas o fuentes que traten de su campo de interés. Estas fuentes pueden ser libros; artículos de revistas, de periódicos o de la red; obras literarias sobre el campo o los personajes que trabajan en el campo; vídeos.
2. Para cada fuente, indique la referencia completa: Autor, título del libro o artículo, casa editorial, revista, periódico u otra fuente, lugar de publicación, fecha de publicación y número de páginas.

Ejemplos

Un libro:
Vallejo-Nájera, Alejandra. *Tribulaciones de una madre sufridora.* Madrid: Ediciones Temas de Hoy, 1999. 164–171.

Un artículo de una revista:
Herrera, Inma S., Rostoll Pere, Vaquer, Ana. "El turismo temático a examen." *Personas como nosotros* 3 (julio 1999): 31–35.

Un artículo de un periódico:
Almanzar, Fernando. "En el laboratorio se analiza la evidencia que conduce a la verdad." *El Nuevo Herald* (13 marzo 1999): 1a, 13.

Un artículo de la Internet:
———. "Miguel de Icaza. Cualquiera podrá instalar en su PC un Linux con ventanas en unos meses." *Ciberpaís: El PAIS digital,* 8 abril 99. http://1121/x9f89d86f-1459/Search/3511504/1.

Un artículo de una base de datos:
———. "Celebra Félix Fraga cincuenta años de servir a la comunidad." *La Voz de Houston* 19: 6 (2 noviembre 1998), 3. Stamford, Ct.: Ethnic Newswatch Database, SoftLine Information, Inc.

■ Para presentar oralmente...

En grupos de dos o tres estudiantes, describan lo que hicieron para buscar sus fuentes. ¿Adónde fueron? ¿Dónde las encontraron? ¿Qué les pareció especialmente útil? ¿Qué dificultades encontraron? Compartan recomendaciones e ideas para continuar su exploración.

Capítulo 4

La educación

La educación se conecta con todo el mundo en todas partes...

··

Las actividades educativas llevan a la gente a laborar en una multitud de disciplinas con grupos de todas las edades en instituciones públicas o privadas: en centros preescolares, escuelas primarias, intermedias y secundarias, y en las universidades. Además, hay oportunidades en programas de formación especializada, por ejemplo, en centros de tutoría, en sitios internacionales, en las empresas, en el gobierno y en otras organizaciones que requieren docentes para dirigir el aprendizaje y entrenamiento de los empleados.

Gente y ambiente

En esta sección...

Perfil de los docentes *(teachers)*

I. Ser docente significa afrontar muchos desafíos: "Profesores: ¿Cuál es el mejor?"

II. Se presentan siete perfiles comunes de maestro: "Tantos modos de enseñar"

Perfil breve

III. Se examina el papel importante del maestro: "La función del docente como promotor de la lectura recreativa"

Perspectivas literarias del campo

En esta sección...

IV. Un poeta chicano opina sobre las actitudes de la sociedad norteamericana hacia los mexicanos: "Clase de historia", Tino Villanueva (Estados Unidos)

■ ¿Qué materias quisiera estudiar el personaje de la tira?

■ Si usted fuera su profesor/a o su consejero/a, ¿cómo le contestaría?

■ Y a usted, ¿le gustaría seguir este programa? Explique.

Orientación breve

ACTIVIDAD 1 Un perfil personal de la vida escolar

¿Qué recuerdos tienen ustedes de sus maestros y de las materias que estudiaron en la escuela primaria o en la secundaria? Para compartir algunas de sus experiencias, hagan una encuesta en su clase y resuman los resultados.

1. ¿A qué maestro/a de escuela primaria recuerdas más? ¿Cómo se llamaba? ¿En qué grado te enseñó?
2. ¿Por qué lo/la recuerdas?
3. ¿Cuáles eran tus materias preferidas entonces?
4. ¿Qué materias eran las que menos te gustaban?
5. ¿Qué maestro/a de la secundaria te impresionó mucho? ¿Qué materia enseña? ¿Qué grado?
6. ¿Por qué te gustó?
7. ¿Qué asignaturas te gustaban mucho en la secundaria?
8. ¿Qué asignaturas no te gustaban tanto en la secundaria?

Palabras del oficio

La pedagogía y las escuelas

la asignatura, la materia   subject (matter)
el aula   classroom
la calificación, la nota   grade (evaluation)
el comportamiento, la conducta   behavior
la confianza   confidence
el currículo   curriculum
la docencia, la enseñanza   teaching
la educación
——— preescolar   pre-school
——— primaria, elemental   primary, elementary
——— media, intermedia   middle-school
——— secundaria, del colegio   secondary
——— universitaria   university
——— graduada   graduate
——— privada   private
eficaz   effective
la medida   measure
el nivel   level
obligatorio/a   required
optativo/a, electivo/a   optional
el requisito   requirement
la tutoría   tutoring

La gente del oficio

el/la consejero/a   advisor
el/la director/a, el/la principal   principal
el/la docente   teacher
el/la maestro/a   teacher (primary, secondary)
el/la profesor/a   professor, teacher (college, high school)

Las actividades de la gente

aconsejar   to counsel, advise
calificar   to grade
castigar   to punish
destacar(se)   to emphasize (to stand out)
ejercer   to exercise
fomentar, promover   to encourage, to promote
fracasar   to fail (unable to succeed)
guiar   to guide
instaurar, establecer   to establish
retar   to challenge
sancionar   to discipline; to permit
suspender   to fail (a course)
valorar   to value

ACTIVIDAD 2 Práctica de vocabulario: En otras palabras...

Para las siguientes palabras o definiciones breves, dé un sinónimo de la lista de vocabulario. Apunte varias palabras si hay más de una posibilidad.

1. educador/a
2. no pasar
3. el/la director/a de una escuela
4. poner una nota
5. el programa de estudios
6. motivar
7. la seguridad
8. una clase necesaria
9. estimar
10. los grados kínder al quinto, por ejemplo

ACTIVIDAD 3 Práctica de vocabulario: Del kínder a la secundaria...

Conteste las siguientes preguntas y compare sus respuestas con las de sus compañeros. ¿Son similares sus experiencias o ha sido muy distinta su vida de estudiante?

1. ¿Cuántos grados había en su escuela primaria o elemental?
2. ¿Cómo se llamaba la escuela? ¿Era privada o pública? ¿Dónde estaba?
3. ¿Cuántos años asistió a la escuela intermedia? ¿Era mucho más grande que su escuela primaria? ¿Cómo se llamaba?
4. ¿Qué materia estudió por primera vez en la escuela intermedia? ¿Empezó entonces a estudiar un idioma extranjero?
5. ¿Aproximadamente cuántos estudiantes había en su escuela secundaria? ¿Era un colegio privado o una escuela pública? ¿Cómo se llamaba?
6. ¿Qué medidas de evaluación se empleaban en su escuela secundaria: calificaciones con letras [con los símbolos de "+" (más) y de "–" (menos)], con números u otro sistema?
7. ¿Cuáles son las materias obligatorias para los estudiantes que quieren ir a la universidad? ¿Cuáles son algunas de las materias electivas que estudió usted?
8. ¿En qué año se graduó de la secundaria? ¿Tenía un/a consejero/a que le ayudó a solicitar ingreso en la universidad? ¿Le parece que fue un sistema eficaz?
9. ¿Quisiera dar algún consejo a alguien que comienza la secundaria?

ACTIVIDAD 4   Diccionario personal

En su exploración del campo de la educación, posiblemente encontrará otras palabras y expresiones que querrá usted aprender. Apúntelas aquí a medida que hace las actividades del capítulo. ¡Las nuevas palabras serán útiles a la hora de realizar los trabajos orales y escritos!

GENTE Y AMBIENTE

Perfiles de docentes

I. Ser docente significa afrontar muchos desafíos:
  "Profesores: ¿Cuál es el mejor?"

En el siguiente artículo de la revista española *Muy Interesante* se examina la profesión de enseñar desde una perspectiva psicológica. Además de discutir los desafíos que afrontan los maestros actualmente, ofrece algunas ideas sobre la mejor manera de guiar una clase.

¡Fíjese! A veces una palabra conocida puede tener una definición distinta muy especial en un contexto específico. Por ejemplo, en la siguiente lectura sobre los maestros y la enseñanza, van a aparecer las siguientes palabras: **las autonomías, las oposiciones, opositar**. ¿Qué entiende usted por **la autonomía**? En su sentido más común, tiene que ver con la independencia. ¿Qué entiende usted por **la oposición** y por **opositar**? En su sentido más común, son **el efecto y la acción de ponerse enfrente de algo**.

Al leer sobre el campo de la educación, fíjese en estas definiciones más especializadas:

- **Las autonomías** son regiones autónomas de España con gobierno independiente en ciertos aspectos.

- **Las oposiciones** son exámenes nacionales en España mediante los cuales los maestros, por ejemplo, compiten para obtener un puesto docente.

¿Qué significa **opositar** en este contexto?

ACTIVIDAD 5 ¿Qué quiere decir...?

A continuación aparecen entre paréntesis palabras que encontrará en la lectura, junto a otras palabras derivadas: verbos, sustantivos, adjetivos o adverbios. Complete cada una de las oraciones utilizando la palabra correcta en la forma apropiada.

> **MODELO:** (el afecto / afectar / afectuoso)
> Ese maestro demuestra mucho *afecto* para sus alumnos. Hay alumnos que responden positivamente a los maestros *afectuosos*. Ese contacto les *afecta* profundamente.

1. (el afecto / afectar / afectuoso)
   A lo largo del tiempo, el contacto personal entre maestro/a y estudiante crea a veces una relación que les _____ mucho a ambos. _____ puede contribuir al desarrollo de una relación especial. Hay maestros/as que tratan a sus estudiantes de una manera profesional y _____ .

2. (merecer / el mérito / merecido)

Es un ensayo de mucho _____ . No hay duda de que

_____ una A, una nota absolutamente

_____ .

3. (el rechazo / rechazar / rechazado)

El estudiante fue aceptado por cinco universidades y

_____ por una. _____ le afectó,

pero no muchísimo. Se sabe que muchas universidades tienen que

_____ solicitantes porque no tienen plazas (*positions*).

4. (el aprendizaje / el aprendiz / aprender)

El período de _____ , cuando se

_____ de verdad cómo es el trabajo del maestro, es

esencial para los _____ que se preparan para una

carrera en la educación.

5. (el concurso / concursar / el concursante)

_____ para obtener un puesto de maestro puede ser

muy competitivo. _____ tienen que prepararse muy

bien para _____ en una serie de exámenes y

entrevistas.

6. (sometimiento / sometido / someterse)

Hay estudiantes que _____ fácilmente a la autoridad

del maestro. Para otros, el _____ a la autoridad es

difícil. Tal vez éstos quieren tomar el control porque están

_____ a una rígida disciplina en otras situaciones.

ACTIVIDAD 6 Antes de leer "Profesores: ¿Cuál es el mejor?"

Trabaje solo/a o en parejas y apunte por lo menos tres razones para completar la siguiente oración.

El oficio de maestro puede ser duro porque...

NO BASTA CONOCER LA MATERIA, HAY QUE SABER ENSEÑARLA, INTERESAR A LOS ALUMNOS Y CONTROLAR LA CLASE. EL DE DOCENTE ES UNO DE LOS OFICIOS MÁS DUROS QUE HAY

PROFESORES: ¿CUÁL ES EL MEJOR?

1 El primer día de clase es un drama: entran en el aula con las piernas temblorosas y se sienten escrutados[1] por 60 ojos enemigos, dispuestos a merendárselos[2] al primer atisbo[3] de debilidad. Casi todos los profesores han sufrido alguna vez ese pánico escénico, y es que los estudiantes no son los únicos que tienen problemas ahora en la escuela. Las bajas[4] por enfermedades nerviosas de los docentes han aumentado en los últimos años, hasta llegar al 19,68 por 100 del número de bajas totales, según el Ministerio de Educación. Estos datos son insólitos[5] en cualquier otra profesión y hace a los trastornos[6] psíquicos auténticas enfermedades profesionales de este colectivo, que popularmente tiene fama de disfrutar de muchas vacaciones y trabajar poco.

2 En otros países no es muy distinta la situación: los maestros detentan[7] en Francia la primacía de todos los males psicológicos. Un estudio llevado a cabo[8] en Italia por el Instituto de Investigación Iard ha revelado que de los 850.000 docentes activos en el país sólo el 19 por 100 se siente gratificado en su trabajo, otro tanto está estresado, y nada menos que un 44 por 100 (casi la mitad) se muestra apático[9].

3 Y no hablemos de la violencia. Javier Elzo, de la cátedra de[10] Sociología de la Universidad de Deusto, dice que el 21 por 100 de los alumnos consultados en una encuesta justifica el hecho de rayar[11] el coche de su maestro cuando cree que le ha dado notas inmerecidas. Esta actitud es mayor en los colegios públicos que en los privados, pero no está sólo condicionada por pertenecer a las clases más bajas o a escuelas de barrios marginales, sino que también depende de la "demanda excesiva de buenas calificaciones por parte de los padres", según Javier Elzo.

Valoración negativa de la educación primaria

4 Las presiones les vienen de todos lados: alumnos, padres y también empresarios, que en el caso de la enseñanza pública

y parte de la privada son el Ministerio de Educación y las consejerías[12] de Educación en las autonomías que tienen la competencia trasferida. La aplicación de las sucesivas reformas ha sido desastrosa para ellos. En un estudio realizado entre 1994 y 1997 por el propio MEC, los profesores valoran negativamente la nueva etapa de educación primaria.

En ningún trabajo hay tantas bajas psiquiátricas como en éste

5 Por otro lado, al ampliar la edad de la Enseñanza Secundaria Obligatoria (ESO) de los 11 a los 16 años, los docentes tienen que vérselas[13] con chicos y chicas más jóvenes y mayores de lo que acostumbraban. Han recibido además en sus clases a un porcentaje indefinido de alumnos de 15 y 16 años que antes no estaban en las aulas porque no era obligatorio. "Son gente desmotivada, que está ahí sentada por obligación, pero que no tiene intención de seguir estudiando y sólo espera cumplir los años para irse al mercado laboral. Les entiendo, pero pueden dar al traste[14] con el trabajo de toda una clase", dice una profesora de matemáticas de tercer curso de ESO.

6 Tampoco los enseñantes[15] están preparados para afrontar otros retos[16], como aplicar medidas disciplinarias cuando algún alumno se desmanda[17]. En la actualidad es tal el lío[18] que hay que formar para sancionar a un estudiante (burocracia y sometimiento a tutores, padres, consejo escolar...), que la mayoría de los profesores prefiere *pasar*[19].

Algunos docentes enseñan para ejercer el poder

7 Por otra parte, para enseñar bien no basta con tener una licenciatura[20] o un título de magisterio[21], "también es necesario estar interesado en la vida y en el futuro de los alumnos —dice la psicóloga italiana Vera Slepoj—. Al contrario, muchos enseñan sólo porque quieren ejercer el poder[22], quizás porque en otros aspectos de su vida son personas que tienden a someterse".

8 Normalmente las razones no son tan rebuscadas[23]: la enseñanza es simplemente el único trabajo posible para muchos licenciados[24]. Y tampoco todos los profesores son iguales; según los psicólogos, hay toda una tipología. "Una persona tímida nunca será simpática en clase, pero puede ser capaz de comunicar confianza. Una severa llega a ser positiva si ha sabido convencer a los estudiantes brillantes pero perezosos de que trabajen", dice Slepoj. "Los más nocivos[25]—añade— son los autoritarios, los que instauran un clima de terror y los que escogen interlocutores privilegiados (el primero de la clase, el más simpático, el más servicial)."

---

[1]**examinados**   [2]**dispuestos...** eager to eat them   [3]**indicio**
[4]withdrawals, retirements   [5]**infrecuentes**   [6]disorders   [7]**ocupan**
[8]**llevado...**done   [9]uninterested   [10]**de... profesor de**   [11]to scratch

[12]councils   [13]**tienen...** they have to work with   [14]**dar...** to ruin
[15]**maestros**   [16]challenges   [17]**se...** is disobedient   [18]**problema**
[19]overlook   [20]**título universitario**   [21]**título...** teacher's certificate
[22]power   [23]obscure   [24]**graduados universitarios**   [25]harmful

9   En la encuesta realizada por la psicopedagoga Juana María Sancho Gil y recogida en su libro *Entre pasillos*[26] *y clases*, se destacan las cualidades más apreciadas por los estudiantes. Son las siguientes: el interés por los alumnos, la capacidad para interesar al alumno en el estudio, la comprensión, el dominio de la asignatura, la cordialidad-delicadeza[27], la objetividad y la flexibilidad-tolerancia. En cuanto a la relación profesor-alumno, un 26,88 por 100 de los jóvenes considera ésta "cordial"; para sólo un 9 por 100 es "igualitaria"; para un 22,64, "autoritaria" y, lo más preocupante teniendo en cuenta las horas que pasan juntos, para un 30,66 es "inexistente".

10   Tres psicólogos británicos, Lewin, Lippitt y White, realizaron un experimento con 4 grupos de niños de 10 años, que se intercambiaban 4 maestros adiestrados[28] para dirigir la clase alternativamente de modo autoritario[29], permisivo y democrático. En el primer caso, el *profe* tomaba todas las decisiones solo y al final elogiaba[30] a individuos particulares; en el segundo, no había calificaciones; en el tercero, las decisiones se tomaban en grupo y el profesor juzgaba los trabajos y no a las personas. En esta última atmósfera democrática, el tiempo dedicado al trabajo fue la mitad del total; en la permisiva, sólo una tercera parte y en la autoritaria, las tres cuartas partes, pero cuando salía el profesor del aula, descendía al 29 por 100.

11   Conclusión: la mejor manera de guiar una clase es la democrática. ¿Así de fácil? No, aseguran todos los docentes consultados. Si bien en un momento dado se mantuvo la idea de la igualdad en las aulas, ahora los estudiantes rechazan a los enseñantes que adoptan el papel de amigos, pues la perciben como una relación falsa y prefieren que el profesor tome las riendas[31] de la clase, eso sí, de forma no autoritaria...

Oposiciones que no garantizan el puesto

12   Y, ¿todo eso dónde se aprende? Se supone que los licenciados que quieren dar clase en la enseñanza secundaria y superior necesitan el llamado Certificado de Aptitud Pedagógica (CAP), que se consigue en los Institutos de Ciencias de la Educación (ICE) dependientes de universidades, asistiendo a unos cursos teóricos de pedagogía, psicología, programación, etc. y realizando prácticas hasta conseguir un número de créditos. Estas prácticas se hacen con un enseñante profesional que admita a un estudiante de prácticas y asistiendo a reuniones de claustro[32], a tutorías, etc. Ésta es la mecánica en el "territorio MEC", y parecida en las autonomías. Después, si se quiere trabajar en la enseñanza pública hay que hacer oposiciones.

13   Los maestros, que dan clase en la enseñanza elemental, hacen las prácticas dentro de la misma carrera y, al acabarla, tienen que opositar a plazas en su comunidad autónoma. Pero las oposiciones no garantizan puestos fijos[33], sino interinos[34] o sustituciones[35]. Muchos han de concursar cada año para su plaza; otros ocupan puestos sin saber hasta cuándo les durarán; en ocasiones, no salen sus plazas a concurso y tienen que opositar para cubrir otras... Un caos que va en detrimento de su calidad y aumenta la falta de ánimo y de integración de los docentes.

14   Los cursillos[36] de reciclaje no son obligatorios, pero hay que hacerlos para cobrar los complementos por sexenios[37]. Organizados por los Centros de Profesores y Recursos (CPR), duran 100 horas, que pueden realizarse a lo largo de varios años.

15   Según un estudio efectuado en Alemania, el comportamiento del profesor se puede representar en una parábola: en el primer año prevalecen inseguridad y ansiedad, en torno al quinto hay una explosión de idealismo. Alrededor del décimo llega la caída y aparece el cansancio y el pesimismo. Y en esas condiciones se sigue enseñando al menos otros diez años más. La antigüedad[38] no es garantía de calidad, y aún menos, la precariedad. Y esto repercute[39] socialmente, ya que todos somos o padres o hijos o educadores.

---

[32]**reuniones...** faculty or staff meetings   [33]**permanentes**
[34]interim, temporary   [35]substitute positions   [36]short courses
[37]**cobrar... recibir los beneficios cada seis años (en España)**
[38]seniority   [39]has consequences

---

[26]hallways   [27]tact   [28]trained   [29]authoritarian   [30]praised
[31]**tome...** control

ACTIVIDAD 5 Comprensión de lectura: El oficio duro del docente

Trabajen en parejas para discutir las ideas principales. Para los párrafos indicados, indiquen cuál de las oraciones es cierta y representa una de las ideas importantes o centrales de la lectura.

1. Párrafo 1
   a. Los maestros y profesores disfrutan de muchas vacaciones y trabajan poco.
   b. El número de profesores deprimidos está aumentando.
   c. Los profesores están tan nerviosos como los estudiantes.

2. Párrafo 2
   a. Esta situación existe solamente en España.
   b. Esta situación existe en varios países.
   c. Los docentes italianos se sienten gratificados en su trabajo.

3. Párrafo 3
   a. Hay violencia solamente en los colegios públicos.
   b. Hay violencia en los colegios públicos y privados.
   c. Los padres no tienen ninguna responsabilidad por la violencia.

4. Párrafos 4 y 5
   a. Las razones por las presiones que sienten los maestros son complejas.
   b. Las presiones vienen principalmente de los padres.
   c. Hay alumnos muy desmotivados en todas las clases de todas las escuelas.

5. Párrafos 6 y 7
   a. Los maestros están bien preparados para aplicar las medidas disciplinarias.
   b. Basta enseñar bien para ser un buen maestro.
   c. Es muy difícil sancionar a un estudiante.

6. Párrafo 8
   a. Según la psicóloga italiana Vera Slepoj, hay muchos tipos de maestros.
   b. Los maestros tímidos siempre tienen muchos problemas en clase.
   c. Los maestros autoritarios no son los más peligrosos.

7. Párrafo 9
   a. La psicopedagoga Juana María Sancho Gil hizo un estudio de los mejores estudiantes.
   b. Según el estudio, es importante que el maestro controle a los estudiantes.
   c. A los estudiantes les importa que sus maestros tengan las siguientes características: el interés por los alumnos, la capacidad para motivar al estudiante, la comprensión, la simpatía, la objetividad y la tolerancia.

8. Párrafos 10 y 11
   a. Tres psicólogos británicos no sacaron resultados de su experimento.
   b. Se concluyó que la instrucción de método democrático es la mejor.
   c. Los grupos de estudiantes sólo recibieron instrucción muy permisiva.

9. Párrafos 12 y 13
   a. Los maestros que quieren enseñar en el nivel secundario no necesitan un certificado especial.
   b. Después de hacer sus prácticas, los maestros españoles que quieren enseñar en el nivel elemental reciben empleo automáticamente.
   c. Hay procesos formales y oficiales que necesitan seguir los maestros para prepararse para ser maestros.

10. Párrafos 14 y 15
   a. Hay que tomar los cursos de reciclaje.
   b. Los profesores cambian mucho durante los años que se dedican a la enseñanza.
   c. Según una investigación alemana que ha estudiado cómo cambian los maestros a lo largo de su carrera, se ha aprendido que la antigüedad garantiza que uno sea un buen maestro.

ACTIVIDAD 8 A explorar: Hablan los estudiantes

¿Está de acuerdo con los resultados de la investigación de los psicólogos británicos? ¿Es la mejor actitud para los maestros la democrática, pero firme? ¿Qué consejos le daría usted a los maestros novatos (*novices*)? ¿O a los maestros sustitutos? Escriba *Una guía para sobrevivir en la sala de clase* para uno u otro de los grupos. Puede escribir su guía en forma de una lista o en un párrafo de consejos. Ofrezca por lo menos cinco recomendaciones.

EN RESUMEN: Toda la clase
Compartan su guía con los otros estudiantes.

II. Se presentan siete perfiles comunes de maestro: "Tantos modos de enseñar"

Entre muchos factores, los estilos de enseñar varían según la personalidad, el ambiente y las metas del individuo. ¿Reconoce usted algunos de los perfiles presentados en la siguiente tipología?

¡Fíjese! Una tipología es un estudio o una presentación de tipos, una categorización o clasificación sistemática de características o de rasgos. Facilita la comparación de lo característico de los grupos tratados. Cuando lea la siguiente tipología de maestros, fíjese en las características que sirven para destacar el contraste entre los siete tipos.

ACTIVIDAD 9 ¿Qué quiere decir...?

Para familiarizarse con algunas palabras de la lectura, fíjese en las palabras escritas *en bastardilla* y complete las oraciones con un ejemplo. En clase, comparta sus respuestas con sus compañeros.

1. Hay muchos que *tienden* a concentrar toda su vida en el trabajo.
   Yo tiendo a...

2. Hay muchos que *recurren* a los medios diplomáticos para resolver los conflictos.
   Para resolver los conflictos, yo recurro a...

3. Hay gente que *antepone* su papel de amigo/a a cualquier otra cosa.
   Yo antepongo...

4. Hay personas que creen que los niños *mimados* por sus padres llegan a ser muy difíciles de disciplinar.
   En mi opinión, los niños mimados...

5. Después de trabajar duro, hay personas que *se complacen* con hacerse algo especial.
   Yo me complazco con...

ACTIVIDAD 10 Antes de leer "Tantos modos de enseñar"

Antes de leer la tipología de los maestros, apunte un rasgo que asociaría con los siguientes tipos.

1. el/la egoísta
2. el/la débil
3. la maternal/el paternal
4. el/la comunicativo/a
5. el/la racional
6. el/la colega
7. el/la frustrado/a

Ahora, vea cómo comparan sus respuestas con las características destacadas en la lectura.

TANTOS MODOS

DÉBIL: Castiga para hacerse respetar   Cuando entra en el aula, este gran tímido se siente aterrorizado por las curiosas miradas que le dirigen desde los bancos[1]. Cree que los alumnos están allí a la espera de algún error que pueda cometer para así poder reírse a gusto. Piensa que el estudiante es un enemigo. Recurre entonces al único medio que conoce para combatirlo: insultos, castigos y amenazas de malas notas.

MATERNAL: Prefiere trasmitir afecto que conocimientos   Como una madre (o, si es hombre, como un padre) antepone su papel educador a cualquier otra cosa. Pretende asumir la figura de progenitor[2] y piensa en mimar a los estudiantes y rodearlos de afecto. Pone pocos deberes[3], pero a menudo se siente frustrada y se arrepiente de su bondad.

COLEGA: Más que nada, es un "amiguete"
Está siempre de parte de[4] los alumnos, es juvenil incluso en la ropa que lleva. Llega con frecuencia tarde, organiza partidos de fútbol, salidas al cine, y quiere saber todo de la vida de los jóvenes. Es un eterno adolescente y gusta muchísimo, pero no está en condiciones de educar.

[1]benches, seats   [2]**padre o madre**   [3]**tareas**   [4]on the side of

DE ENSEÑAR

COMUNICATIVO: La importancia de las relaciones sociales

Piensa que en el colegio se debe sobre todo aprender a "estar con los demás". Sostiene[6] que, con este fin, se puede incluso sacrificar el aprendizaje de las materias concretas. Quiere saber todo de sus alumnos; más que lecciones, las suyas son sesiones de psicoanálisis.

EGOÍSTA: La carrera es lo primero

Es una persona que tiene pocas relaciones afectivas y tiende a concentrar toda su vida en el trabajo. Lo hace para complacer su ego, por lo que es rígida, menosprecia[5] a sus colegas y, más que en los estudiantes, piensa en hacer una carrera brillante.

RACIONAL: Una coraza[7] de sabiduría en la que encerrarse

La única relación que establece con los alumnos es trasmitirles conocimientos por medio de métodos severos. Tiene una escasa[8] consideración de los estudiantes: son inferiores por ser ignorantes. Es la actitud que suelen tomar los profesores novatos.

FRUSTRADO: Si no fuera por él, la cultura desaparecería

Se siente el único defensor del "bien" de la cultura, en contra del "mal" de la televisión y de las malas costumbres de la sociedad en general. Aunque no lo reconozca, sabe que la escuela de hoy no responde a los intereses de los jóvenes. Pero, en cualquier caso, si sus clases marchan mal y sus alumnos no obtienen los resultados deseados, es culpa de los tiempos modernos, nunca suya.

---

[5] scorns   [6] **Afirma**   [7] armor   [8] **poca**

ACTIVIDAD 11 Comprensión de lectura: Tipos de maestros

La lectura ha presentado perfiles breves de varios tipos de maestros. Empareje cada tipo con la frase descriptiva que le corresponde mejor.

_____ 1. Egoísta

_____ 2. Débil

_____ 3. Maternal/Paternal

_____ 4. Colega

_____ 5. Frustrado

_____ 6. Comunicativo

_____ 7. Racional

a. Mima a los estudiantes, y les demuestra a veces demasiado cariño.

b. Critica los tiempos modernos y se siente solo/a como defensor/a de la cultura.

c. Le parece que la enseñanza es un proceso de socializarse y le importa analizar a sus alumnos.

d. Su rol es dar a los estudiantes de una manera fría o severa la información y los conocimientos.

e. Por tener miedo de los estudiantes, los insulta y los amenaza con castigos.

f. No se ve muy maduro/a, y se comporta como amigo/a y compañero/a de sus alumnos.

g. se preocupa más que nada por avanzar su propia carrera.

ACTIVIDAD 12 A explorar: El maestro ideal

Los tipos mencionados en la lectura no son positivos. Sin embargo, ¿cree que algunas de las características que aparecen en las frases descriptivas ayudan a definir al maestro ideal? En grupos de tres o cuatro compañeros, discutan su perspectiva sobre los rasgos esenciales de un maestro ideal.

	De mucha importancia	De alguna importancia	De ninguna importancia	Nuestros comentarios
1. interesarse por los alumnos				
2. ser cariñoso y compasivo				
3. ser cordial y delicado				
4. mimar a los alumnos				
5. defender la cultura y las tradiciones intelectuales				
6. considerar los problemas de los estudiantes				
7. tener dominio de la materia				
8. saber motivar a los estudiantes				
9. distanciarse de los alumnos y enseñar las materias severamente				

	De mucha importancia	De alguna importancia	De ninguna importancia	Nuestros comentarios
10. ser amigo y compañero				
11. mantener la disciplina				
12. trabajar para avanzar profesionalmente				
13. ser flexible				
14. ser objetivo				
15. tener sentido del humor				
16. ¿otros rasgos esenciales?				

EN RESUMEN: Toda la clase

De todas las características, ¿pueden señalar las tres o cuatro más importantes? Expliquen.

 # GENTE Y AMBIENTE

Perfil breve

III. Se examina el papel importante del maestro: "La función del docente como promotor de la lectura recreativa"

¿Cómo se puede animar el interés de los niños por los libros y la lectura? Sacado de la Sección Educación de *El Comercio*, diario de Quito, Ecuador, este artículo ofrece algunas recomendaciones.

¡Fíjese! Los prefijos pueden ayudarnos a comprender el significado de las palabras. En la siguiente lectura, por ejemplo, se repiten mucho los prefijos **pro** y **re**.

Pro se puede entender como **para** o **en beneficio**:

    motor $\longrightarrow$ promotor

    mover $\longrightarrow$ promover

Re se puede entender como **otra vez** o **de nuevo**:

    crearse $\longrightarrow$ recrearse

    creativa $\longrightarrow$ recreativa

Al leer "La función del docente como promotor de la lectura recreativa", va a ver otras palabras con prefijos, como **in** y **des**. ¿Qué querrá decir **interminable**? ¿y **descubrir**?

Si no comprende fácilmente el significado de una palabra, puede ser útil fijarse en su prefijo.

ACTIVIDAD 13 ¿Qué quiere decir...?

A continuación aparecen entre paréntesis palabras que encontrará en la lectura, junto a otras palabras derivadas: verbos, sustantivos, adjetivos o adverbios. Primero, complete cada una de las oraciones utilizando la palabra correcta en la forma apropiada. Segundo, en grupos de tres o cuatro compañeros de clase, contesten las preguntas.

> **MODELO:** (promover / la promoción / el/la promotor/a)
> *¿Promueven* sus maestros los programas extracurriculares? ¿Hay mucha *promoción* de estas actividades en los periódicos estudiantiles? ¿Tiene amigos que sean *promotores* de ciertas actividades?

1. (promover / la promoción / el/la promotor/a)

   ¿Es importante _____ la educación física en las

   escuelas primarias? ¿Deben ser los maestros _____ de

   la educación física? ¿Cómo se puede desarrollar _____

   de la educación física en las escuelas?

2. (el castigo / castigar / castigado/a)

   ¿Es apropiado _____ a un niño que ha golpeado a otro

   niño? ¿Puede aprender el niño _____ a portarse bien

   después de recibir _____ ?

3. (la contestación / contestar / el contestador)

   Cuando _____ no puede _____

   una pregunta; cuando no sabe _____ , ¿qué debe decir?

4. (el entretenimiento / entretener / entretenido)

   ¿Debe la educación tener como propósito _____ a los

   estudiantes? ¿Buscan los alumnos la diversión o _____

   en sus clases? ¿Quieren ser _____ por los maestros?

5. (la recreación / recreativo / recrearse)

   ¿Qué actividades _____ deben haber en las escuelas?

   ¿Cómo pueden _____ los alumnos? ¿Qué actividades

   deben ofrecerse durante los períodos de _____ ?

ACTIVIDAD 14 Antes de leer "La función del docente como promotor de la lectura recreativa"

En grupos de tres o cuatro estudiantes, contesten las siguientes preguntas.

1. ¿Qué libros, periódicos, revistas u otras cosas le gusta leer por placer? ¿Sobre qué temas?
2. Piense en los libros que leía usted cuando era niño/a. ¿Cuáles eran sus favoritos? Cuente la historia de un libro preferido. ¿Quiénes eran los personajes centrales? ¿Cómo eran? ¿Qué hicieron? ¿Qué les pasó?

LA FUNCIÓN DEL DOCENTE COMO PROMOTOR DE LA LECTURA RECREATIVA

El niño: sujeto de la lectura

El maestro que busca promover la lectura recreativa no puede, desde luego, pasar por alto[1] los puntos comunes que existen en todos los niños de una misma edad, pero además tiene que aprender a ver y descubrir los propios y especiales intereses de cada niño para no masificarlo[2]. Sólo de esta forma el niño puede ser sujeto y no objeto de la lectura.

La diversidad alumbra[3] diversos intereses: unos prefieren los libros de aventuras como Los Tres Mosqueteros; otros los de fantasía, como La Historia Interminable; hay quienes prefieren los de humor negro, como La Medicina de Jorge[4]; no faltan los que se inclinan sólo por los tebeos[5] ni los que gustan de los libros ilustrados, o los de información.

Teóricamente se puede promover la lectura de muchos modos, pero hay "modos" que promueven todo menos la lectura. Así pues, mandar a los niños que lean en coro[6] un mismo texto, para redondear[7] un argumento común, es una absoluta zoncera[8] cuando en el grupo hay una gran diversidad de intereses y temperamentos. Algo más. Es no respetar —o no comprender— uno de los derechos fundamentales de la recreación: la individualidad. Es promover una lectura obligada, única, que nunca se la termina por sentir como propia[9].

El poder de la imitación

El niño no se alimenta[10] con la erudición del maestro en una clase de lectura recreativa. No lo duden. No es suficiente que el maestro haya leído un número importante de libros —que conozca, por ejemplo, a los Hermanos Grimm y Rodari, a Lygia Bojunga y Roald Dahl. Se trata de que el niño vea leer al maestro. O, más propiamente, que el niño constate[11] que hay una relación afectiva e intelectual entre quien promueve la lectura y el libro. Un maestro debe visitar con sus alumnos la biblioteca, acceder a los libros, recrearse con ellos. Establecer una relación personal. La biblioteca, a su vez, debe ser un sitio de alegría —como un parque— y no un sitio de castigo. Igualmente los niños deben tener la posibilidad de compartir la experiencia de comprar en una librería. Los niños deben integrar al libro a su cotidianeidad[12] como fuente de recreación. Para que ellos no sean siervos[13] de los libros, en una clase aburrida y obligada, sino libres con los libros.

La lectura tiene que ser libre

La lectura recreativa tiene que ser, además, libre. Para que el niño disfrute[14] de la lectura, el maestro no debe someterle a las típicas obligaciones escolares: hacer la copia, el resumen, responder al cuestionario de preguntas por escrito para comprobar si entendió un texto. Tampoco la lectura debe ser calificada con notas y escalafones[15] que avivan[16] la competencia. La meta de la lectura recreativa es entretener al niño. Hacerle vivir el placer de la aventura.

La pedagogía de la pregunta

De esta manera, quizás, se empiece a cumplir uno de los mayores retos que

plantea[17] el maestro Paulo Freire a la educación liberadora, cuando en uno de sus libros expresa:

"Creo que es necesario desarrollar una pedagogía de la pregunta, porque lo que siempre estamos escuchando es una pedagogía de la contestación, de la respuesta. De manera general, los profesores contestan a preguntas que los alumnos nunca formulan".

La capacidad de preguntar, actividad esencialmente libre, que se nutre[18] en la lectura, desarrolla la inteligencia, aviva la capacidad crítica e impulsa la creatividad.

Concluyo. El aforismo[19] opresivo e inhumano —que se oía antiguamente con frecuencia— "la letra con sangre entra[20]", es necesario sustituirlo por otro: La lectura con juego perdura[21]. Intentémoslo. Hay muchas modalidades, técnicas y posibilidades. Y recuerde. Cuando usted manda a leer un libro a un niño, no lo está castigando. Usted no está haciendo de Caín. Ni el niño de Abel[22]. En el paraíso[23] de la lectura, todos somos creadores.

---

[1]**pasar...** ignore   [2]treat him or her like all the rest   [3]reveals   [4]**la...** Curious George   [5]comics   [6]**en...** in a group   [7]**completar**   [8]stupidity   [9]**sentir...** to feel one's own

[10]**no...** doesn't feed on   [11]**confirme**   [12]**vida diaria**   [13]slaves   [14]enjoys   [15]tables, lists   [16]**estimulan**

[17]**presenta**   [18]is nourished   [19]saying   [20]**la...** "no pain, no gain"   [21]lasts   [22]**haciendo... los hermanos enemigos de la Biblia**   [23]paradise

ACTIVIDAD 15 Comprensión de lectura: ¿Cómo se debe promover la lectura recreativa?

Indique si las siguientes oraciones son ciertas o falsas, según el artículo. Para promover la lectura recreativa, los maestros deben...

1. tener en cuenta la diversidad de los alumnos que enseñan.   _____

2. conocer los intereses individuales de los alumnos.   _____

3. invitar la lectura en coro en clase.   _____

4. llevar a los estudiantes a excursiones divertidas a la biblioteca.   _____

5. limitar la selección de libros que leen los niños.   _____

6. ayudar a los niños a hacer la lectura una parte intrínseca de su vida diaria.   _____

7. comprobar la comprensión de la lectura de los niños.   _____

8. pedirles a los estudiantes las respuestas que sacan de las lecturas.   _____

9. jugar poco con las lecturas.   _____

10. promover que se hagan preguntas libremente.   _____

ACTIVIDAD 16 A explorar: A promover la lectura

Trabajen en grupos de tres o cuatro personas para discutir uno de los siguientes casos y presentarles las recomendaciones al señor Martín, maestro del primer grado, y a su alumno/a. ¿Qué sugerencias tienen ustedes para la formación positiva de los niños?

1. Sara dice que no le gusta leer. Hay "un montón" (*a lot*) de libros en su casa, pero según ella son difíciles. Para entretenerse, a ella le encanta pintar animales, árboles y flores.

2. Jorge lee "superbien" para su edad pero veces se aburre en clase porque las lecturas son muy fáciles. Es inquieto (*restless*) y a veces no se porta muy bien durante la clase.

3. Marta es mexicoamericana. Su familia acaba de llegar a Los Ángeles. Todos hablan español en casa. Ha empezado a aprender los sonidos del inglés y está aprendiendo bastante bien. A veces se confunde con la pronunciación de algunas palabras, por ejemplo: *yellow*, *hairdryer* y *laugh*.

4. Juanito no lee muy bien. No practica en casa. Mira la tele casi todo el tiempo. Antes de salir para la escuela, mira los dibujos animados (*cartoons*). Cuando llega de la escuela, se pone a mirar la tele por horas.

El campo y ustedes

¿Qué les parece a ustedes el campo de la educación? En grupos de tres o cuatro compañeros, discutan las siguientes preguntas.

1. ¿Cree usted que su vida de estudiante ha sido muy diferente de la de sus padres? ¿De la de sus abuelos? Explique.

2. ¿Se puede imaginar como maestro/a o profesor/a? ¿Por qué sí o por qué no? ¿Qué le atrae a la carrera? ¿Qué no le atrae?

3. De su perspectiva de estudiante, ¿cuáles serán las ventajas de ser maestro/a? ¿Las desventajas?

4. Si no trabajara como maestro/a, ¿habría otro trabajo en el campo de la enseñanza que le interesaría?

5. ¿Qué comparaciones o contrastes podría hacer entre las actividades de enseñar en los distintos niveles (preescolar, primario, secundario, universitario)? ¿Le parece más desafiante o más agradable enseñar un nivel que otro?

6. ¿En qué circunstancias podía ser especialmente útil el conocimiento del español para trabajar en el campo de la educacíon? Mencionen unos ejemplos.

Manos a la obra

Diseñemos una escuela ideal

Imagínese que es usted miembro de un equipo consultor (*consulting*). El Departamento de Educación de su estado les ha pedido consejos para mejorar la enseñanza pública. Si tuvieran la oportunidad de crear la escuela ideal en los EE.UU., ¿cómo la diseñarían? Podría ser una escuela primaria o secundaria. Trabajen en grupos de tres o cuatro compañeros.

Algunos factores que pueden tener en cuenta:

- el lugar de la escuela
- la arquitectura del edificio
- el tamaño de la escuela
- la demografía o la población estudiantil
- el número de estudiantes por clase
- los maestros/los profesores
- las asignaturas obligatorias
- las asignaturas opcionales
- las reglas de conducta
- el horario
- las actividades extracurriculares
- otros factores _____

EN RESUMEN: Toda la clase

Presenten sus ideas a la clase. Sus compañeros deben criticar y preguntar.

❧ *Perspectivas literarias del campo*

IV. Un poeta chicano opina sobre las actitudes de la sociedad
norteamericana hacia los mexicanos: "Clase de historia",
Tino Villanueva (Estados Unidos)

En este poema de Tino Villanueva, profesor de Boston University, suenan ecos de
su juventud en Texas. Los versos en inglés, sacados de *Big-Foot Wallace, the Texas
Ranger and Hunter* (publicado en 1871) por John C. Duval, indican los sentimientos
negativos contra los mexicoamericanos.

¡Fíjese!   La poesía es una forma de expresión concentrada e intensa. Para comunicar cómo se
siente, el/la poeta emplea lenguaje especialmente personal y fuerte. Por ejemplo, el
poeta puede combinar palabras que generalmente no están relacionadas y así crear
imágenes que llevan connotaciones o sugerencias impresionantes que van más allá
de (*beyond*) su definición común de diccionario. En el poema "Clase de historia" de
Tino Villanueva, va a ver muchas palabras combinadas de manera sorprendente.

Aquí tiene cinco ejemplos:

- **Aspirar** quiere decir *to breath in*. Se relaciona generalmente con la respiración
  del aire. En el poema, Villanueva escribe *Entrar era aspirar la ilegítima razón de
  la clase.*
- **Sofocantes** quiere decir *suffocating*. Se asocia generalmente con la falta de aire.
  En el poema, Villanueva escribe de los *sofocantes resultados.*
- **Lisiada** quiere decir *crippled*. Se asocia generalmente con las personas. En el
  poema, Villanueva escribe de *la historia lisiada de su pueblo.*
- **Abecedario** quiere decir *alphabet*. Se asocia generalmente con las escuelas. En el
  poema, Villanueva escribe del *abecedario del poder.*
- **Latidor** quiere decir *throbbing*. Se asocia generalmente con el corazón. En el
  poema, Villanueva escribe del *pueblo latidor.*

Cuando lea "Clase de historia", fíjese en las imágenes.

ACTIVIDAD 17 ¿Qué quiere decir...?

En la columna A, siguen a continuación algunas frases que aparecen en el
poema. ¿Cómo se podrían explicar en otras palabras? Emparéjelas con una frase
sinónima de la columna B.

A

_____ 1. "me sentía...descolocado"

_____ 2. "nada alumbraba a mi favor"

_____ 3. "como si nadie abogara por
nosotros"

_____ 4. "aquel corruptivo preceptor"

_____ 5. "tampoco fecundo "

_____ 6. "los cerebros listos"

_____ 7. "mi urgente ira"

_____ 8. "ha deshabitado el salón"

B

a. ese mal maestro

b. como si nadie nos defendiera

c. mi furia inmediata

d. no prolífico

e. las cabezas inteligentes

f. pensaba que estaba en un
lugar donde no pertenecía

g. no me favorecía nada

h. ha abandonado la sala

ACTIVIDAD 18 Antes de leer "Clase de historia"

Muchas veces no sabemos los efectos de nuestras palabras a largo plazo (*in the long term*). Por supuesto, el maestro no puede saber si meses o años más tarde, sus estudiantes van a recordar algo que les ha dicho en clase. Y los estudiantes... tampoco saben lo que van a recordar sus maestros de ellos y sus palabras.

1. Pregúntele a su profesor/a sobre unas palabras inolvidables de algunos de sus estudiantes del pasado. ¡A ver qué le cuenta!
2. Y claro, ¡un maestro suyo se sorprendería si pudiera oír algo que le dijera a usted hace tiempo! Comparta con la clase unas palabras inolvidables de un/a maestro/a o un/a profesor/a suyo/a.

Clase de historia

Entrar era aspirar
la ilegítima razón de la clase,
ser sólo lo que estaba escrito.
Sentado en el mismo
5 predestinado sitio
me sentía, al fin, descolocado.
Miraba en torno mío°   around me
y nada alumbraba° a mi favor   pointed

Era cualquier mañana de otoño,
10 o primavera del 59, y ya estábamos
los de piel trigueña°   dark-skinned
sintiéndonos solos,
como si nadie abogara por nosotros,
porque entrar era arrostrar°   to face
15 los sofocantes resultados
del conflicto: el estado
desde arriba°   from above
contra nosotros sin el arma
de algún resucitable dato
20 para esgrimir°   to defend
contra los largos parlamentos°   speeches
de aquel maestro
de sureña° frente° dura,   southern / countenance
creador del sueño y jerarquías°,   hierarchies
25 que repetía,
como si fuera su misión,
la historia lisiada de mi pueblo:

And beware of the Mexicans, when
they press you to hot coffee and
30 *"tortillas." Put fresh caps on*
your revolver, and see that your
"shooting-irons" are all in order,
for you will probably need them
before long. They are a great
35 *deal more treacherous than Indians.*

Entre los autores de la luz
no estuvo aquel corruptivo preceptor,
como tampoco fecundo
con fáciles sentencias
40 y cómplice° actitud suprema   accomplice
los cerebros listos de mi raza:

He will feed you on his best,
"señor" you, and "muchas gracias"
you, and bow to you like a French
45 *dancing-master, and wind it all up*
by slipping a knife under your
left shoulder-blade! And that's
one reason I hate them so.

Por no gritar mi urgente ira
50 me encorvaba° en el pupitre°   **me...** I bent over / **escritorio**
como un cuerpo interrogante°;   in the shape of a question mark
me imaginaba estar en otro estado,
sin embargo, fui cayendo
cada vez hacia el abismo espeso°   heavy
55 de la humillación,
tema tenaz° de mi tiempo   tenacious
¿Quiénes éramos
más que unos niños
detenidos en la frontera° perversa   frontier
60 del prejuicio°, sin documentos   prejudice
recios° todavía   **fuertes**
para llamarnos *libertad*?
Se me volvía loca la lengua.
Quería tan pronto saber
65 y decir algo para callar°   to silence
el abecedario del poder,
levantarme y de un golpe
rajarle° al contrincante° las palabras   crack / opponent
de obsesión, soltarle°   unleash on him
70 los argumentos de nuestra fortaleza°   **fuerza**
y plantar, en medio de la clase,
el emblema de mi fe°.   faith
Pero todo era silencio,
obediencia a la infecta tinta°   ink
75 oscura de los textos,
y era muy temprano
en cualquier mañana de otoño,
o primavera del 59
para decir
80 lo que se tenía que decir.

Pero han pasado los años,
y los libros han cambiado
al compás° del pueblo latidor,   **al...** to the beat
porque sólo por un tiempo puede
85 un hombre llevar a cuestas°   **llevar...** carry on his shoulders
el fastidio°   annoyance
de quien se cree el vencedor.

Aquí mi vida cicatriza°   heals
porque soy el desertor,
90 el malvado° impenitente que ha deshabitado   evil
el salón de la demencia,
el insurrecto°   **rebelde**
despojado° de los credos° de la negación.   stripped / creeds

Sean, pues,
95 otras palabras las que triunfen
y no las de la infamia,
las del fraude cegador°.   blinding

ACTIVIDAD 19 Comprensión de lectura: El poeta como alumno

Conteste las siguientes preguntas. Escriba también los números de los versos del poema donde encontró su respuesta. En clase, discutan sus respuestas en un grupo de tres o cuatro compañeros.

1. ¿En qué año asistió el poeta a esa clase?
2. ¿Había otros chicanos en la clase?
3. ¿Cómo era el maestro?
4. ¿Qué contaba el maestro sobre los mexicoamericanos?
5. ¿Cómo reaccionó el poeta al escuchar al maestro?
6. ¿Cómo explica el poeta sus acciones?
7. ¿Qué espera el poeta al final del poema?

ACTIVIDAD 20 A explorar: Cómo enseñar la historia

El poeta indica que aquel maestro de historia no estuvo "entre los autores de la luz" (verso 36) y lo describe como "corruptivo" (verso 37). ¿Está usted de acuerdo? En un grupo de tres o cuatro compañeros, hagan lo siguiente:

1. Discutan algunos elementos de la clase de hace décadas que están representados en el poema:
   a. el significado de los versos en inglés del poema
   b. el tratamiento del maestro de los versos en inglés
   c. los sentimientos de los alumnos mexicoamericanos
   d. las reacciones posibles de los otros alumnos

2. Ahora, discutan ustedes algunas recomendaciones para enseñar la historia. Imagínense que tienen ustedes que darle consejos a un/a maestro/a que enseña la historia de los Estados Unidos. El/La maestro/a va a preparar unas cuantas lecciones sobre el papel de un grupo nacional o étnico en la historia de los EE.UU., por ejemplo, el papel de las poblaciones indígenas, los mexicoamericanos, los africanoamericanos, los españoles, los ingleses u otro grupo. Preséntenle una lista de unas cinco sugerencias. Pueden tener en cuenta...

- el papel del maestro
- los libros u otros textos
- el significado de los estereotipos
- las actividades
- el significado de la identidad cultural
- otros factores

EN RESUMEN: Toda la clase

Para enseñar el papel de los _____ en la historia de los EE.UU., hacemos las siguientes recomendaciones:

1.

2.

3.

4.

5.

Presenten sus recomendaciones a la clase. Sus compañeros pueden comentar.

Proyecto independiente
Paso 4: Prepárese para su entrevista.

■ Para escribir...

Escriba una lista de preguntas que quiere hacer durante su entrevista. Algunas instrucciones:

1. Entreviste a un hispanohablante o alguna persona que hable español y que sepa algo del tema de su exploración o que pueda contestar algunas de sus preguntas relacionadas con el campo.

2. Grabe (*Record*) su entrevista, y en la casete, apunte la siguiente información:

   Nombre de la persona entrevistada

   Fecha de la entrevista

   Duración de la entrevista

3. Es importante que participe activamente en la entrevista. Explíquele claramente a la persona entrevistada en qué consiste su exploración y su interés en el campo. Prepare bien sus preguntas y pida mucha información.

■ Para presentar oralmente...

Concierte (*Set up*) y haga la entrevista.

Capítulo 5

La salud y la medicina

La medicina... Hacia el mejoramiento de la salud de todos

Los profesionales que trabajan en los campos de la salud, la medicina y las ciencias médicas—médicos, enfermeros, dentistas, farmacéuticos, terapeutas (*therapists*), químicos, biólogos, técnicos, investigadores (*researchers*) y administradores, entre otros muchos—se encuentran en los hospitales, en las clínicas, en los laboratorios, en centros de investigación y en muchísimos otros ambientes. En su trabajo investigan y exploran cómo aplicar técnicas con el fin de mejorar, conservar o recuperar la salud de los seres humanos.

Gente y ambiente

En esta sección...

Perfiles de profesionales del campo de la salud
I. Un médico de mujeres cuenta su historia: "Confesiones de un ginecólogo"
II. El campo laboral para los enfermeros es muy amplio: "Enfermería: Diagnóstico de la carrera"

Perfil breve
III. Los químicos y biólogos realizan un trabajo importante: "El laboratorio de la policía también combate el crimen"

Perspectivas literarias del campo

En esta sección...
IV. Don Agustín se queja de sus dolores: "Estornudo", Mario Benedetti (Uruguay)

- ¿De qué hablan Ágata y el médico?
- ¿Qué dice el médico sobre los avances de la ciencia médica?
- ¿Cómo le contesta Ágata?
- ¿Qué adelantos en el campo de la medicina espera usted para los próximos diez años?
- ¿Le parecen cómicas la tira y la representación del médico? Explique.

Orientación breve

ACTIVIDAD 1 ¿Cómo se cuida usted?

En grupos de tres, háganse las siguientes preguntas.

Nombres de los compañeros

_____   _____   _____

1. Si tu compañero/a de cuarto
   o amigo/a está enfermo/a...
   a. te quedas lejos de él o ella.   ____   ____   ____
   b. le preparas una sopa de
      pollo.   ____   ____   ____
   c. le dices que vaya a la clínica
      de la universidad o a un
      médico.   ____   ____   ____

2. Si tú estás enfermo/a con
   fiebre...
   a. llamas pronto al médico o
      vas a una clínica.   ____   ____   ____
   b. llamas a tu mamá.   ____   ____   ____
   c. tomas aspirina, bebes
      líquidos y descansas mucho.   ____   ____   ____

3. Si te pica un insecto y tienes
   una reacción alérgica no muy
   grave...
   a. vas a la sala de urgencias de
      un hospital.   ____   ____   ____
   b. te pones un poco de crema
      para aliviar el picor.   ____   ____   ____
   c. tomas un antihistamínico.   ____   ____   ____

4. Si estás resfriado/a...
   a. te quedas en la cama y
      duermes mucho.   ____   ____   ____
   b. tomas mucho jugo y
      vitamina C.   ____   ____   ____
   c. tomas muchos
      medicamentos y vas a la
      escuela o al trabajo como
      de costumbre.   ____   ____   ____

5. Si te cortas o te caes y tu
   herida no deja de sangrar,
   inmediatamente...
   a. vas al hospital para que te
      den puntos.   ____   ____   ____
   b. limpias la herida y le aplicas
      presión.   ____   ____   ____
   c. la ignoras.   ____   ____   ____

EN RESUMEN: Toda la clase
Comparen las respuestas. ¿Quiénes se cuidan mucho? ¿Quiénes parecen ir pronto a las clínicas o a los médicos? ¿Quiénes toman los medicamentos? ¿Quiénes optan por los remedios caseros (*homemade*)?

Palabras del oficio

La salud y la medicina

aliviar, paliar to alleviate, to lessen
atender, cuidar to tend
coger to catch
investigar to research
padecer, sufrir to suffer
picar to itch, to sting, to bite (*insect*)

poner una inyección, inyectar to give an injection
recetar to prescribe
reponerse, recuperar(se) to recover
someterse a to undergo
suministrar, dar to administer

Las aflicciones, las enfermedades y los síntomas

el catarro, el resfriado cold
constipado/a (*Spain*) nasal, congested
la cicatriz scar
la dolencia ailment, affliction
los escalofríos chills
la erupción rash
el estornudo sneeze
la fiebre fever
la gripe flu
la herida wound, injury

la hinchazón swelling
el infarto heart attack
la jaqueca migraine
el moqueo runny nose
la picadura bite
la picazón itch
la quemadura burn
la torcedura sprain
la tos cough

Los tratamientos

la cirugía, la operación surgery
la dosis dose
enyesar, escayolar (*Spain*) to put in a cast
las muletas crutches
los puntos, las suturas stitches

las pastillas, las píldoras, los comprimidos pills, tablets
el régimen, la dieta diet
la tirita, la curita plastic strip
vendar to bandage

El cuerpo humano

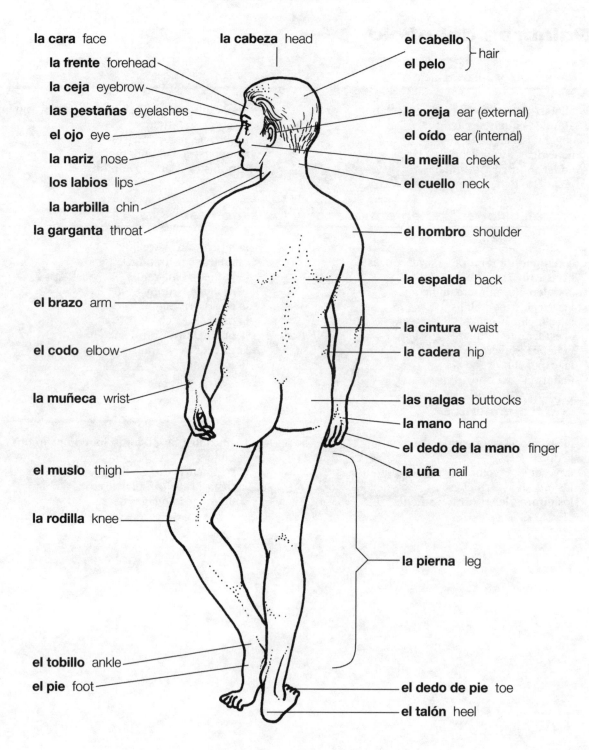

la cara face

la cabeza head

el cabello ⎱ hair
el pelo ⎰

la frente forehead

la ceja eyebrow

las pestañas eyelashes

el ojo eye

la nariz nose

los labios lips

la barbilla chin

la garganta throat

la oreja ear (external)

el oído ear (internal)

la mejilla cheek

el cuello neck

el hombro shoulder

la espalda back

el brazo arm

el codo elbow

la muñeca wrist

la cintura waist

la cadera hip

las nalgas buttocks

la mano hand

el dedo de la mano finger

la uña nail

el muslo thigh

la rodilla knee

la pierna leg

el tobillo ankle

el pie foot

el dedo de pie toe

el talón heel

El esqueleto, los huesos (bones) y los órganos internos

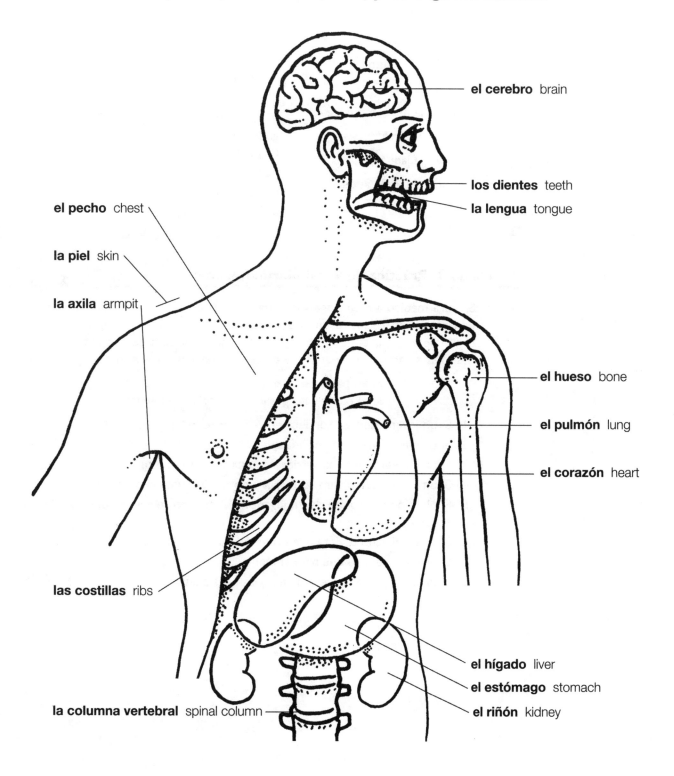

el cerebro brain

los dientes teeth

la lengua tongue

el pecho chest

la piel skin

la axila armpit

el hueso bone

el pulmón lung

el corazón heart

las costillas ribs

el hígado liver

el estómago stomach

la columna vertebral spinal column

el riñón kidney

ACTIVIDAD 2 Práctica de vocabulario: Enfermedades y síntomas

Indique las partes del cuerpo (de la columna B) donde se puede notar los síntomas de las aflicciones que aparecen en la columna A. En clase, compare sus respuestas con las de sus compañeros.

A

_____ 1. un catarro

_____ 2. la diabetes

_____ 3. la hepatitis

_____ 4. la gripe

_____ 5. la mononucleosis

_____ 6. el asma

_____ 7. la jaqueca

_____ 8. el pie de atleta

B

a. la nariz

b. los pies

c. la garganta

d. el hígado

e. la piel

f. los ojos

g. los músculos

h. los huesos

i. la cabeza

j. los pulmones

k. los dedos del pie

l. ¿otras partes del cuerpo?

ACTIVIDAD 3 Práctica de vocabulario: Recetas

Si fuera médico/a o enfermero/a, ¿qué haría usted en las siguientes situaciones? En clase, compare sus respuestas con las de sus compañeros. **¡Ojo!** No se olvide de emplear el tiempo condicional o el imperfecto del subjuntivo para describir su acción o tratamiento en estas situaciones hipotéticas.

> **MODELO:** Si un paciente se quejara de un dolor de cabeza,...
> _le recetaría unas pastillas o le diría que tomara aspirina._

1. Si un joven atleta se torciera el tobillo y se le hinchara mucho, ...
2. Si un niño tuviera una herida que sangrara, ...
3. Si una mujer que fuma sufriera de una tos persistente,...
4. Si una actriz se cortara la mejilla y no quisiera una cicatriz,...
5. Si el dolor de espalda de un jugador de tenis no se aliviara después de una semana,...
6. Si un muchacho tuviera una erupción que le ocasionara mucha picazón,...
7. Si una cocinera se quemara la mano,...
8. Si un jardinero padeciera de alergias a las plantas,...

ACTIVIDAD 4 Diccionario personal

En su exploración del campo de la salud y la medicina, posiblemente encontrará otras palabras y expresiones que querrá usted aprender. Apúntelas aquí a medida que hace las actividades del capítulo. ¡Las nuevas palabras serán útiles a la hora de realizar los trabajos orales y escritos!

Aa   Bb

Gente y ambiente

Perfiles de profesionales del campo de la salud

I. Un médico de mujeres cuenta su historia:
   "Confesiones de un ginecólogo"

En el siguiente artículo, un médico de mujeres describe algunas de las experiencias clave de su vida y cómo llegó a ejercer su profesión.

¡Fíjese! La gran mayoría de los nombres de las especializaciones médicas terminan con el sufijo **-ía**:

ginecología, **inmunología**, **pediatría**, etc.

Unos pocos terminan en **-ia** como **obstetricia** y **ortopedia**.

Los nombres de la mayoría de los especialistas llevan los sufijos **-ólogo/a**, o **-atra**:

Los dermatólogos practican la dermatología.

Los cardiólogos practican la cardiología.

Los psiquiatras practican la psiquiatría.

Algunos nombres de especialistas tienen dos posibilidades:

alergista o **alergólogo**

anestesista o **anestesiólogo**

ACTIVIDAD 5 ¿Qué quiere decir...?

Trabajen en parejas para contestar las siguientes preguntas, las cuales le facilitarán la lectura de "Confesiones de un ginecólogo".

1. Muchísimas palabras de los campos de la salud y de la medicina son cognados. Mientras uno/a de ustedes lee la lista de palabras de la columna B, la otra persona debe indicar a qué frase de la columna A se refiere.

   a. una enfermedad o condición   _____ patología
   b. un tratamiento   _____ sifilítico
   c. un enfermo o paciente   _____ sífilis
   d. una parte del cuerpo   _____ inyección
   f. una especialización médica   _____ músculos

2. En "Confesiones de un ginecólogo" también va a encontrar muchas palabras que describen condiciones o rasgos físicos o mentales. Mientras uno/a de ustedes lee las frases de la columna A, la otra persona debe señalar el sinónimo más apropiado de la columna B.

A

_____ un hombre *fornido*, seguro de sí mismo...

_____ un chico *debilucho*, el más bajo de su clase...

_____ por su incapacidad, andaba *torpemente*...

_____ por querer participar tanto, lo llamaban el asistente *anhelante*...

B

a. con dificultad
b. débil/no muy fuerte
c. deseoso
d. robusto

ACTIVIDAD 6 Antes de leer "Confesiones de un ginecólogo"

En grupos de tres o cuatro compañeros, discutan lo siguiente:
¿Conocen ustedes a alguien que haya tenido mucho éxito en su profesión o en otra actividad de su vida a pesar de su incapacidad o minusvalía (*handicap, disability*)? Cuente una breve historia de esa persona y cómo ha vencido (*conquered*) o se ha enfrentado con los obstáculos.

LA EVOLUCIÓN DE UN MÉDICO DE MUJERES
CONFESIONES DE UN GINECÓLOGO

I Los años tempranos

Yo nací defectuoso. Mis pies malformados y mi debilidad psíquica habrían sido un problema en cualquier situación, pero en una familia campesina era considerado como un desastre. Mi padre, un hombre fuerte que se ganó la vida gracias a sus potentes músculos, estaba resignado con la creencia de que yo nunca valdría para nada[1]. Sabía que nunca sería capaz de ir todo el día detrás de un arado[2], ni sería lo suficientemente ágil como para cortar madera.

Aunque había llegado sólo al octavo grado de la escuela, mi madre se daba cuenta de que la educación podía ser mi pasaporte para salir al mundo. Siempre me enseñaba cosas; me obligaba a aprender, premiándome con elogios[3] cuando sabía la lección o, más tarde, cuando llevaba buenas notas de la escuela.

Hasta que conocí al doctor Hall tenía sólo una vaga idea de cómo emplear los conocimientos que mi madre se empeñaba[4] en que tuviera.

El doctor Hall me impresionó tremendamente. Era un hombre fornido, seguro de sí mismo, aunque de trato muy amable. Parecía saberlo todo, usaba palabras en latín como si fueran términos cotidianos y me di cuenta de que mi familia, incluso mi padre, acataba[5] lo que decía. Todos creíamos que el doctor Hall me había salvado la vida con su habilidad y con los medicamentos que sacaba de un maletín negro.

El doctor Hall se convirtió en mi héroe y en mi modelo. Desde aquel momento determiné que sería médico, para salvar vidas, para que la gente me estimara.

A medida que iba avanzando en la escuela, leía todos los libros que encontraba sobre medicina, y cuánto más leía, más me convencía de que estaba destinado para esta profesión. En los grados superiores, encontré libros que hablaban de las aptitudes requeridas para diversas profesiones y me animó mucho saber que la medicina se basaba en el área científica, en la que yo era brillante. Cuando se acercó el final de mis estudios, era el chico más bajo de la clase, un chico debilucho que medía algo más de metro y medio y que andaba torpemente. Pero logré las mejores notas de la escuela. Estaba seguro de que tenía la capacidad suficiente para poder ingresar en la Facultad.

II De la universidad a la Facultad de Medicina

Algo milagroso empezó a suceder durante aquellos años agotadores[6]: estaba creciendo de forma tardía. Evidentemente, mi maduración se había retrasado un par de años, y crecí al menos unos treinta centímetros, pasando de ser un chico flaco y bajo a ser un chico flaco pero alto. Al mismo tiempo que crecía, mis alteraciones en los pies disminuyeron —o al menos, aprendí a superar la mayor parte de mi torpeza. No era un atleta, pero no volví a ser un disminuido[7] físico nunca más. Algunos años más tarde vi la posibilidad de someterme a una operación correctora, pero existía el riesgo[8] de quedar peor de lo que estaba, y por consiguiente[9] decidí seguir igual.

Quizá tenía algunos motivos para sentirme orgulloso al final de los tres años, cuando fui admitido en la Facultad de Medicina. Me había probado, para mi propia satisfacción, que podía competir con éxito con los mejores estudiantes, y el doctor Hall confiaba en mí lo suficiente como para continuar ayudándome.

Por primera vez en mi vida, parecía que el reloj no tenía horas suficientes para poder asimilar todos los conocimientos que me presentaban. El profesor de anatomía nos asignaba dos y tres capítulos de la *Anatomía de Gray* por clase. Sólo la lectura de estos capítulos tomaba varias horas, y no digo nada de lo que se empleaba en memorizarlas, tal como se nos exigía[10]. Un día típico empezaba con clases o con una larga sesión en el laboratorio de química, psicología o anatomía y continuaba después de la comida, hasta las cinco de la tarde. Luego iba a «casa», que era una modesta buhardilla[11] poblada de cucarachas, donde hacía una breve siesta antes de

---

[1]**nunca...** wouldn't amount to anything   [2]plow   [3]praise
[4]**se...** insisted   [5]**respetaba**

[6]exhausting   [7]handicapped   [8]risk   [9]**por...** therefore
[10]**se...** was required of us   [11]attic

comer rápidamente y volver a los libros a las siete. Algunas noches me había dormido a la una o a las dos de la madrugada con mis estudios incompletos aún.

De forma gradual, me acostumbré al ritmo de trabajo y logré permanecer en la Facultad, principalmente porque aprendí a aprovechar mejor el tiempo. Seguí estudiando más que nunca, pero ya no me sentía bajo la presión del pánico.

III La Facultad de Medicina

Mi desconformidad en los dos primeros años de estudios se debía a la falta de práctica clínica. Hasta este momento yo creía que diagnosticar era algo relativamente fácil, ya que, pensaba, si veía al paciente y conocía sus síntomas, podía ser capaz de hacer un juicio inmediato, algo así como resolver un problema matemático. Pero cuando empecé a ver casos reales el resultado fue desconcertante. Los síntomas no eran siempre claros, como mostraban los libros, y a veces parecían sugerir cuatro o cinco enfermedades distintas. Además parecía fácil encontrar algún indicio[12] que, en combinación con otras condiciones, pudiera ser el factor decisivo. Decidí que la medicina estaba muy lejos de ser una ciencia exacta. Sólo la práctica clínica —en grandes cantidades— podía desarrollar la percepción, el «sentido», que un buen médico debe poseer.

Estaba además el asunto de la destreza física. Un médico, al igual que un pianista o un artista cualquiera, debe desarrollar una buena coordinación, debe acostumbrarse a «pensar» con sus manos, oídos y ojos tanto como con su cabeza. Para un doctor ser torpe es una terrible desventaja. Creo que los estudiantes deberían estar más entrenados en los procedimientos de destreza[13] que han de poner en práctica cuando sean médicos.

Por esto, cuando me ofrecieron estar interno en una clínica para sifilíticos durante unas vacaciones, salté de alegría. La única desventaja era que no me pagaban ni un centavo de sueldo, ni tampoco el alojamiento[14] ni la manutención[15].

La clínica de sifilíticos estaba hecha a propósito[16] para mí. En aquel tiempo la sífilis era tratada con largas tandas[17] de arsfenamina, conocida popularmente como «606». El médico que supervisaba la clínica me dijo que me enseñaría durante una semana y, si probaba que podía aprender la rutina, me encargaría de administrar todas las inyecciones. Esto podría ser un buen asunto para él, ya que lo liberaría de realizar esta pesada tarea repetitiva. Al finalizar la semana de prueba, dijo que lo hacía bien y que los pacientes eran míos para que pudiera practicar.

Aquel verano sin sueldo fue una de las mejores inversiones que he hecho, que me ha servido durante toda mi carrera médica. Aprendí todo lo que luego me enseñaron sobre la sífilis y sus diversas manifestaciones. Muchos médicos a lo largo de su carrera no habrán visto, probablemente, tantos casos como yo vi en aquel verano. Era todavía una enfermedad terrible y el tratamiento era largo y pesado, pero adquirí simpatía y tolerancia para la víctima de la sífilis, sin dar importancia a cómo la hubiera adquirido.

En nuestro último año empezamos a ejercer[18] medicina. Es decir, se nos asignaron algunos pacientes, principalmente aquellos que ya habían sido visitados regularmente por un médico. El estudiante se sentaba junto al paciente, le hacía el historial médico, le hacía las preguntas que creía pertinentes y realizaba la exploración necesaria. De toda esta información se suponía que podíamos dilucidar[19] un diagnóstico, y si el problema no estaba claro, la petición de los exámenes de laboratorio apropiados.

Estas prácticas eran seguras para los pacientes, ya que los diagnósticos eran revisados por su médico y no hacíamos ninguna prescripción[20] sin consultárselo. Pero para mí fue el período de más falta de confianza en mí mismo, como sospecho que les pasó a los otros. No es que tuviera vergüenza; después de todo, había tratado con cientos de pacientes en la clínica de sifilíticos. Pero ahora que afrontaba a pacientes con toda su variedad de enfermedades, me daba cuenta: (a) de lo vital que era que el médico no se equivocara[21], (b) de lo fácil que era que se equivocara.

IV Del internado a la ginecología

Después de la época agotadora en la Facultad de Medicina, el internado fue un juego, y también uno de los períodos más instructivos de mi vida.

Como el sistema de internado era rotatorio, pasé seis meses en cada servicio: medicina de hombres, de mujeres, pediatría, obstetricia, cirugía y patología. Aunque me gustaban por igual la medicina y la cirugía, intenté pasar el máximo tiempo posible en obstetricia. Siempre que un interno de este servicio se ausentaba por un par de días, yo ocupaba su plaza.

Cuando estaba completando mi internado y me encontraba dispuesto a convertirme en un médico rural, una visita a mi casa hizo que esta idea se fuera de mi mente. No había nada que me impidiera establecerme allí, pero había pocos pacientes.

Me convertiría en un médico de ciudad y trabajaría para especializarme en mi mayor habilidad, obstetricia y ginecología. Mi viejo sueño de convertirme en otro Viejo Médico, en héroe de mi comunidad, no tardó en desvanecerse[22] por completo. ¡Pero cuánto me había costado llegar a donde estaba!

---

[12]sign   [13]**procedimientos...** skilled procedures   [14]lodging
[15]support   [16]**a...** just   [17]courses

[18]**practicar**   [19]**explicar**   [20]medical order   [21]**se...** be wrong
[22]**desaparecer**

ACTIVIDAD 7 Comprensión de lectura: ¡Cuéntamelo todo!

Para comprobar su comprensión de la lectura, anote en su cuaderno la información que aprendió sobre al narrador y su vida. Para cada categoría, escriba por lo menos dos oraciones e incluya detalles concretos.

1. Los rasgos físicos del narrador y su actitud ante éstos
2. La niñez del narrador
3. Los mentores del narrador (las personas más importantes de su vida)
4. Los primeros años del narrador como estudiante de la Facultad de Medicina
5. Sus experiencias en la clínica de sifilíticos
6. Su año final como estudiante de medicina
7. Sus experiencias como interno de hospital
8. Sus decisiones profesionales después de graduarse

En clase, trabajen en parejas para contar la biografía del doctor.

ACTIVIDAD 8 A explorar: Los médicos ideales

Trabajen en grupos de tres o cuatro personas.

1. Contesten las tres preguntas que siguen. Las respuestas se encuentran en la sección III de la lectura, donde el doctor comparte varias perspectivas sobre su entrenamiento.
   a. ¿A qué se debía su "desconformidad en los dos primeros años de estudio"?
   b. ¿Qué opina el doctor de la importancia de la destreza física?
   c. En su cuarto año, al tener que diagnosticar y tratar a pacientes con toda variedad de enfermedades, ¿de qué se dio cuenta?
2. De las respuestas dadas en la pregunta número 1, identifiquen ustedes algunas de las aptitudes o habilidades que, según el autor, deben poseer los médicos. ¿Están ustedes de acuerdo con él?
3. Piensen ustedes en su propia definición del médico ideal. En su opinión, ¿hay aptitudes o habilidades que deben poseer todos los médicos? ¿Hay rasgos imprescindibles para ciertos especialistas? Hagan una lista de ocho a diez aptitudes o habilidades que definen a su médico ideal. Ordenen los puntos de su lista según su importancia.

EN RESUMEN: Toda la clase
Compartan con la clase la definición del médico ideal del grupo.

II. El campo laboral para los enfermeros es muy amplio: "Enfermería: Diagnóstico de la carrera"

El siguiente artículo de *El Tiempo* de Bogotá describe el campo de la enfermería y la vida de los profesionales que ejercen dicha carrera.

¡Fíjese! Los cognados "aproximados" nos pueden recordar palabras que ya conocemos en nuestro idioma nativo, pero que no son equivalentes exactos. Siguen a continuación dos ejemplos del primer párrafo de la lectura:

• "El *turno* de Liliana Téllez como enfermera de la Fundación Santa Fe empieza a las 7 de la mañana".

Turno sugiere *turn* en inglés, y por extensión, se podría traducir mejor como *shift*.

• "...acompañada de un médico, pasa *revisión* a cada uno de ellos [los pacientes] para saber qué medicamentos y cuidados (*treatments*) necesitan".

Revisión sugiere *revision* en inglés, y por extensión, se podría traducir mejor como *examination*.

Cuando lea, fíjese tanto en los cognados aproximados como en los cognados exactos para facilitar la comprensión del texto.

ACTIVIDAD 9 ¿Qué quiere decir...?

Trabaje solo/a o en parejas para emparejar (*match*) las palabras de la columna A escritas en bastardilla con sus definiciones en la columna B.

A

_____ 1. La relación debería ser cuatro enfermeras por médico, cifra *inalcanzable*.

_____ 2. Son muchos los factores que determinan la *escasa* motivación para elegir la carrera.

_____ / _____ 3. Otros *ámbitos* profesionales pueden parecer más atractivos y *acordes* con la vida familiar.

_____ 4. Ocasionalmente trabaja los sábados cuando la llaman de urgencia por el *celular*.

_____ 5. La empresa le ayuda a pagar el *cargo* fijo de este aparato.

_____ 6. Colabora en la parte *asistencial*.

_____ / _____ 7. Su trabajo diario consiste en *constatar* que los *marcapasos* implantados por los médicos se hayan hecho en forma correcta.

_____ 8. En las horas *impares* está pendiente de que las cuatro enfermeras que tiene a su cargo les suministren la droga a los pacientes.

_____ 9. Tiene autoridad para conocer procesos disciplinarios, investigar y *sancionar*.

B

a. uno, tres, cinco, siete, etcétera

b. de atender a los pacientes

c. precio

d. verificar

e. poca

f. castigar

g. aparato eléctrico que provoca la contracción del corazón

h. compatibles

j. teléfono portátil

k. imposible de lograr

l. lugares, ambientes

ACTIVIDAD 10 Antes de leer "Enfermería: Diagnóstico de la carrera"

Según Ud., ¿qué connotan las palabras "enfermero" y "enfermera"? Apunte usted por lo menos cinco palabras o expresiones. Luego, vea si sus ideas se encuentran en "Enfermería: Diagnóstico de la carrera".

¿Qué estudiar?

ENFERMERÍA: DIAGNÓSTICO DE LA CARRERA

Mientras en Colombia hay un déficit de 24 mil profesionales de la enfermería, los bachilleres no quieren estudiar esta carrera por su baja remuneración y la falta de reconocimiento social. El campo laboral es amplio y hay planes para mejorar sus condiciones.

El turno de Liliana Téllez como enfermera de la Fundación Santa Fe empieza a las 7 de la mañana. A esa hora recibe las historias de los pacientes de su piso y, acompañada de un médico, pasa revisión a cada uno de ellos para saber qué medicamentos y cuidados necesitan. Esta labor la realiza hasta las cuatro de la tarde.

Se graduó de la Fundación Universidad Ciencias de la Salud en 1995 y está haciendo su año rural en la Santa Fe*. De lunes a viernes ésa es su rutina, los fines de semana cambia porque el turno es hasta las siete de la noche. Solo una vez al mes tiene el fin de semana libre.

Marcela Correal Pachón entra a la misma hora que Liliana Téllez. Es la jefe de enfermeras de la Unidad de Cuidados Intensivos de la Fundación Santa Fe. Durante una hora recibe detalladamente a cada uno de los siete pacientes de Cuidados Intensivos.

En las horas impares está pendiente de que las cuatro enfermeras que tiene a su cargo les suministren la droga a los pacientes, y en el resto del turno acompaña a los médicos a pasar revista a los enfermos y, si es el caso, les hace curación, les coloca un catéter o los baña....

Ellas se desempeñan[1] en el área asistencial de esta carrera, mientras que otras enfermeras lo hacen en diferentes áreas. Es el caso de Lorena Rojas, egresada de la Pontificia Universidad Javeriana en 1994. Su trabajo, de 7 a.m. a 5 p.m., consiste en constatar que los marcapasos implantados por los médicos se hayan hecho en forma correcta.

Rojas labora de lunes a viernes en una empresa de ventas de equipos cardiovasculares. Ocasionalmente trabaja los sábados cuando la llaman de urgencia por el celular. La empresa le ayuda a pagar el cargo fijo de este aparato y le da un auxilio de 100 mil pesos para los arreglos de su vehículo (estos dos elementos son indispensables para el desempeño de su cargo).

Necesita fortalezas en... Ciencias biológicas (física, química y biología) y humanidades.

Estas tres profesionales están felices de ser enfermeras.

Faltan más profesionales

La carrera de enfermería tiene un déficit de 24 mil profesionales, porque los bachilleres no la quieren estudiar....

Al respecto, Elsa Durán, jefe del Departamento de Enfermería de la Fundación Santa Fe, dice: "son muchos los factores que determinan la escasa motivación para elegir la carrera de enfermería o para continuar ejerciendo la profesión.

"Algunos de éstos se refieren a la falta de reconocimiento social y económico, las pocas posibilidades de promoción, la exigencia[2] de trabajo en horas nocturnas y fines de semana, el hecho de que la profesión sea prioritariamente femenina (...) Estos y muchos factores son también motivo de abandono de la profesión o de cambio hacia otros ámbitos profesionales, que pueden parecer más atractivos y acordes con la vida familiar"....

No me arrepiento de haber estudiado, pero a veces creo que está echada a menos.[3]

La presidenta de ANEC[4] dice que el campo es muy amplio, "el inconveniente son los bajos incentivos económicos y la falta de reconocimiento social. Con la expedición de la Ley 266 de 1996, que reglamenta la profesión, se busca solucionar estos problemas".

Precisamente, con esta ley se crean instancias de ayuda a estos profesionales como el Comité Técnico Nacional, organismo consultor del Gobierno, y el Tribunal de Ética de Enfermería, que tiene autoridad para conocer procesos disciplinarios, investigar y sancionar....

Con esto se pretende[5] fortalecer la carrera. Se realizarán, de hecho, programas de presentación en los colegios de básica secundaria para mostrarles a los jóvenes que la carrera de enfermería es una buena opción. Y estimular la vocación en los hombres, escasos en esta carrera.

El médico Antonio Gómez Rodríguez, director médico de la Fundación Santa Fe, propone "redefinir el escalafón[6] de enfermería, que se iniciaría en el nivel de auxiliar[7] con dos años de estudio; estimular la formación de tecnólogos en tres años, y continuar la de enfermeros generales en cuatro y la de especialistas en cinco o seis años....

La profesión tendría el atractivo de permitir una rápida generación de ingresos[8] y amplias posibilidades de progresar, desde el nivel de auxiliar hasta el de enfermero profesional especialista".

---

[1]**se... trabajan**

*Muchos de los estudiantes que siguen carrera en el campo de la salud pasan prácticas fuera de la ciudad durante un año rural.

[2]need to   [3]undervalued   [4]**la Asociación Nacional de Enfermeras de Colombia**   [5]**intenta**   [6]salary scale   [7]assistant   [8]income

La opinión de los egresados

Mary Amaya Farias
Egresada de la Pontificia
Universidad Javeriana en 1995.

Después de hacer su año rural en el Hospital Militar, ingresó como enfermera jefe de Consulta Externa al Hospital de San Ignacio. Hizo un posgrado en Gerencia Hospitalaria y actualmente se desempeña como directora de salas de cirugía.

Ingresó a la carrera porque le interesó el campo asistencial, pero poco antes de terminar se dejó tentar por el área administrativa. "No es muy usual que una enfermera estudie gerencia hospitalaria, habitualmente lo hacen administradores o médicos, pero a mí me ha ido muy bien y creo que esto radica en[9] que gracias a mi carrera puedo incluir en el trabajo el lado humano, esto es en lo referente al trato con el paciente y con el personal", dice.

Sin embargo, no se ha desligado[10] totalmente del aspecto asistencial y cada vez que es necesario supervisar la atención que se hace a los pacientes o corrige a las auxiliares.

Recomienda estudiar enfermería porque la considera una carrera muy polifacética y cree que lo primordial es "ver al paciente no solo como un ser enfermo, sino como una persona integral. Hay que interactuar con todo su universo", asegura.

Daniel Eslava
Egresado en 1987 de la Universidad
Javeriana.

Actualmente se desempeña como profesor e investigador de la Facultad de Enfermería de la Universidad Javeriana.

Asegura que ingresó a la carrera de enfermería por accidente, ya que inicialmente se presentó a medicina[11] y aprobó, pero por inconvenientes a la hora de la matrícula debió dejarla. Sin embargo, su interés ha sido siempre el campo de la salud; por eso entró a estudiar enfermería y no se arrepiente, es más, piensa que le ha ido mucho mejor que si hubiera podido estudiar medicina.

"De la enfermería me gusta que siempre hay una estrecha[12] relación con la persona que se encuentra enferma, eso es de verdad un servicio social. Además, ese anhelo[13] de servicio se ve no sólo en el ejercicio de la profesión, sino en todas las actitudes cotidianas, en el civismo, por ejemplo", afirma.

Como se puede dar cuenta cualquier persona que haya estado en un hospital, sólo un mínimo porcentaje de quienes estudian esta carrera son hombres, "existe una creencia totalmente falsa de que los hombres que estudian enfermería son homosexuales, lo que pasa es que simplemente no es habitual. A mí me fue bien estudiando entre tantas mujeres, me consentían mucho", dice.

"Creo que la enfermería es una excelente carrera tanto para hombres como mujeres. El país necesita mucho de profesionales en enfermería con plena conciencia social", asegura.

---

[9]**radica...** is due to   [10]**separado**

[11]problems at the time of registration   [12]close   [13]**deseo**

ACTIVIDAD 11 Comprensión de lectura: Diagnóstico de la enfermería

Conteste las siguientes preguntas. En clase, en grupos de tres o cuatro compañeros, discutan sus respuestas.

1. ¿Cómo está descrito el profesional de enfermería ideal? ¿Qué rasgos y preparación académica son deseables?

2. ¿Qué se dice de la oferta y demanda de candidatos en esta profesión en Colombia?

3. ¿A qué factores se atribuye esta situación? ¿Saben ustedes si es parecida a la situación de la enfermería en los Estados Unidos? ¿Hay escasez o abundancia de profesionales de enfermería?

4. ¿Qué dicen los dos egresados sobre su profesión? En su cuaderno, complete la siguiente tabla para comparar semejanzas y diferencias.

	Mary Amaya Farias	**Daniel Eslava**
1. su puesto actual		
2. por qué escogió la enfermería		
3. las ventajas que señala		
4. las desventajas que indica		
5. sus recomendaciones		

ACTIVIDAD 12 A explorar: ¡Paciencia con los pacientes!

1. Trabajen en parejas para dramatizar una de las siguientes situaciones. Una persona es enfermero/a; la otra será el/la paciente.

• Un niño hospitalizado no quiere tomar sus medicamentos.

• Una mujer tiene un gran miedo de las inyecciones.

• Un hombre que debe quedarse en la cama insiste en levantarse.

• Una mujer quejumbrosa (*complaining*) llama al/a la enfermero/a cada cinco minutos.

• Un paciente que no ha dormido bien le pide calmantes.

2. Evaluación de los enfermeros. Los estudiantes que ven las escenas deben servir de supervisores o evaluadores de los enfermeros. ¿Quiénes atienden con tacto (*have a good bedside manner*) a sus pacientes? ¿Quiénes necesitan mejorar su conducta profesional? ¿Quiénes deben cambiar de carrera? Los evaluadores deben ofrecerles algunas recomendaciones a los enfermeros. **¡Ojo!** No se olviden de emplear el subjuntivo si comienzan así sus recomendaciones: Le recomiendo que... (+ presente de subjuntivo), Le sugiero que... (+ presente de subjuntivo), Sería deseable que... (+ imperfecto de subjuntivo), Le diría que... (+ imperfecto de subjuntivo).

GENTE Y AMBIENTE

Perfil breve

III. Los químicos y biólogos realizan un trabajo importante: "El laboratorio de la policía también combate el crimen"

Hay personas que trabajan de detectives en el campo de la salud. Su trabajo ayuda a luchar contra el crimen.

¡Fíjese! Las siglas o acrónimos son abreviaturas compuestas de las letras iniciales de las palabras que forman una denominación. Reconocerá muy fácilmente algunas siglas y otras las tendrá que descifrar por el contexto en que aparecen. En la siguiente lectura, fíjese, por ejemplo, en las siglas ADN, FBI y CODIS.

ACTIVIDAD 13 ¿Qué quiere decir...?

Trabaje solo/a o en parejas para enfocarse en algún vocabulario de la siguiente lectura.

Primero, lea la columna A con la lista de palabras comunes.

Segundo, empareéjelas con palabras relacionadas de la columna B.

Tercero, en la columna C, apunte una o dos palabras más que se asocien con las palabras emparejadas.

A	B	C
1. la cárcel, la prisión	_____ ciencias forenses	_____
		_____
2. los dedos	_____ cuartel general	_____
3. la comisaría de policía	_____ huellas digitales	_____
		_____
4. código genético	_____ tras las rejas	_____
	(behind bars)	_____
5. la medicina y el derecho	_____ ADN	_____

ACTIVIDAD 14 Antes de leer "El laboratorio de la policía también combate el crimen"

El título del artículo indica en términos generales la actividad de un laboratorio de criminología. Antes de conocer los detalles específicos, apunte:

1. una actividad que se hace en un laboratorio de criminología
2. un tipo de evidencia que se analiza

Al leer, vea si lo que ha apuntado se menciona en el artículo. ¿Cuáles son las otras actividades descritas?

En el laboratorio se analiza la evidencia que conduce a la verdad

El laboratorio de la policía también combate el crimen

Luchan contra el crimen, pero no patrullan por la calle. No visten uniformes y sus armas son otras. En cambio, visten batas[1] blancas, usan guantes plásticos y pasan largas horas detrás de un microscopio.

Para los miembros del Laboratorio de Criminología de la Policía de Miami-Dade, su trabajo en la lucha contra la delincuencia es tan importante como la de cualquier agente uniformado.

Su misión policial es también solucionar el crimen y lograr que el sospechoso sea puesto tras las rejas, según el comandante James Carr, quien dirige el Laboratorio de Criminología de la Policía de Miami-Dade.

El laboratorio, que ocupa un espacio de 35,000 pies cuadrados, está localizado en el tercer piso del cuartel general de la policía de Miami-Dade, 9105 NW 25 St., en Miami. Allí, en un ambiente extremadamente limpio, estéril y silencioso, un equipo de 55 personas, todos con estudios avanzados en ciencias forenses, química y biología, realizan el arduo trabajo de "encontrar la verdad" en la evidencia.

La Sección de Biología Forense, que dirige Willard "Bud" Stuver, trabaja con el tipo de evidencia, cuyos residuos a veces no son visibles a simple vista: sangre, semen y sobre todo, el microscópico ADN.

"Con la tecnología que tenemos ahora podemos tomar el ADN hasta de una taza de donde haya bebido el sospechoso", explicó Stuver.

Resaltó que la tecnología necesaria para estudiar la ingeniería genética cambia constantemente, por lo que el laboratorio está actualizándose[2] siempre y los expertos que trabajan ahí también tienen que mantenerse tomando cursos y asistiendo a conferencias especializadas en la rama[3].

"Hace unos años para obtener el perfil genético de una persona tardábamos entre 12 y 16 semanas analizando su ADN, y los resultados no eran tan confiables[4] como ahora", indicó Stuver. "Pero con la tecnología que tenemos ahora, podemos obtener un perfil genético en menos de una semana y con más exactitud que antes".

La importancia de este tipo de pruebas es que al igual que las huellas digitales, el ADN de cada individuo es único, con la excepción de gemelos[5] idénticos que al tener el mismo código genético comparten el mismo ADN.

Por esta razón el FBI ya ha desarrollado una base de datos, llamada CODIS, por sus siglas en inglés, que almacena[6] la información genética de criminales convictos en todo el estado.

"Cuando analizamos el ADN del semen de una víctima de violación[7] podemos determinar, gracias a este programa, si el atacante es un violador que ya sirvió su sentencia y está nuevamente en libertad", dijo Carr. "También podemos determinar si una misma persona estuvo involucrada[8] en otros delitos[9]".

Fernando Almanzar, *El Nuevo Herald*

---

[1]lab coats

[2]keeping up-to-date   [3]**campo**   [4]trustworthy   [5]twins   [6]stores   [7]rape
[8]**implicado**   [9]**crímenes**

ACTIVIDAD 15 Comprensión de lectura: Un análisis del laboratorio y sus funciones

Trabaje solo/a o en parejas para describir el Laboratorio de Criminología de la Policía de Miami-Dade. Dé detalles para cada categoría.

1. El espacio físico del laboratorio
2. El equipo y la ropa de los científicos
3. El trabajo de los científicos
4. Los tipos de evidencia analizados
5. La importancia de los análisis de los científicos

ACTIVIDAD 16 A explorar: Otras investigaciones médico-científicas

Por supuesto que además de analizar la evidencia en los casos criminales, las investigaciones médico-científicas tienen otras muchas metas. Trabajen en grupos de tres o cuatro personas para discutir las siguientes preguntas.

1. ¿Qué causas o investigaciones médicas han apoyado Uds.? ¿Cómo han participado? ¿Han contribuido con dinero o tiempo?

2. Si tuvieran la oportunidad de promover los adelantos en el campo de la salud y la medicina durante este semestre o trimestre, ¿qué investigación o asociación querrían apoyar? En su grupo, lleguen a un acuerdo para elegir una causa médica preferida.
   a. Apunten dos razones por su decisión que compartirán con los otros grupos de la clase.
   b. Apunten tres recomendaciones concretas para describir su participación e invitar la participación de los otros.

El campo y ustedes

¿Qué les parece a ustedes el campo de la salud y de la medicina? En grupos de tres o cuatro compañeros, discutan las siguientes preguntas.

1. ¿Se pueden imaginar como profesionales del campo de la salud o de la medicina? ¿Por que sí o por qué no? ¿Qué les atrae de este campo? ¿Qué no les atrae?

2. Mucha gente se queja del enorme poder que tienen las "HMO" en los Estados Unidos. ¿Qué opinan ustedes de la función de estas instituciones? ¿Deben los Estados Unidos tener un mejor programa nacional de seguridad o asistencia médica? Ofrezcan una o dos sugerencias concretas.

3. Se dice que en los Estados Unidos el asegurar la salud se ha convertido en un gran negocio. ¿Qué opinan ustedes de los anuncios de medicamentos, de seguros (*insurance*) médicos o de otros productos que tienen que ver con la salud? Defiendan su punto de vista con uno o dos ejemplos específicos.

4. ¿Qué les parece el uso de los medicamentos experimentales para tratar a enfermos? ¿Apoyan su uso? Expliquen.

5. ¿En qué circunstancias podría ser especialmente útil el conocimiento del español para trabajar en el campo de la salud y la medicina? Mencionen unos ejemplos.

Manos a la obra

En la sala de urgencias

1. Trabajen en grupos de tres personas para dramatizar una de las siguientes situaciones.

   • Un joven se ha caído de su bicicleta y se ha roto una pierna.

   • Un cocinero de Telepollo se ha quemado.

   • Una mujer llega con dolores fuertes de estómago.

2. La acción tiene lugar en la sala de urgencias de un hospital adonde van muchos hispanohablantes.
   Los tres papeles son:

   • el de un médico que no habla español: hace preguntas (en inglés) para diagnosticar el problema, y después de obtener alguna información (con la ayuda del/de la traductor/a), quiere explicarle al paciente el tratamiento que va a suministrar y otras instrucciones apropiadas.

   • el de un/a paciente hispanohablante que no habla inglés: le cuenta al/a la traductor/a sus síntomas o lo que le ha pasado.

   • el de un/a traductor/a que facilita la comunicación entre médico y paciente.

EN RESUMEN: Toda la clase
Presenten su escena en clase.

ꙮ *Perspectivas literarias del campo*

IV. Don Agustín se queja de sus dolores: "Estornudo", Mario Benedetti (Uruguay)

En este breve cuento del conocido autor uruguayo Mario Benedetti se verán las consecuencias que sufre un hipocondríaco:

¡Fíjese! El nombre de muchas enfermedades son cognados en español, en inglés y en otros muchos idiomas. No se espera que usted conozca en detalle la definición o los síntomas de todas las enfermedades que se mencionan en "Estornudo", pero para facilitar la comprensión de la lectura, siguen a continuación algunos términos con su descripción general correspondiente:

• **la aerofagia:** el trago (*swallowing*) involuntario de aire

• **la hemiplejía:** la parálisis

• **la triquinosis:** enfermedad de parásitos de los intestinos

• **la difteria:** enfermedad de las membranas mucosas

• **síndrome de inmunodeficiencia adquirida (SIDA):** AIDS

ACTIVIDAD 17 ¿Qué quiere decir...?

Trabaje solo/a o en parejas. La lectura relata algunos de los síntomas y acciones de un hombre que se llama Agustín. Primero escoja entre **a** y **b** para completar la oración lógicamente. Después conteste las preguntas con referencia a su propia experiencia personal.

1. Cuando se habla *lisa y llanamente*, quiere decir que...
   a. se habla de una manera sencilla y se usa un lenguaje claro.
   b. se habla de una manera complicada y difícil de comprender.

¿Habla su médico lisa y llanamente cuando le explica algo sobre su salud?

2. Cuando a uno/a se le sale *un regüeldo* después de comer, uno/a...
   a. manifiesta enojo con gritos y golpes.
   b. saca uno el gas del cuerpo mediante un eructo (*belch*).

¿En qué circunstancias se le saldría a uno/a un regüeldo?

3. Cuando se siente *una punzada* o *un ramalazo* en el corazón, ...
   a. se puede quedar uno/a tranquilo/a.
   b. debe uno/a pensar en la posibilidad de un infarto.

¿Ha sentido recientemente una punzada intensa?

4. Cuando se estornuda *estentóreamente*, ...
   a. se produce un gran ruido.
   b. se deben cerrar las ventanas.

Por lo común, ¿cómo y cuándo estornuda usted?

ACTIVIDAD 18 Antes de leer "Estornudo"

Antes de leer la selección, discuta lo siguiente con otra persona.
¿Quién es la persona más hipocondríaca que conoce? Describa brevemente su comportamiento. Si recuerda una anécdota o una experiencia a modo de ejemplo, compártala con su compañero/a.

Estornudo

Cuando Agustín sintió un fuerte dolor en el pecho, anunció de inmediato a sus familiares: «Esto es un infarto.» Sin embargo, el médico diagnosticó aerofagia. El dolor se aplacó con una cocacola y el regüeldo correspondiente.

Fue en esa ocasión que Agustín advirtió por vez primera que la forma más eficaz de exorcizar las dolencias graves era, lisa y llanamente, nombrarlas. Sólo así, agitando su nombre como la cruz ante el demonio, se conseguía que las enfermedades huyeran despavoridas°.   huyeran... flee in fear

Un año después, Agustín tuvo una intensa punzada en el riñón izquierdo, y, ni corto ni perezoso, se autodiagnosticó: «Cáncer.» Pero era apenas° un cálculo°, sonoramente° expulsado días más tarde, tras varias infusiones de *quebra pedra*°.   scarcely / kidney stone / soundly / herb tea

Pasados ocho meses el ramalazo fue en el vientre, y, como era previsible, Agustín no vaciló en augurarse°: «Oclusión intestinal.» Era tan sólo una indigestión, provocada por una consistente y gravosa° paella.   foresee / **consistente...** of thick and heavy consistency

Y así fue ocurriendo, en sucesivas ocasiones, con presuntos síntomas de hemiplejía, triquinosis, peritonitis, difteria, síndrome de inmunodeficiencia adquirida, meningitis, etcétera. En todos los casos, el mero hecho de nombrar la anunciada dolencia tuvo el buscado efecto de exorcismo.

No obstante, una noche invernal en que Agustín celebraba con sus amigos en un restaurante céntrico sus bodas de plata° con la Enseñanza° (olvidé consignar° que era un destacado profesor de historia), alguien abrió inadvertidamente una ventana, se produjo una fuerte corriente de aire y Agustín estornudó compulsiva y estentóreamente. Su rostro pareció congestionarse, quiso echar mano a° su pañuelo e intentó decir algo, pero de pronto su cabeza se inclinó hacia adelante. Para el estupor de todos los presentes, allí quedó Agustín, muerto de toda mortandad°. Y ello porque no tuvo tiempo de nombrar, exorcizándolo, su estornudo terminal.

bodas... 25th wedding anniversary / **con... sus colegas** / to state

echar... reach for

muerto... stone dead

ACTIVIDAD 19 Comprensión de lectura: ¿Qué le pasó a Agustín?

Trabaje solo/a o en parejas para comprobar la comprensión de la lectura. Siga las sugerencias para volver a contar la historia de Agustín.

1. Agustín sintió una serie de fuertes dolores.
   a. ¿Qué dolores sintió?
   b. ¿Cuándo sufrió las punzadas?
   c. ¿Qué aprendió a hacer para exorcizar los dolores?

2. Una noche Agustín fue a un restaurante.
   a. ¿Por qué fue al restaurante?
   b. ¿Por qué estornudó en el restaurante?
   c. ¿Qué provocó el estornudo?

ACTIVIDAD 20 A explorar: Un "diagnóstico" del cuento

Ahora que ha contado la historia de Agustín, ¿podría señalar un refrán que resuma el tema o el mensaje del cuento? Escoja una de las siguientes posibilidades y escriba un párrafo para explicar su significado, y cómo se puede aplicar al cuento "Estornudo". ¡Ojo! Hay más de una posibilidad en la lista.

1. "Enférmate y verás quién te quiere bien y quién te quiere mal".
2. "Más vale sudar (sweat) que estornudar".
3. "Más vale prevenir que curar".
4. "Quien canta sus males espanta (los hace desaparecer)".
5. "Más antes que después".
6. "Más vale un hecho que mil dichos".
7. "Más vale no hacer que arrepentirse".
8. "Medicina que pica, cura".

Proyecto independiente

Paso 5: ¿Qué tal fue la entrevista?

■ Para escribir...

Escriba un resumen de lo que aprendió durante la entrevista.

El siguiente bosquejo le ofrece un modelo para hacer su resumen:

Nombre de la persona entrevistada:

País de origen:

Fecha de la entrevista:

Duración de la entrevista:

Las preguntas que preparé (hice):

Resumen (1–2 páginas)
¡Ojo al uso de los tiempos verbales del pasado! (Aprendí..., Hablamos de..., El/la entrevistado/a dijo que...)

■ Para presentar oralmente...

Cuénteles a sus compañeros de clase los detalles de su entrevista.

Capítulo 6

El derecho y el orden público

El derecho y el orden público...
Para aplicar las leyes y
administrar la justicia

Trabajar en el campo del derecho significa preocuparse por la conducta de los miembros de la sociedad. Los profesionales se distinguen en una variedad de especializaciones y sectores. Hay abogados, juristas, detectives, investigadores, policías y otros oficiales públicos que prestan apoyo al orden en las ramas (*branches*) del derecho civil, mercantil, laboral, familiar y penal, por ejemplo. Trabajan en los sectores privados y públicos, en el gobierno y en las empresas, con individuos y con grupos pequeños y grandes.

Gente y ambiente

En esta sección...

Perfiles de los abogados y de un juez
I. El abogado argentino Mario Martínez Crespo reflexiona sobre su profesión: "Nosotros los abogados"
II. El juez español Baltasar Garzón desafía a los poderosos: "Un idealista de mano dura"

Perfil breve
III. Sonia Sotomayor tiene un amor "desde siempre" por la ley: "Jueza supo su vocación de abogada a los 9 años"

Perspectivas literarias del campo

En esta sección...
IV. Una servidora pública sufre un dilema moral: "El Patricio", Virginia Zúñiga Tristán (Costa Rica)

HOLLAND & HART LLP
ATTORNEYS AT LAW

Durante los años recién pasados, Holland & Hart se ha establecido como un líder en la práctica de leyes comerciales en América Latina. Nuestro grupo de práctica internacional (International Practice Group) está compuesto de abogados que han residido y practicado la carrera de leyes en América Latina y que son bilingües en español y portugués. Este grupo no sólo se ha familiarizado con las leyes corporativas, tributarias y comerciales, sino también con el ambiente cultural y de negocios de los países latinoamericanos.

AMÉRICA LATINA

Los abogados de Holland & Hart han participado en una amplia gama de transacciones de privatización, financiamiento, adquisiciones y fusiones en la gran mayoría de los países latinoamericanos, incluidos

Argentina
Belice
Bolivia
Brasil
Chile
Colombia
Costa Rica
Ecuador
El Salvador
Guatemala
Honduras
Jamaica
México
Panamá
Paraguay
Perú
República Dominicana
Uruguay
Venezuela

COLORADO   IDAHO   MONTANA   UTAH   WYOMING

- ¿Qué aspectos del anuncio le llaman más la atención?
- ¿Qué información contiene el anuncio para explicar la especialidad del grupo?
- ¿Por qué necesitaría uno consultar con ellos?
- ¿Le parece importante la mención de los estados de Colorado, Idaho, Montana, Utah y Wyoming? Explique.

Orientación breve

ACTIVIDAD 1 De abogados, jueces, detectives, policías y otros profesionales del orden público...

¿Cuántos de Uds. conocen a personas que trabajan en el sistema jurídico o en el sector público? ¿Dónde trabajan? ¿Qué hacen? Para discutir estas preguntas, formen grupos de dos o tres en torno a (*around*) uno de estos compañeros de clase.

1. ¿Qué abogados, jueces, detectives, policías u otros profesionales del sector público conocen ustedes de las películas o de la tele? Escojan uno o dos ejemplos y comenten cómo están representados estos personajes y su ambiente de trabajo.

2. ¿Les parece que las circunstancias creadas para estos personajes son muy diferentes de las de los profesionales que conocen Uds. personalmente? Expliquen.

Palabras del oficio

Los participantes en el sistema legal

el/la abogado/a (defensor/a)   (defense) attorney, counsel
el/la demandado/a, el/la acusado/a   defendant
el/la demandante   plaintiff
el/la fiscal   prosecuting attorney
el/la juez/a, el/la magistrado/a   judge
el jurado   jury
el ladrón / la ladrona   thief
las partes   the parties
el/la perturbador/a   violator

el/la policía   police officer
la policía   police, police force
el/la preso/a   prisoner, detainee
el/la reo/a   criminal, offender
el/la sospechoso/a   suspect
el/la testigo*   witness
la víctima**   victim

*Note that **testigo** does not change, but the article changes to indicate gender.
La víctima applies to males and females.

Los casos jurídicos y las actividades de la gente

acontecer, suceder, ocurrir   to happen
alegar   to allege
amenazar   to threaten
apelar   to appeal
arrestar, prender   to arrest
arriesgar   to risk
condenar, sentenciar   to sentence
convenir (en)   to agree
cumplir (con la ley)   to comply (with the law)

declarar culpable (inocente)   to find guilty (innocent)
denunciar   to report (a crime)
detener, atrapar   to arrest
dictar (una sentencia)   to render, to pronounce (a sentence)
juzgar   to judge, to try
otorgar   to grant, to concede
violar   to break the law

Los procesos legales y la administración de justicia

la abogacía   legal profession
el acuerdo   agreement
el auto de procesamiento   indictment
la cárcel, la prisión   jail
el cargo, la acusación   charge
el castigo, la pena   punishment, penalty
el fallo, el veredicto   verdict

la fianza   bail
el juicio, el proceso   trial, prosecution
la libertad condicional, vigilada   probation
el pleito, la demanda, el litigio, la causa   lawsuit
la prueba   proof
los términos, las condiciones   terms
el tribunal, la corte de justicia   court

El crimen y los delitos

el crimen crime (in general), murder
el delito crime, offense (other than murder)
los delitos mayores felonies
  el asalto assault
  el asesinato, el crimen, el homicidio murder
  el atraco hold-up, mugging
  el contrabando smuggling
  el desfalco embezzlement
  el incendio premeditado arson

el robo a mano armada (armed) robbery, theft
el secuestro, el rapto kidnapping
el soborno bribery
la violación rape
los delitos menores
  la falsificación forgery
  la ratería de tiendas shoplifting
  la violación de la paz disturbing the peace

ACTIVIDAD 2 Práctica de vocabulario: El sistema jurídico

En las siguientes circunstancias, ¿qué podría suceder? Complete cada oración con una frase apropiada. En clase, compare sus respuestas con las de sus compañeros. **¡Ojo!** No se olvide de emplear el presente de subjuntivo para expresar posibilidad o probabilidad.

> **MODELO:** Si alguien viola la ley, es posible que...
> *la policía lo detenga.*

1. Si el/la demandante denuncia al ladrón/a la ladrona y hay suficientes pruebas, es probable que...

2. Si el cargo no es muy serio, es posible que el/la abogado/a defensor/a...

3. Si se alega que el/la demandado/a ha cometido un delito muy grave, es posible que el/la fiscal...

4. En un caso civil, si las dos partes pueden llegar a un acuerdo y todos convienen en aceptar los términos, es posible que...

5. Si durante el auto de procesamiento el/la juez/a cree que el/la perturbador/a ha cometido un delito muy grave y que hay posibilidad de que escape antes del juicio, es probable que...

6. Si el pleito es muy complicado y largo, es posible que...

7. Si los testigos no presentan suficiente evidencia sobre lo que aconteció, es posible que...

8. Si el jurado declara culpable al/a la acusado/a, es probable que...

9. Si un juez con fama de ser muy severo dicta la sentencia, es posible que...

10. Si al/a la acusado/a se le otorga libertad condicional, es probable que...

11. Si el/la reo/a no está contento con el fallo y sigue alegando su inocencia, es probable que...

12. Si se encuentra que un/a sospechoso/a ha violado la ley por segunda vez o que ha amenazado a un/a testigo, es posible que...

ACTIVIDAD 3 Práctica de vocabulario: Dos delitos

Trabajen en parejas para dramatizar las siguientes situaciones. Cambien de papeles al dramatizar la segunda situación para que cada uno/a de ustedes tenga la oportunidad de investigar un incidente y también de contar los detalles.

1. ¿Qué pasó en el banco del centro?

   Estudiante A: Es testigo de un robo en el banco.

   • Responda a las preguntas de un/a policía para describirle lo que vio.

   • Incluya detalles sobre el/los sospechoso/s y las demás personas presentes (las víctimas, el/los cajero/s del banco y los otros testigos): sus acciones, su apariencia física, los daños, etc.

   Estudiante B: Es un/a policía que investiga el robo del banco.

   • Hágale preguntas al/a la testigo sobre el incidente: la hora, la situación, las descripciones y las acciones de todos.

2. ¿Qué pasó en la Calle Serrano?

   Estudiante A: Es víctima de un atraco cerca de la universidad.

   • Dígale al/a la detective lo que le pasó:

   • Incluya detalles sobre el/la agresor/a: sus acciones, su apariencia física, los daños, etc.

   Estudiante B: Es un/a detective que investiga el caso.

   • Hágale preguntas a la víctima sobre el incidente: la hora, la situación, la descripción y las acciones de todos.

ACTIVIDAD 4   Diccionario personal

En su exploración del campo del derecho y el orden público, posiblemente encontrará otras palabras y expresiones que querrá usted aprender. Apúntelas aquí a medida que hace las actividades del capítulo. ¡Las nuevas palabras serán útiles a la hora de realizar los trabajos orales y escritos!

Aa   Bb

GENTE Y AMBIENTE

Perfiles de los abogados y de un juez

I. El abogado argentino Mario Martínez Crespo reflexiona sobre su profesión: "Nosotros los abogados"

En el siguiente artículo, un abogado argentino que ha practicado su profesión durante unos cuarenta años comparte su experiencia dándonos consejos sobre lo que debe lograr un buen abogado.

¡Fíjese! Un modismo (*idiom*) es una manera imaginativa y expresiva de comunicar una idea. Importa la totalidad de la frase, y es necesario hacer un salto lingüístico (*take a linguistic leap*) más allá de su signficado literal para comprender bien la idea. En los siguientes ejemplos tomados del artículo, Martínez Crespo utiliza ciertos modismos al describir los rasgos imprescindibles que deben poseer los abogados.

- "El abogado es quien debe **separar la paja del trigo...**"
  (*to separate the wheat from the chaff—literally the straw from the wheat*, o identificar lo importante)

- "Otra virtud de la que **debe hacer gala** un buen abogado es la prudencia."
  (*should take pride in*, o hacer evidente)

- "...la pereza (*laziness*) de hoy **se paga cara** mañana."
  (*pay for dearly*, o crea muchos problemas)

ACTIVIDAD 5 ¿Qué quiere decir...?

Conteste las siguientes preguntas para identificar el significado de un par de modismos y de varias palabras de la lectura.

1. Explique en español el significado de las frases escritas en bastardilla.
   a. Hay abogados que dicen "*primero mi bolsillo* (pocket) *y mis intereses particulares*".
   b. Hay abogados que "*miden* (measure) *sus pasos* para evitar las malas consecuencias".

2. Dé un tercer sinónimo apropiado o una definición breve para los verbos escritos en bastardilla.
   a. Los buenos abogados deben *procurar* o *pretender* resolver las disputas por vías civilizadas.
   b. Los buenos abogados deben *primar* o *priorizar* los intereses de sus clientes.
   c. Los buenos abogados deben *renunciar* o *privarse* de las ganancias excesivas.

3. Dé una traducción de los siguientes cognados que tienen que ver con el campo de la ley. Para comprobar sus respuestas, busque las palabras en el contexto de la lectura.
   a. extrajudicial
   b. las expectativas
   c. legítimo
   d. la jerarquía
   e. la contraparte
   f. el arbitraje
   g. imponderable

ACTIVIDAD 6 Antes de leer "Nosotros los abogados"

Trabajen en parejas para contestar la siguiente pregunta.

En su opinión, ¿cuáles son los dos o tres rasgos más importantes que debe poseer un buen abogado? Luego de leer "Nosotros los abogados", vea si su opinión concuerda con el punto de vista de Mario Martínez Crespo.

NOSOTROS LOS ABOGADOS

El campo propio de la abogacía es la justicia; en todo su accionar el abogado debe procurar hacer justicia: con su consejo al cliente, en su labor dentro del proceso, intentando evitar los litigios mediante soluciones extrajudiciales razonables.

Ser justo significa saber analizar las cosas con la mayor objetividad, de modo que el propio interés no interfiera en las buenas soluciones. Si es posible lograr una solución razonable, que pueda ser aceptable para ambas partes, el abogado debe procurarla...aún con frustración de sus propias expectativas.

En nuestra profesión juegan intereses disímiles[1]: todos son legítimos pero de distinta jerarquía: deben primar los de nuestro cliente, luego procurar no dañar innecesariamente los de la contraparte, y recién finalmente atender a los propios. No a la inversa.

El litigio es en sí mismo un mal, aún cuando se lo procure resolver por vías[2] civilizadas como el proceso judicial o el arbitraje. Suele haber en las posturas[3] de las partes una suerte de claro oscuro[4], mezcla de justicia y arbitrariedad, de pasiones, de amor propio, etcétera. El abogado es quien debe separar la paja del trigo, ayudando a reflexionar a su cliente para evitar el conflicto en lo posible, o de ponerle fin mediante un arreglo decoroso si ya estuviera en trámite[5].

El abogado debe saber privarse de juicios que se le brindan[6] y que podrían reportarle[7] buenas ganancias, priorizando valores superiores. Optar por el pleito cuando se puede lograr la paz puede llegar a ser tan ruin[8] —en escalas distintas— como la de los fabricantes de armas que lucran[9] con la guerra y corrompen a políticos y gobernantes para crearlas o estimularlas. Primero mi bolsillo y mis intereses particulares, luego el bien de los demás[10], Notable incongruencia para quien pretende ser un "profesional de la justicia".

Otra virtud de la que debe hacer gala un buen abogado es la prudencia. Prudente es quien calcula los riesgos en relación al resultado buscado, y mide sus pasos de modo de evitar efectos indeseados.

Cuando actuamos en nuestras propias cosas, las consecuencias de la imprudencia recaen sobre nosotros mismos. Tenemos, por así decirlo, ¡el derecho a la imprudencia! Cuando los demás dependen de nosotros, no podemos darnos el lujo[11] de ser imprudentes. ¿Qué madre no pone la máxima prudencia en el cuidado de sus hijos pequeños o qué padre de familia no busca la seguridad de un ingreso[12] fijo para su casa que evite riesgos y malos ratos?

Otra virtud indispensable para el ejercicio de la abogacía es la fortaleza. Para poder atacar, para emprender[13] alguna acción que supone un esfuerzo prolongado hace falta fuerza física y fuerza moral.... Se necesita tener iniciativa, decidir y luego llevar a cabo[14] lo decidido, aunque cueste un esfuerzo importante. No ser "indiferente" pues la iniciativa es un poco soñar con lo que podría ser mejor.

El optimismo es otra de las virtudes que requiere el ejercicio de la abogacía. Supone ser realista y conscientemente buscar lo positivo antes de centrarse en las dificultades. Algunas personas son optimistas sólo cuando las circunstancias les son totalmente favorables, pero otras consiguen libe-

---

[1]**diferentes** [2]**maneras** [3]**las posiciones** [4]**una...** a kind of gray area [5]**en...** in process [6]**ofrecen** [7]**darle** [8]**terrible**

[9]**obtienen ganancias** [10]**los... otras personas** [11]luxury [12]income [13]to undertake, tackle [14]**llevar...** to carry out

rarse de la atadura[15] de lo inmediato, fijándose más en lo que persiguen. Ser optimista es poner confianza en la justicia, en los jueces, y no ver sólo los aspectos negativos. ¡La crítica negativa no es compatible con el optimismo! Se es emprendedor[16] cuando se es optimista.

Otra virtud que debemos procurar cultivar es el orden: cuando en un Estudio[17] se llevan muchos juicios, en el que los pasos procesales[18] deben sujetarse a un ritmo preestablecido, en el que vencen[19] términos y fenecen[20] derechos si no se los ejercita a tiempo, resulta indispensable trabajar ordenadamente. Tener carpetas[21] de cada asunto, divididas en secciones: cartas, escritos, documentos. Controlar vencimientos[22] de términos, llevar agendas, listado de audiencias[23], etcétera. Crear mecanismos seguros, dentro del Estudio, para no olvidarnos nada.

Pero la virtud que se precisa[24] en altísimo grado para poder ser un buen abogado es la perseverancia: una vez tomada una decisión llevar a cabo las actividades necesarias para alcanzar lo decidido aunque surjan[25] dificultades internas o externas a pesar de que disminuya la motivación personal a través del tiempo transcurrido[26].

Perseverancia no es terquedad[27]: si se da cuenta que se ha equivocado en la decisión o si surgen imponderables que hacen dictaminar al sentido común que no es prudente seguir. Tampoco se la debe confundir con la rutina. La perseverancia se refiere a la superación de las dificultades que provienen de la prolongación del esfuerzo en el tiempo mientras que la constancia se refiere a la superación de todas las demás dificultades.

Aconsejo también no dormirse dentro de los plazos[28], dejando para mañana lo que puedas hacer hoy. Los días pasan muy rápido —¡los que ya no somos tan jóvenes lo sabemos bien!— y la pereza de hoy se paga cara mañana.

Aconsejo también ser extremadamente prolijo[29] en la presentación de las pruebas. Tratándose de documentales verificar una y otra vez el no omitir ninguno, ver que estén completos, que sean esos y no otros, que si son copias puedan leerse. Fijarse bien en los nombres y domicilios de los testigos pues podemos encontrarnos con el mal rato que la persona que va a declarar no es la misma —al menos conforme a sus credenciales— que la indicada en nuestro escrito. Con esa minuciosidad debemos controlar nuestra prueba en general.

Los jueces —¡hombres al fin!— se dejan tentar[30] muchas veces por la facilidad del rechazo[31] de una acción ante la ausencia de las pruebas indispensables como modo sencillo y también legal de solucionar las causas, evitando así la doble dificultad de tener que estudiar no sólo la negligencia probatoria[32] sino abrir la puerta del fondo de la cuestión con la pesada[33] tarea de estudiar el caso en su profundidad.

En fin, insisto en el ordern, como herramienta[34] indispensable para el ejercicio profesional. Así como no puede faltar serrucho, martillo o tenazas[35] en el taller de un carpintero, tampoco puede faltar el orden en el Estudio de un abogado.

---

[15]**la limitación**   [16]enterprising   [17]law office (Argentina)*
[18]**pasos...** legal procedures   [19]expire   [20]**terminan**   [21]folders
[22]expiration   [23]hearings   [24]**necesita**   [25]**aparezcan**   [26]**pasado**
[27]stubbornness

[28]**períodos de tiempo**   [29]**cuidadoso**   [30]**se...** allow themselves to be tempted   [31]rejection   [32]**de presentar evidencia**   [33]**difícil**   [34]tool
[35]**serrucho...** saw, hammer, or pliers

---

*En muchos países, la oficina de abogados se llama *bufete*.

ACTIVIDAD 7 Comprensión de lectura: ¿En qué consiste ser un abogado ejemplar?

Trabajen en parejas para comprobar su comprensión de la lectura.

1. Martínez Crespo describe por lo menos seis virtudes que los abogados deben ejemplificar. Menciona primero "ser justo" o "hacer justicia". Apunten ustedes las otras virtudes que destaca:
   a. ser justo o hacer justicia
   b.
   c.
   d.
   e.
   f.

2. Ahora que han hecho una lista de las virtudes mencionadas, ¿les parece que Martínez Crespo considera que algunas virtudes son más importantes que otras? Expliquen su respuesta.

3. En la Actividad 6, ¿qué rasgos apuntaron ustedes como los más importantes para ser un buen abogado? ¿Coinciden con las virtudes que menciona Martínez Crespo?

4. Discutan ustedes más concretamente uno de los rasgos o virtudes que se describe en la lectura. Mencionen una situación o una circunstancia para mostrar cómo o por qué puede ser imprescindible.

ACTIVIDAD 8 A explorar: ¡Busco protector, no picapleitos[1]!

Si Ud. tuviera que buscar un abogado, ¿qué rasgos le importarían a usted que tuviera? La mitad de los estudiantes de la clase serán los clientes y la otra mitad serán abogados. Cada cliente necesita buscar un abogado. Para ello debe entrevistar a tres o cuatro candidatos presentándoles brevemente su situación y algunos criterios que le importan. Lea los primeros tres pasos. Al final de la actividad, la clase entera hará el paso 4.

1. El cliente debe decidir la situación. He aquí algunas opciones:
   - Ser víctima (o acusado/a) de un accidente
   - Ser víctima (o acusado/a) de un asalto, un robo, un soborno u otro delito
   - Querer un divorcio
   - Acusar a los vecinos de violación de la paz
   - Otra que Ud. decida

2. Lea el siguiente modelo para tener una idea de cómo empezar su entrevista:

   Cliente: Mis vecinos hacen ruido toda la noche y aunque me he quejado muchas veces, siguen molestándome. Quiero poner un pleito contra ellos. ¡Me importa resolverlo todo lo antes posible!

---

[1]En inglés, denominaciones estimativas de **abogado** son *counselor* o *advocate*, mientras que una denominación peyorativa sería *ambulance chaser*. En español, una denominación peyorativa es **picapleitos** (m., f.), esto es buscador/a o creador/a de pleitos.

Respuestas posibles:

Abogado: Si la contraparte ofrece una solución razonable, debemos aceptarla.

Pues no sé, depende... es posible que sea un caso muy largo y complicado...

En la siguiente tabla aparecen otros criterios posibles. Los clientes deben elegir los criterios que les importen más y apuntar, en la casilla correspondiente, sus impresiones de los candidatos utilizando los símbolos a continuación:

☺ significa que te gusta el/la candidato/a
😐 significa que es un/a candidato/a posible
☹ significa que no le gusta

Criterio de los clientes	Candidato/a 1	Candidato/a 2	Candidato/a 3	Candidato/a 4
1a. ¡Quiero hacerle daño a la contraparte y ser vengativo/a! 1b. No quiero hacerle daño a la contraparte ni ser vengativo/a.				
2. Me arriesgo a... a. tener que llevar el caso ante un jurado pero quiero hacerlo. b. tener que llevar el caso ante un jurado, pero prefiero tratar de evitar eso.				
3a. Soy muy optimista porque creo que toda la evidencia me favorece. 3b. Hay evidencia que me favorece, pero tengo miedo.				
4. Quiero un abogado que a. tenga mucha fortaleza. b. tenga mucha iniciativa. c. sea muy prudente. d. sea muy perseverante. e. sea muy ordenado y metódico.				
5. otro critero...				
6. otro critero...				

3. Después de hablar con varios candidatos, cada cliente debe escoger a quién contratará como abogado/a.

EN RESUMEN: Toda la clase

¿Quiénes son los abogados más deseados? ¿Y quiénes son los abogados menos deseados? ¿Por qué? Cada cliente debe indicar a quién prefirió contratar y compartir algunas de las razones por las que tomó esa decisión.

II. El juez español Baltasar Garzón desafía a los poderosos:
"Un idealista de mano dura"

El siguiente artículo de *People en Español* destaca la importancia del juez español Baltasar Garzón en la lucha por los derechos humanos.

¡Fíjese! Los perfiles de la gente pueden destacar una sola dimensión (por ejemplo las características físicas, las costumbres o la personalidad), o pueden reunir una variedad de detalles para lograr una presentación multidimensional. Al leer el siguiente perfil, fíjese en los detalles que comprenden el retrato del juez español Baltasar Garzón. Vea si se enfocan en lo físico, en lo social, en lo psicológico o si constituyen una combinación de estos aspectos.

ACTIVIDAD 9 ¿Qué quiere decir...?

Trabaje solo/a o en parejas. Las siguientes oraciones de la lectura describen al Sr. Garzón. Indiquen si les parecen enfocarse más en:

- sus rasgos físicos (lo físico o F)
- sus hábitos o costumbres (lo social o S)
- su personalidad o carácter (lo psicológico o P)
- una combinación de aspectos (e indiquen qué combinación, por ejemplo, F, S, P)

Haga esta actividad con un/a compañero/a para identificar el tipo de característica que se describe. A ver si ustedes están de acuerdo.

_____ 1. "...está acostumbrado a desafiar a los poderosos y vivir bajo peligro de muerte."

_____ 2. "...se ató a la cintura una cuerda[1] y se lanzó al abismo de 100 metros para rescatar a los jóvenes."

_____ 3. " Sentí miedo y me recorrió un sudor[2] frío."

_____ 4. "...no teme arriesgarse... explorando un macizo[3] montañoso o discutiendo un polémico caso..."

_____ 5. "Cuando le pone todo su empeño a algo no se da por vencido (*gives up, surrenders*) ..."

_____ 6. "...viaja bajo seudónimo."

_____ 7. "...una vez abrigó[4] la esperanza de ser sacerdote..."

_____ 8. "Invertía el doble de horas de estudio..."

_____ 9. "...este juez de mirada dura tiene un lado tierno[5]."

_____ 10. Tiene..."afición a los chistes picantes. Es muy bromista, incluso algo infantil..."

---

[1]he tied a rope around his waist   [2]sweat   [3]**región**   [4]harbored   [5]tender

ACTIVIDAD 10 Antes de leer "Un idealista de mano dura"

Después de apuntar sus propias respuestas, discútanlas en parejas.

1. Vuelva a repasar rápidamente las frases de la Actividad 9. De este vistazo preliminar al Sr. Garzón, ¿cómo lo describiría? Apunte usted tres adjetivos para describirlo y compare su caracterización con las de sus compañeros.
2. En su opinión, ¿qué quiere decir el título del artículo? ¿Qué significa ser "un idealista de mano dura"? ¿Puede usted pensar en otras personas que ejemplifiquen esta descripción?

UN IDEALISTA DE MANO DURA

El juez Baltasar Garzón, quien quiere poner al ex dictador Augusto Pinochet en manos de la justicia española, está acostumbrado a desafiar a los poderosos y vivir bajo peligro de muerte

No tuvo tiempo de pensar. Baltasar Garzón iba de excursión en mayo por las empinadas[1] y escabrosas[2] crestas de una sierra en el sur de España, cuando oyó los angustiados gritos. Su hijo, Baltasar, y un amigo, habían caído y estaban atrapados en la cornisa[3] de una montaña. Sin dudar, Garzón se ató a la cintura una cuerda y se lanzó al abismo de 100 metros para rescatar a los jóvenes. "Sentí miedo y me recorrió un sudor frío", Garzón le dijo a *People en Español*. "Cuando conseguimos subir todos sanos y a salvo[4], los otros montañeros nos aplaudieron. Fue muy emotivo".

Garzón no teme arriesgarse, ya sea explorando un macizo[5] montañoso o discutiendo un polémico caso ante una corte internacional. A los 43 años es el juez más famoso de España, pero el resto del mundo lo conoce como el hombre que ha llevado ante los tribunales al ex gobernante de Chile, el general Augusto Pinochet, de 83 años. En una maniobra[6] legal sin precedentes, que sin duda ha puesto a temblar a los dictadores y ex dictadores en todo el mundo, Garzón emitió en octubre de 1999 una orden de arresto y extradición contra Pinochet, bajo cargos de crímenes contra la humanidad.

Si logra que extraditen a Pinochet a España... sería la primera vez en la historia moderna que un ex jefe de Estado enfrenta un proceso en otro país. "Produciría un cambio muy grande en la ley", dice Paul Chevigny, profesor de la Escuela de Derecho de la Universidad de Nueva York. "Si los gobiernos pueden iniciar reclamaciones contra las personas, acusarlas de crímenes internacionales y extraditarlas, ¿cuáles son los límites?" Ésa es la pregunta que estos días anda en boca de todo el que está vinculado[7] a los derechos humanos internacionales".

Garzón alega que Pinochet, cuyo régimen derechista gobernó a Chile durante 17 años, es responsable por el asesinato, tortura, y secuestro de cerca de 3,000 adversarios políticos, entre ellos 16 españoles. En el sumario[8] de casi 300 páginas, Garzón incluye inquietantes relatos sobre torturas... "Éstas son violaciones muy serias", dijo Garzón, según una información publicada en *The New York Times*. "Tenemos una deuda[9] moral".

Un desafiante Pinochet, quien renunció a la presidencia en 1990, pero retuvo la jefatura del ejército, alega que su condición de ex jefe de Estado lo exime[10] de ser juzgado. Su condición de senador vitalicio[11], obtenida tras pasar a retiro, también implica inmunidad. "Yo no reconozco la jurisdicción de ningún otro tribunal, excepto en mi país, de juzgarme por las mentiras que alega España", dijo Pinochet ante un tribunal londinense[12]...*

Pero el humanismo de Garzón no reconoce fronteras y, según algunos,

---

[1]steep [2]rugged [3]snowbank
[4]**sanos...** safe and out of danger [5]**región**

[6]maneuver

[7]**relacionado** [8]**resumen** [9]**obligación**
[10]**libera** [11]**para toda la vida** [12]**de Londres**
*Al final, Pinochet, viejo y enfermo, volvió a Chile.

tampoco sus ambiciones. Un ex juez provincial que llegó a convertirse en un poderoso magistrado en España, Garzón ya se había labrado[13] un lugar al tomar en sus manos algunos de los casos más difíciles del país, tales como los procesos contra narcotraficantes y funcionarios corruptos. Alcanzó su mayor fama en agosto de 1998, cuando al cabo de[14] una de sus investigaciones de 8 años encarceló a 13 funcionarios gubernamentales —incluido un ministro— por participar en una campaña para asesinar separatistas vascos[15].

Sus críticos insisten en que sólo quiere llamar la atención de los medios de comunicación; los políticos a quienes tiene en la mira dicen que es despiadadamente[16] injusto. "No fue un juez imparcial", comenta José Barrionuevo, el ex ministro del interior que Garzón puso tras las rejas[17]. "Es un magistrado interesado en su propio egoísmo". Para los defensores de las víctimas en Chile, este juez ha sido providencial. "Tocamos en muchas puertas en todo el mundo en busca de justicia", comenta Marcela Pradena, quien trabaja con un grupo de exiliados chilenos que tratan de llevar a juicio a Pinochet. "Nuestra suerte fue que Garzón respondió a nuestro llamado". Sus allegados[18] dicen que Garzón es un idealista, motivado por un profundo sentido de justicia. "Cuando le pone todo su empeño[19] a algo no se da por vencido", dice Adriana Arce, una vieja amiga.

Por supuesto, esa tenacidad tiene su precio. Garzón ha recibido tantas amenazas que viaja rodeado de guardaespaldas[20]. Su residencia en las afueras de Madrid está vigilada por cámaras de circuito cerrado, se transporta en coches blindados[21] y generalmente viaja bajo seudónimo[22]. Hasta sus cuentas bancarias son cuidadosamente controladas. En 1992 alguien trató de depositar anónimamente 50 millones de pesetas (alrededor de $340,000) en su cuenta de ahorros, aparentemente con la intención de chantajearlo[23]. "Estoy orgullosa por las metas que ha alcanzado," dice su madre, María Real, de 70 años, "aunque sigo preocupada por su seguridad y por tantas amenazas que recibe".

Su agitada vida actual es muy diferente a la que disfrutó de niño en el tranquilo pueblo rural de Torres (de 1.972 habitantes), donde sus padres, Ildefonso y María, eran trabajadores en una finca[24] de olivos. El segundo de cinco hijos, Garzón pasaba sábado y domingo ayudando a su ya fallecido[25] padre en las labores del campo. Durante la semana estudiaba secundaria en un seminario católico. Aunque una vez abrigó[26] la esperanza de ser sacerdote[27], el joven Garzón no tenía pinta[28] de santo. Un día antes de su graduación se plantó bajo las ventanas de una escuela para niñas cercana a cantarle serenatas a una joven llamada Rosario, a quien apenas conocía. A la mañana siguiente los curas[29] lo expulsaron del seminario. La aventura no fue en vano. Cinco años más tarde, en 1980, se casó con

Rosario, maestra de ciencias en secundaria, con quien tiene tres hijos: María, de 16 años; Baltasar, de 15; y Aurora, de 9.

Ya enmendado[30], se matriculó en la facultad de derecho de la Universidad de Sevilla. Asistía a clases por el día y trabajaba por las noches en una gasolinera para costearse[31] los estudios. "Invertía el doble de horas de estudio que yo", recuerda su condiscípulo[32] Heriberto Asencio. "Obtuvo el número 11 de su promoción[33], mientras que yo pasé al 50". Al poco tiempo, encontró su primer empleo como juez provincial atendiendo casos locales. Con sólo 26 años ya era el juez de 20 pueblos, pero aún aspiraba a algo más. Por eso en 1987 se mudó a Madrid y aceptó un trabajo en el Consejo del Poder Judicial, investigando a otros magistrados.

Sin embargo, este juez de mirada dura tiene un lado tierno[34]. Su pasatiempo favorito es bailar sevillanas[35] con su esposa, algo que hace a menudo a pesar del poco tiempo que comparte con su familia. En la oficina mantiene sobre su escritorio un retrato de una colega asesinada por los terroristas y hace el ambiente más llevadero[36] escuchando música de Bruce Springsteen y los Rolling Stones. No puede obviarse[37] su afición a los chistes picantes[38]... "Es muy bromista..." dice su amigo Tomás Sanz Hoyos. "Siempre está dispuesto a alegrarte el día".

A menos que, por supuesto, seas un ex dictador latinoamericano.

---

[13]**se...** had made a place for himself
[14]**al...** at the end of   [15]**separatistas...** Basque Separatists seeking to break away from the central government of Spain.
[16]**cruelmente**   [17]**tras... en la cárcel**
[18]**personas cercanas**   [19]**deseo fuerte**

---

[20] bodyguard   [21]armored   [22]**nombre falso**
[23]blackmail him   [24]farm   [25]**muerto**
[26]**tuvo**   [27]priest   [28]didn't look like
[29]**sacerdote**

---

[30]**reformado, cambiado**   [31]**pagar por**
[32]**compañero de estudios**   [33]**clase**
[34]**cariñoso**   [35]**danza española propia de la provincia de Sevilla**   [36]**tolerable**
[37]**ignorarse**   [38]**chistes...** "spicy" jokes

Actividad 11 Comprensión de lectura: Retrato del idealista de mano dura

Trabajen en parejas para describir al juez Baltasar Garzón.

1. En su cuaderno, apunten la información que han sacado de la lectura. Para cada categoría, apunten por lo menos tres hechos.

Perfil del juez español Baltasar Garzón
Su educación y preparación:
Su carácter:
Su reputación:
Sus acciones como juez:
Su familia:
Sus pasatiempos:
Los peligros que sufre:

2. Ahora que han apuntado la información, enfóquense en lo central.
   a. En cada categoría, ¿qué cosas les parecen más sobresalientes?
   b. En su opinión, ¿cuáles de las categorías contienen la información más definitiva del artículo?
   c. Para resumir las ideas fundamentales del artículo, escriba dos oraciones que capten la esencia del perfil del juez.

ACTIVIDAD 12 A explorar: Debate sobre una maniobra legal sin precedentes

¿Qué opinan ustedes de la acción del Sr. Garzón de emitir una orden de arresto y extradición contra Pinochet, bajo cargos de crímenes contra la humanidad? ¿Cuál es la perspectiva del juez? ¿Y cómo se defiende Pinochet contra la acción?

Van ustedes a participar en el siguiente debate: ¿Deben los gobiernos iniciar las reclamaciones contra las personas, acusarlas de crímenes internacionales y extraditarlas? (¿y cuáles deben ser los límites de los poderes gubernamentales, los límites temporales, los límites diplomáticos...?)

En favor: la perspectiva del juez

En contra: la perspectiva del acusado

1. Antes de venir a clase, prepárese para participar en el debate.
   a. Para comenzar, apunte la información que se presenta en el artículo sobre cómo apoya Garzón su acción o (y) cómo se defiende Pinochet.
   b. Luego, prepare una lista de otros argumentos posibles.

2. En clase:
   a. Divídanse en dos grupos grandes. Cada grupo debe nombrar a un/a secretario/a.
   b. En ocho minutos, preparen una lista que resuma las ideas de los miembros del grupo para apoyar su postura.

Todos los miembros deben participar y proponer sus argumentos. El/La secretario/a del grupo debe apuntar en un papel los argumentos durante la discusión.

   c. Los secretarios deben ir a la pizarra y escribir dos columnas:

   extraditar / en favor   **no extraditar / en contra**

   Entonces, los estudiantes de cada grupo presentarán las ideas de su grupo, punto por punto, alternativamente.
   d. Después de escuchar los argumentos, examinen entre todos las dos listas. ¿Cuál de ellas encuentran más convincente? ¿Qué argumentos son los más persuasivos?

GENTE Y AMBIENTE

Perfil breve

III. Sonia Sotomayor tiene un amor "desde siempre" por la ley: "Jueza supo su vocación de abogada a los 9 años"

Sacado de *El Nuevo Herald* de Miami, el siguiente artículo describe los sentimientos de la jueza Sonia Sotomayor en cuanto a sus raíces y su profesión.

¡Fíjese! La repetición de información (como nombres de personas, hechos o ideas) comunica algo sobre los valores de quien habla o escribe; por lo general, indica que lo que se repite le importa mucho a esta persona. En el siguiente artículo, fíjese en la mención repetida de algunas personas u otras influencias en la vida de Sonia Sotomayor.

ACTIVIDAD 13 ¿Qué quiere decir...?

La lectura se refiere a algunas de las influencias en la vida de Sonia Sotomayor. Trabajen en parejas y escojan entre **a** y **b** para indicar la oración que explica mejor las palabras escritas en bastardilla. Luego, contesten las preguntas para compartir ejemplos de su propia vida.

1. La jueza *rememora* cómo *surgió* su amor por su carrera.
   a. Ella recuerda cómo se originó su amor por su carrera.
   b. Ella explica cómo creció su amor por su carrera.

   ¿Pueden ustedes rememorar cómo surgió su afición o su pasión por algo?

2. *Trazó* su futuro un programa de televisión sobre *un audaz abogado*.
   a. Determinó su futuro un programa sobre un abogado hábil.
   b. Cambió su futuro un programa sobre un abogado tímido.

   ¿Hay algún programa de televisión que haya afectado de alguna manera su futuro? ¿Qué programas con/sobre personajes audaces conocen Uds.?

3. Su interés en ayudar a otras personas... fue una *semilla que sembró* en ella su madre.
   a. ...fue una idea que cultivó en ella su madre.
   b. ...fue algo que le mencionó su madre.

   ¿Qué semillas han sembrado en ustedes las personas que han tenido más influencia en su vida?

ACTIVIDAD 14 Antes de leer "Jueza supo su vocación de abogada a los 9 años"

¿Quiénes son los héroes y heroínas de su comunidad? Discutan las siguientes preguntas en un grupo de tres o cuatro estudiantes.

1. En su ciudad, ¿hay gente conocida por sus actividades cívicas, artísticas o políticas? ¿Quiénes son? ¿Qué han hecho?

2. ¿Es usted de un pueblo pequeño, de una ciudad pequeña o de una ciudad grande? ¿Hay gente famosa de su pueblo o ciudad? ¿Quiénes son? ¿Hay evidencia de su conexión con estos lugares (los nombres de las calles, los edificios u otros sitios, o de las celebraciones locales u otras actividades de la zona)?

JUEZA SUPO SU VOCACIÓN DE ABOGADA A LOS 9 AÑOS

Un libro de aventuras y un famoso programa de televisión sobre un audaz abogado trazaron su futuro cuando apenas era una niña.

Hoy, sentada en su amplio despacho[1] en Manhattan, la jueza Sonia Sotomayor recuerda cómo surgió su amor por la carrera que la ha convertido en una respetada jurista y en la primera mujer hispana en el Segundo Circuito de Apelaciones de Estados Unidos.

"A los siete años yo leía una serie de una adolescente que hacía investigaciones de crímenes pequeños. Por ella quería ser policía, pero me descubrieron diabetes y me dijeron que no podía", comento Sotomayor al recordar momentos de su infancia, su familia y sus inicios en la judicatura.

Sin embargo, su tenacidad e interés en ayudar a otros, —semilla que sembró en ella su madre— la llevaron a continuar su búsqueda, cuando otros niños sólo pensaban en divertirse.

El próximo 6 de noviembre, Sotomayor iniciará un nuevo reto en su vida cuando jure[2] ante el tribunal de Apelaciones.

"A los nueve o diez años sabía que quería ser abogada. El amor por la ley creció con eso, porque en ese momento comencé a interesarme en la ley como una profesión, como una manera de ayudar a la sociedad. Para mí la ley fue siempre una fascinación", comenta Sotomayor, quien se define como una jueza "respetuosa de la ley, que con buena voluntad trata de hacer lo que la ley dice".

Rodeada de fotos de su familia y prometido[3], Sotomayor, una mujer sencilla, de una sorprendente humildad, rememoró cómo fue su infancia en el barrio neoyorquino del Bronx, que no fue distinta a la vida de la mayoría de los puertorriqueños que emigraron a esta ciudad en busca de un mejor futuro.

Su padre Juan Luis y su madre Celina nacieron y crecieron en Puerto Rico pero la situación económica de la isla durante la Segunda Guerra Mundial los obligó a emigrar a Nueva York junto a otros miembros de su familia.

"Mami es mi inspiración, la heroína de mi vida. Por ella supe que no hay que temerle al trabajo, que con educación y trabajo se puede lograr todo. Pero, aprendí otras cosas fundamentales. Me enseñó que ser una persona cariñosa, generosa y buena es más importante que los bienes materiales", dijo Sotomayor, de 44 años, graduada de las prestigiosas universidades de Princeton y Yale.

Son esas enseñanzas de su progenitora[4] las que han hecho precisamente que Sotomayor no se olvide de que los acusados que son llevados ante ella son también seres humanos, aseguró al preguntársele qué ha sido lo más difícil de su carrera en la judicatura.

"En lo práctico, aprender todas las leyes. En lo emocional, lo más difícil es trabajar con los casos criminales. De un lado está el acusado y su familia, que es la que más sufre, y del otro, los que sufrieron la pérdida. Trato de bregar[5] con el balance, que muchas veces no deja ningún lado satisfecho", indicó Sotomayor, quien fuera del tribunal disfruta del ballet, de cenar con sus amigos y de la compañía de su prometido.

Sotomayor pospuso su matrimonio cuando fue nominada por el presidente Bill Clinton al Circuito de Apelaciones en junio de 1997.

Pero, asegura que tan pronto culmine lo referente a sus nuevas funciones contraerá nupcias[6] con su prometido, a quien describe como "paciente" y respetuoso de su trabajo como jueza.

Ruth E. Hernández Beltrán Efe

---

[1]**oficina** [2]**trabaje como jueza**   [3]**novio** [4]**madre** [5]**luchar** [6]**casarse**

ACTIVIDAD 15 Comprensión de lectura: Sonia Sotomayor y su vocación

Trabaje solo/a o con otro/a compañero/a para escoger dos respuestas apropiadas para terminar cada oración.

1. La jueza Sonia Sotomayor, la primera mujer hispana en el Segundo Circuito de Apelaciones de los Estados Unidos,...
   a. es neoyorquina puertorriqueña.
   b. trabaja en la ciudad de Nueva York.
   c. se crió en Puerto Rico y asistió a la universidad en los EE.UU.

2. Según Sotomayor, la influencia de su madre ha sido enorme en el sentido de que...
   a. le ha señalado la importancia de ganar dinero para tener éxito.
   b. ha sembrado en ella los valores de la generosidad y el cariño.
   c. le ha enseñado a ser tenaz.

3. Durante su juventud...
   a. le encantaba leer las aventuras de una joven detective.
   b. llevaba una vida distinta de la mayoría de los emigrados de Puerto Rico.
   c. nació su interés en la profesión de la ley como una manera de ayudar a la sociedad.

4. Al describir su amor por la ley, la jueza Sotomayor destaca que...
   a. le ha fascinado siempre.
   b. no le ha sido tan difícil aprender todas las leyes.
   c. tiene un respeto profundo por ésta.

5. Indica que le cuesta trabajar con los casos criminales porque...
   a. le molesta la pena que sufre la familia del acusado.
   b. las víctimas nunca están contentas.
   c. a menudo ninguno de los dos lados está contento con el fallo.

6. La jueza ha conocido los desafíos o las dificultades de la vida; por ejemplo:
   a. cuando tuvo que emigrar de Puerto Rico con su familia.
   b. en su juventud, cuando le dijeron en su juventud que su condición física no le permitiría ser policía.
   c. cuando tuvo que posponer su matrimonio.

ACTIVIDAD 16 A explorar: A "bregar con el balance": ¿misericordia (*mercy, compassion*) o escarmiento (*punishment, warning, lesson*)?

Teniendo presentes tanto al acusado y su familia como también a los que han sufrido la pérdida, Sonia Sotomayor ha dicho que trata de luchar con el balance de la justicia en los casos criminales. Claro que los detalles del caso son esenciales en la determinación de la sentencia, ¿pero qué creen ustedes? Un juez puede dar muestras de misericordia o clemencia al dictar una sentencia compasiva o generosa; o como escarmiento, un juez puede imponer un castigo que sirva de lección, ejemplo o aviso.

1. En los siguientes casos, ¿debe el juez hacer que el/la culpable escarmiente, imponiéndole la pena máxima ("*throwing the book at him*"), o debe mostrar misericordia?

2. ¿Qué sentencia debe dictar el juez?

   Discutan los siguientes casos en un grupo de tres o cuatro personas, y den ustedes dos o tres razones que apoyen sus opiniones. Después, compartan sus comentarios con los otros estudiantes de la clase.

   • Una joven sin antecedentes criminales se confiesa culpable de ratería.

   • Un joven sin antecedentes criminales es declarado culpable de conducir en estado de embriaguez (*intoxication*).

   • Un hombre de 25 años es declarado narcotraficante reincidente (*repeat offender*).

   • El presidente de un banco es declarado culpable del desfalco de millones de dólares.

   • Una madre de tres hijos es declarada culpable de robo a mano armada.

El campo y ustedes

¿Qué les parece a ustedes el campo del derecho y el orden público? En grupos de tres o cuatro compañeros, discutan las siguientes preguntas.

1. ¿Qué imágenes se les ocurren cuando piensan en el campo de la ley y el orden público? ¿Qué aspectos les impresionan más? Expliquen.

2. ¿Se puede imaginar como abogado/a, juez/a, detective o policía? ¿Por que sí o por qué no? ¿Qué les atrae al campo del derecho o del orden público? ¿Qué no les atrae?

3. De los perfiles presentados en este capítulo, ¿qué rasgos personales y qué destrezas se destacan? ¿Qué les impresiona más de los perfiles?

4. Al concluir su libro *Nosotros los abogados*, Martínez Crespo escribió, "Saber ganar o perder con actitud deportiva, es propio de un profesional, y los abogados tenemos que aprender a hacerlo, a pesar de su dureza (*harshness*)." ¿Qué opinan ustedes de su comentario? ¿Cómo se puede aplicar a otra gente profesional? Expliquen.

5. ¿En qué circunstancias podría ser especialmente útil el conocimiento del español para trabajar en el campo de la ley? Mencionen unos ejemplos.

Manos a la obra

Juicio de práctica (Moot court)

¡Ahora les toca a ustedes participar en un juicio! Pueden ustedes dramatizar uno de los casos de la Actividad 16, escoger un caso de las noticias o inventar uno.

Aquí siguen dos posibilidades de organización.

Toda la clase participa en el jucio. Cada estudiante de la clase debe desempeñar un papel: el/la fiscal, el/la abogado/a defensor/a, el/la acusado/a, el/la demandante, el/la juez/a, el jurado (doce personas o menos), varios testigos para las dos partes, etc. Claro, si es un caso complicado, puede haber dos equipos de abogados, no sólo uno/a de cada parte.

¡Ojo! Será útil repasar el vocabulario del capítulo para emplearlo en esta actividad. Sigue a continuación una lista de sugerencias para organizar los elementos del juicio:

1. Los abogados deben preparar y presentar los argumentos de apertura.
2. Deben interrogar a cada testigo y hacer el interrogatorio cruzado (*cross examination*) también.
3. El/La juez/a debe interrumpir o comentar cuando le parezca necesario.
4. Los abogados deben hacer los argumentos de cierre.
5. El/La juez/a debe darles algunas instrucciones al jurado antes de que ellos deliberen.
6. Aunque en realidad los miembros del jurado no discuten entre sí públicamente, en este juicio será deseable que lo hagan para que todos puedan escuchar.
7. El jurado debe dictar un fallo.
8. Antes de recibir la sentencia, el/la acusado/a debe tener la oportunidad de hablar una vez más.
9. El/La demandante o algunos miembros de su familia también deben tener la oportunidad de hablar.
10. El juez debe dictar la sentencia.

Perspectivas literarias del campo

IV. Una servidora pública sufre un dilema moral: "El Patricio", Virginia Zúñiga Tristán (Costa Rica)

Virginia Zúñiga Tristán, prolífica escritora costarricense de artículos, cuentos y poemas, es Profesora Emérita de la Universidad de Costa Rica. Se especializa en música y en literaturas inglesa y española. Su cuento "El Patricio" trata de la reunión urgente que tiene la protagonista, Rita María, con el jefe del gobierno.

¡Fíjese! Las palabras descriptivas aumentan la fuerza expresiva de una lectura. En "El Patricio", por ejemplo, va usted a leer las siguientes frases:

> el vestíbulo de la **lujosa** residencia
>
> un **amplio** sillón de **sobria** lujuria
>
> su **largo** pelo
>
> su **lenta** y **telúrica*** pronunciación

Como se puede ver, estos adjetivos se colocan **delante** de los sustantivos que describen. La autora coloca los adjetivos en esta posición porque no hace aquí un contraste entre sustantivos. (Un ejemplo de adjetivos descriptivos que expresan un contraste sería **su pelo largo** y **mi pelo corto**.) En los ejemplos arriba, la autora identifica, define o destaca una calidad especial o inherente de una persona, de un lugar o de una cosa. En "El Patricio", fíjese en el uso de adjetivos que enriquecen la representación de los participantes, sus circunstancias y sus sentimientos.

***de la tierra, natural**

ACTIVIDAD 17 ¿Qué quiere decir...?

Trabaje solo o en parejas para familiarizarse con algún vocabulario de la lectura. ¿Pueden ustedes deducir o adivinar el significado de las palabras escritas en bastardilla?

1. En los tiempos del imperio romano la palabra *patricio* se refería a los descendientes de los senadores: a los nobles o a los aristócratas. En el cuento, se verá que, por extensión, se emplea la palabra *patricio* para denominar...
   a. a una persona poderosa.
   b. a un ciudadano pobre.

2. El *vestíbulo* de una *lujosa* estancia es la entrada o antesala de una residencia en que hay evidencia de...
   a. riqueza.
   b. pobreza.

3. Un amplio sillón o una amplia butaca de *sobria* lujuria es una silla grande que demuestra...
   a. el gusto extravagante.
   b. el gusto sencillo.

4. Una sonrisa *acongojada* es una indicación de...
   a. alegría.
   b. tristeza.

5. Una persona que se conoce por su *altivez* es...
   a. cohibida y tímida.
   b. arrogante.

6. Una amistad que se *remonta* hasta los abuelos es una relación de amigos que...
   a. ha durado varias generaciones.
   b. no tiene nada que ver con los viejos.

7. Alguien que se *reprime* con una vida *ascética*...
   a. consume mucho y se divierte.
   b. controla su dieta y actividades conforme a una vida austera.

8. Alguien que actúa con *inusitada* prisa...
   a. rara vez tiene prisa.
   b. generalmente tiene prisa.

9. Un empleado que demuestra *fidelidad*, *desprendimiento* y *probidad*...
   a. es ejemplo de lealtad, generosidad e integridad.
   b. probablemente no es muy honrado y participa en la corrupción gubernamental.

10. Un político que *escala los peldaños*...
    a. no gana las elecciones.
    b. asciende de puestos y cada vez tiene más poder.

11. *Estallar de ira* durante una discusión quiere decir...
    a. reprimir las emociones.
    b. explotar con mucha furia.

12. Si alguien recibe un golpe en *la sien*, esta persona va a tener un gran dolor...
    a. en la cabeza.
    b. en el estómago.

En grupos de tres o cuatro compañeros, discutan las siguientes preguntas.

1. ¿Alguna vez alguien le ha pedido que usted haga algo deshonesto o ilegal? ¿Cómo respondió usted? ¿Por qué?

2. ¿Qué debe hacer un/a empleado/a si su jefe o superior le pide que participe en alguna actividad deshonesta o engañosa (*deceitful*)?

El Patricio

Rita María penetró en el vestíbulo de la lujosa residencia del Patricio, todavía sorprendida al leer el contenido del telegrama que una hora antes había recibido, invitándola a una reunión urgente.

Casi suspendida en el aire, se sentó en la esquina de un amplio sillón de sobria lujuria en espera de que la llamaran.

Entre chispazos° de recuerdos recientes, meditó en su participación en la campaña electoral que había terminado unos días antes. Con acongojada sonrisa recordó la forma en que el día de las elecciones había tomado de la mano a una muchacha casi desnuda que le había prometido darle el voto a su partido. A empellones° la vistió, le ayudó a cepillarse su largo pelo y con inusitada prisa la empujó en su coche para llevarla a votar. ¡Sí, a la misma a quien en veinticuatro horas le había conseguido su cédula de identidad°! ¡Cuánto trabajo cuesta concientizar° al pueblo!, meditó, pero sus palabras no traspasaron el umbral° de su boca.

Rita María amaba al Patricio con un amor extraño, casi con veneración. Su sola presencia le infundía° un sentimiento inexplicable como si estuviera frente a un ser excepcional que había dirigido los destinos de la Patria en momentos caóticos sin haber perdido nunca su serena altivez, su hablar sesudo° y su lenta y telúrica pronunciación como si sus palabras surgieran de la tierra misma. Lo contemplaba mentalmente como rodeado de un nimbo° de prestigio, incoloramente irisado°. Sus manos blancas y delgadas indicaban una habilidad artística que se permeaba en sus escritos. ¡Era una mente privilegiada! La amistad con el Patricio se remontaba hasta su abuelo, quien le había construido las instalaciones para los ordeñaderos° de sus numerosas fincas°. Entre ambos había una acerada° confianza que se había ido reforzando al correr el tiempo°. El Patricio había sido el primer padrino en la boda de sus padres. La familia entera participaba del culto a su prestigio de político honesto, conductor idealizante del pueblo.

Rita María recordó que sus relaciones con él se remontaban a muchos años atrás, cuando ella, cohibida°, asistía a reuniones de grupos ideológicos con el fin de establecer un partido permanente, basado en una carta° fundamental revolucionaria. Su admiración por el profesional de limpia y resplandeciente trayectoria electoral había crecido hasta convertirse en casi una idolatría. ¡Será nuestro próximo candidato presidencial! Lo tiene todo; ha ido escalando los peldaños políticos sin claudicaciones°; el dinero que ha acumulado lo ha ganado honradamente, sin corruptelas de ningún tipo.

Rita María esperaba en la antesala con encrucijadas° emociones pues no tenía ni la menor idea del tema que iba a tratarse con su padrino° el Patricio. ¡Lo amaba como a otro abuelo!

sparks

A... pushing her

cédula... I.D. card
despertar la conciencia / threshhold

daba

sabio, inteligente

aura
incoloramente... iridescent

milking machines / farms / **fuerte** / with the passing of time

inhibited
charter

sin... without backing down

mixed
godfather

El Patricio era alto, bien parecido, de contextura robusta que denotaba al individuo con tendencia a la obesidad que reprimía con una vida de trabajo casi ascética.

Por un momento se distrajo° escudriñando° la lujosa estancia cuyo fondo se abría hacia un patio interior poblado de flores y enredaderas° tropicales. Al lado derecho había una enorme biblioteca y junto a su butaca°, una mesa baja con una reproducción en bronce° de "El pensador" de Rodin. Frente a ella, el escritorio del Patricio, limpio y arreglado.

El secretario abrió la puerta de la izquierda y anunció al eminente ciudadano.

—Rita María, me alegro mucho de verla. La llamamos porque usted ha demostrado una enorme fidelidad al Partido, una honradez y un desprendimiento que todos valoramos en su justo precio. Su actitud, políticamente hablando, es inusitada.

—Diga usted. Realmente yo he ayudado en todas las campañas porque estoy convencida de que nuestro Partido es el único que puede erradicar la corrupción gubernamental que tiene al país en ruinas. Usted mismo es un ejemplo de probidad y de honradez.

El Patricio dibujó una sonrisa, tomó un lápiz en sus manos y empezó a tamborilearlo° sobre una hoja en blanco.

Rita María se sentía incómoda frente al Tribuno, pues lo único que ella ambicionaba era un ascenso en el escalafón° del personal de la Biblioteca más grande del país. Estaba muy tensa. Detrás de sus orejas sintió que dos chorrillos de sudor se deslizaban° por su cuello humedeciéndole la blusa. Varias veces retorció el asa° de su cartera° en forma inconsciente.

—¡Qué gran triunfo hemos tenido! Ya terminaron las persecuciones. Ahora el poder es nuestro. Por eso la hemos llamado.

Rita María permaneció desconcertada. Sabía muy bien que no encajaba° en el ajedrez° político de los "grandes" del Partido.

—Vea, se trata de lo siguiente: necesitamos de una persona de toda nuestra confianza, discreta y leal, cuya honestidad posea un temple° bien probado a través de muchos años.

—No le entiendo, bisbiseó° Rita María ya inquieta. Explíquese mejor.

—Vea; no sé cómo empezar. Usted sabe que en la pasada administración, grandes capitales que se hicieron al amparo° del poder político no permanecieron en el país, sino que se depositaron en cuentas anónimas en bancos del exterior. Nosotros combatimos la corrupción y en eso basamos nuestra campaña electoral. Ahora, por supuesto, nos toca el turno a nosotros. Su trabajo es muy sencillo. Le damos los pases°, los gastos de permanencia en el exterior, un porcentaje de comisión para que usted deposite en los bancos de Londres varios cheques y dólares en efectivo° que le entregaremos en el momento en que usted aborde el avión. No tema.

Rita María sintió que cien mil garras° subieron por sus talones° y se agolparon° dolorosamente en su garganta°. ¡Casi no podía respirar!

—¡Ppppppppppero yo no me vendo! ¿Cómo se le ocurre hacerme semejante proposición?

El odio se le acumuló en su corazón y su cerebro iba a estallar de ira°. Fuera de sí°, se irguió° y con un rápido movimiento tomó la estatua de bronce y la hundió° con todas sus fuerzas en la sien del Patricio.

El cuerpo, inerte, cayó sobre el escritorio.

---

se... she distracted herself / investigating / vines

sillón

bronze

to drum

ranks

chorrillos... trickles of sweat slid / **retorció...** twisted the strap / handbag

fit

chess

espíritu

murmured

al... under the protection

documentos

cash

claws / heels
accumulated / throat

explode with rage
fuera... beside herself / **se...** stood up / sank

ACTIVIDAD 19 Comprensión de lectura: Rita María habla con su abogado/a

Imagínese que Rita María tiene un/a abogado/a, y que tratan de reconstruir los sucesos del día de la visita de Rita María a la residencia del Patricio. Escriba usted un diálogo, basándose en la información del cuento. Para cada frase:

- escriba una pregunta que podría haber hecho el abogado.
- escriba una respuesta de Rita.

> MODELO: el contenido del telegrama
> Abogado/a: *¿Qué decía el telegrama que recibió usted?*
> Rita María: *Me invitaba a una reunión urgente en la residencia del Patricio.*

1. un recuerdo de Rita María del día de las elecciones

   Abogado/a: _____

   Rita María: _____

2. los sentimientos que el Patricio provoca en Rita María

   Abogado/a: _____

   Rita María: _____

3. la relación entre la familia de Rita María y la del Patricio

   Abogado/a: _____

   Rita María: _____

4. la participación de Rita María en la campaña electoral

   Abogado/a: _____

   Rita María: _____

5. el aspecto físico del Patricio

   Abogado/a: _____

   Rita María: _____

6. el aspecto físico de la residencia del Patricio

   Abogado/a: _____

   Rita María: _____

7. los comentarios de la gente del Patricio sobre su triunfo

   Abogado/a: _____

   Rita María: _____

8. lo que le pide y ofrece a Rita María el Patricio

   Abogado/a: _____

   Rita María: _____

9. la respuesta y la reacción de Rita María

Abogado/a: _____

Rita María: _____

En clase, trabajen en parejas para hacer la entrevista entre Rita María y su abogado y para repasar su comprensión de la lectura.

ACTIVIDAD 20 A explorar: La acción de Rita María

En grupos de tres o cuatro compañeros, discutan las siguientes preguntas.

1. ¿Fue sorprendente la acción de Rita? Expliquen.
2. ¿Cuál era su dilema moral? ¿Cómo se decide entre la lealtad y la honradez?
3. ¿Tenía ella otras opciones?
4. ¿Se puede defender la acción de Rita? ¿Cómo?
5. Inventen ustedes un epílogo para el cuento. ¿Qué le pasaría a Rita después de responder con su acción violenta?

Proyecto independiente

Paso 6:
A. Prepárese para su presentación oral.
B. Escuche a sus compañeros con atención e interés y hágales preguntas.

EXPLORACIONES

■ Para escribir...

A. Prepárese para su presentación oral en clase.

Prepare los materiales que necesitará en su presentación:

- una lista de vocabulario útil para sus compañeros
- un bosquejo (*outline*) de la estructura de su presentación, o de las ideas centrales.
- otros medios visuales: fotos, diapositivas (*slides*), etc.

B. Escuche a sus compañeros con atención e interés y hágales preguntas. Tome algunos apuntes en clase.

Aquí tiene unas frases para organizar sus apuntes:

Me gustó especialmente...

Aprendí que...

No sabía que...

Mis preguntas (por ejemplo, sobre el contenido, el vocabulario):

■ Para presentar oralmente...

A. Haga su presentación oral.

B. En grupos de tres o cuatro compañeros, compartan lo que aprendieron de las presentaciones orales.

Capítulo 7

El turismo

El turismo... Con atención a los visitantes

S on muchos los puntos de contacto que existen entre las carreras en turismo y campos como el de la educación, el de la administración y el de la industria. Por eso, los profesionales del turismo necesitan una formación humanística (en idiomas, historia, literatura, bellas artes, arqueología, etc.) o administrativo-comercial (en economía, negocios, derecho, planificación, etc.), para asistir de diversas maneras a las personas que viajan. Pueden servir de guías o de fuentes de información y educación, transportar a viajeros, alojarlos y ofrecerles entretenimiento mediante iniciativas y programas locales, nacionales e internacionales.

Gente y ambiente

En esta sección...

Perfiles del campo del turismo

I. Se presenta una vista panorámica de la industria turística: "¿En qué consiste el turismo?" y "Ecotur 2000: Descripción de algunos perfiles profesionales"

II. ¿Cuáles son las claves del éxito de los parques temáticos?: "El turismo temático a examen"

Perfil breve

III. Un director de crucero trabaja a su aire: "Kiko y los barcos"

Perspectivas literarias del campo

En esta sección...

IV. La tía Beatriz hace un viaje fantástico: "No moriré del todo", Guadalupe Dueñas (México)

Desde 1492 nadie viaja a América tanto como nosotros.

Hemos cambiado las carabelas[1] por aviones. Pero seguimos manteniendo la tradición, viajamos más que nadie al nuevo continente. Iberia es la única compañía que le lleva a 20 países americanos.

Por todas estas razones, su próximo viaje hágalo con nosotros. La segunda compañía aérea de Europa es la primera cuando se trata de América.

Consulte a su Agente de Viajes.

■ ¿Qué promueve el anuncio?

■ ¿Cuál es el mensaje?

■ ¿Qué comparaciones se presentan entre el pasado y el presente?

■ ¿Qué le parece el anuncio? ¿Qué elementos de su texto y diseño le atraen la atención?

---

[1]barcos

Orientación breve

ACTIVIDAD I De viajes y vacaciones, hoteles y restaurantes...

Complete las siguientes oraciones y explique brevemente su preferencia.
Compare sus respuestas con las de sus compañeros. ¿Tienen ustedes mucho en
común en cuanto a sus preferencias?

Algunas razones

1. Mi lugar de vacaciones favorito es...   _____

2. Prefiero viajar en...   _____

3. Durante las vacaciones, las actividades de
   recreo que me encantan son...   _____

4. Prefiero alojarme... (en un albergue para
   jóvenes, en una tienda de campaña (*tent*),
   un hotel de dos o tres estrellas, en un hotel
   de lujo (de cinco estrellas)...   _____

5. Mi restaurante favorito es...   _____

Palabras del oficio

El turismo y los viajes

la aduana customs
alquilar to rent
cancelar to cancel
aportar to give, to offer, to contribute
la cola, la fila line
la divisa foreign currency
la época de turismo tourist season
la fila row
el folleto brochure
fuera de servicio out of service
la gerencia, la gestión management

gestionar to manage, to administer
la gira, el recorrido tour
el/la guía tour guide
la guía guidebook
la inversión investment
invertir to invest
el medio ambiente environment
el ocio leisure
sobreocupar to overbook
temporada alta, plena temporada high season

Los hoteles y los restaurantes

alimentar to feed
el alojamiento lodging, housing
la cadena chain
la estancia stay
la habitación room
la hostelería hotel trade

el/la huésped guest
el/la propietario/a owner
la propina tip, gratuity
la restauración restaurant business
la tienda de campaña tent

El transporte

**el/la aeromozo/a, la azafata, el/la asistente de
  vuelo** flight attendant
aterrizar to land
la autopista highway
el billete, el pasaje ticket
con rumbo a to, en route to
la carretera road, highway
el crucero cruise
la demora delay
despegar to take off

embarcar to board
el ferrocarril railroad
ida y vuelta round trip
el/la pasajero/a passenger
el peaje toll
la tarifa fare
la tarjeta de embarque boarding pass
el/la tripulante crew member
la tripulación crew

ACTIVIDAD 2 Práctica de vocabulario

¡Un viaje inolvidable! Después de mirar el dibujo, ¡trate de imaginar lo que le habrá pasado al hombre que acaba de volver de vacaciones! El señor Campos sufrió muchísimos inconvenientes durante su viaje... ¡en el avión, en la aduana, en la carretera, en los restaurantes y en el hotel! Usando algunas de las palabras del oficio, complete el diálogo entre el señor Campos y su agente de viajes.

Agente de viajes: ¡Bienvenido a casa, señor Campos! ¿Qué tal fue su viaje de vuelta? ¿Despegó y aterrizó su avión a tiempo?

Sr. Campos: _____

Agente de viajes: ¿Y la tripulación del avión?

Sr. Campos: _____

Agente de viajes: Y después de tanto tiempo, ¿el baño funcionaba o estaba fuera de servicio?

Sr. Campos: _____

Agente de viajes: Aunque el vuelo fue largo, me imagino que no había demoras en la aduana.

Sr. Campos: _____

Agente de viajes: Pues, aunque lo pasó mal en el vuelo de vuelta, ¿se divirtió mucho en México? Al llegar, ¿pudo alquilar el coche sin problema y navegar el sistema de carreteras?

Sr. Campos: _____

Agente de viajes: ¿Le gustó la gira a las ruinas? ¿Tuvo un buen guía? ¿Le fueron útiles los folletos que le había dado a usted antes del viaje?

Sr. Campos: _____

Agente de viajes: ¿Había colas para entrar en el museo?

Sr. Campos: _____

Agente de viajes: Tengo que decirle algo. El día de su salida, recibí noticia de que el hotel donde habíamos garantizado su alojamiento estaba sobreocupado y que se había cancelado su reserva, pero no pude comunicarme con usted. ¿Qué pasó cuando llegó al hotel?

Sr. Campos: _____

Agente de viajes: ¿Fue usted el único huésped sin alojamiento? ¿Habló con la gerencia del hotel para quejarse?

Sr. Campos: _____

Agente de viajes: ¿Por fin pudo encontrar una habitación?

Sr. Campos: _____

EN RESUMEN: En parejas
Dramaticen una situación semejante a la del pobre hombre.

ACTIVIDAD 3 Práctica de vocabulario

¿Qué tal su memoria? Imagínense que acaban de volver de un viaje. Usen algunas de las frases que siguen a continuación para contar sus experiencias. Cada persona de la clase tiene que dar algún detalle. Después de comenzar la primera persona, los próximos estudiantes tienen que repetir lo que han dicho los otros, y luego añadir su parte.

> **MODELO:**   Primer/a estudiante: *Fui a San Juan. Compré un billete de avión de tarifa muy barata en Delta.*
> Segundo/a estudiante: El primer estudiante *fue a San Juan. Compró un billete de avión de tarifa muy barata en Delta. Yo fui a Buenos Aires. Me alojé en un hotel de la cadena Sheraton.* etc.

1. comprar un billete de avión de tarifa barata (cara)...
2. alojarse en un hotel de la cadena...
3. alquilar un coche...
4. pagar muchos peajes en las carreteras de...
5. esperar en una cola larga para...
6. hacer un crucero a...
7. quedarse en un albergue para jóvenes...
8. conseguir un folleto de...
9. darle una propina grande (pequeña) a...
10. hacer una gira de...
11. (no) tener problemas en la aduana porque...
12. (no) gozar de la estancia porque...

ACTIVIDAD 4 Diccionario personal

En su exploración del campo del turismo, posiblemente encontrará otras palabras y expresiones que querrá usted aprender. Apúntelas aquí a medida que hace las actividades del capítulo. ¡Las nuevas palabras serán útiles a la hora de realizar los trabajos orales y escritos!

Aa   Bb

GENTE Y AMBIENTE

Perfiles del campo del turismo

I. Se presenta una vista panorámica de la industria turística: "¿En qué consiste el turismo?" y "Ecotur 2000: Descripción de algunos perfiles profesionales"

Las siguientes lecturas provienen de la *Nueva enciclopedia práctica de turismo, hoteles y restaurantes* y de un folleto de Ecotur 2000, la Asociación Educativa de Ecología, Turismo, Prevención y Desarrollo del Perú. En ellas, se ofrece una muestra de la gran variedad de oportunidades profesionales en el campo del turismo.

¡Fíjese! Por lo general, la introducción a una lectura ofrece una idea general del tema que se va a tratar. El turismo es un campo muy amplio, y se verá que la introducción a "¿En qué consiste el turismo?" comienza con una definición general antes de la presentación de los detalles. Fíjese en cómo esta definición sirve para estructurar la presentación de los ejemplos más concretos.

ACTIVIDAD 5 ¿Qué quiere decir...?

Siguen a continuación algunas oraciones con vocabulario que sería útil repasar antes de leer las dos lecturas de esta sección. Empareje las palabras de la columna A con sus sinónimos en la columna B.

A

_____ 1. Se espera *tentar* a los turistas con una buena campaña de publicidad.

_____ 2. Hay viajeros que prefieren integrarse en *un circuito* en grupo.

_____ 3. Casi siempre nos vamos de vacaciones para *distraernos*.

_____ 4. Muchos turistas organizan su plan de viaje *por su cuenta*.

_____ 5. Los *egresados* de las escuelas de turismo están capacitados para trabajar en una variedad de puestos.

_____ 6. El *ámbito* del turismo es amplio y está relacionado con muchos sectores comerciales.

_____ 7. También ofrece oportunidades para crear y *gestionar* empresas que normalmente no se consideran turísticas.

B

a. graduados
b. independientemente
c. campo
d. atraer
e. una gira
f. administrar
g. divertirnos

ACTIVIDAD 6 Antes de leer "¿En qué consiste el turismo?" y "Ecotur 2000: Descripción de algunos perfiles profesionales"

Para empezar su exploración del campo, lea las dos primeras oraciones del artículo "¿En qué consiste el turismo?"

1. ¿De qué actividades se ocupa la industria turística? Apunte los cuatro infinitivos que la definen.
2. ¿Puede nombrar un trabajo específico que tenga que ver con cada actividad que acaba de apuntar?

La siguiente lectura presenta la multitud de trabajos que tienen que ver con dichas actividades.

¿En qué consiste el turismo?

La industria turística es la que se ocupa de transportar, cuidar alimentar y distraer a los turistas, a los cuales, en términos generales, podemos definir como aquellos que viajan fuera de su lugar de residencia. Se trata de una industria muy amplia y compleja que comienza invirtiendo millones de dólares en publicidad y promoción para atraer la atención de los potenciales viajeros. Una vez interesado, el futuro viajero quizás se ponga en contacto con un agente de viajes para contratar los servicios necesarios. La mayoría de los turistas que viajan dentro de su propio país organizan por su cuenta el programa y los servicios durante el viaje, mientras que los que viajan al extranjero suelen utilizar los servicios de un agente de viajes. Con todo, para ciertas áreas de destino, tanto nacionales como internacionales, más del noventa por ciento de las reservas se efectúan a través de las agencias de viajes, que negocian casi todo el mercado de circuitos y cruceros. El agente de viajes puede concertar total o parcialmente el viaje en cuanto a traslados y muy a menudo también el alojamiento, el alquiler de automóviles y las visitas turísticas. Los servicios pueden estar ya incluidos en un paquete turístico, o bien el viaje puede organizarse paso a paso[1], individualmente. El turista puede viajar independientemente o integrarse en un circuito en grupo.

Una vez finalizado el trabajo del agente, es el transportista quien deberá llevar al viajero a su destino. Allí los turistas no desean únicamente un ambiente agradable, una habitación y alimentos; también quieren que se les enseñe, que se les tiente, se les excite y se les distraiga —tanto el cuerpo como el ego necesitan masaje[2]. Algunos turistas necesitan descansar; otros quieren cualquier cosa menos descansar.

Algunos segmentos de la industria turística resultan obvios: el agente de viajes, la línea aérea, el hotel y el restaurante. Según el destino o la región, es de mayor importancia uno u otro de estos segmentos turísticos. ... También hay que tener en cuenta que los límites del turismo, se imbrican[3] a veces en sectores comerciales que normalmente no se consideran turísticos. Por ejemplo, muchas empresas secundarias viven del turismo —de la adquisición de películas, de las llamadas telefónicas de larga distancia, de la compra de ropa para el viaje y durante el mismo, de las lociones bronceadoras, de las gafas de sol. Además, para muchos viajeros, uno de los mayores atractivos radica en comprar las especialidades locales.

---

[1]**paso...** step by step   [2]massage   [3]overlap

El desarrollo de un área turística —posibilidades, estudios, financiamiento y control— constituye uno de los aspectos más interesantes y complejos del turismo y el análisis de su impacto económico en un área representa una de sus principales dimensiones.

Las oficinas gubernamentales —locales, regionales y nacionales— que planifican y promocionan el turismo deben ser consideradas como parte integrante del extenso ámbito turístico. Dichas oficinas gastan millones de dólares cada año para atraer viajeros a las áreas que representan.

Escuela Superior de Ecología, Turismo, Prevención y Desarrollo

P R O P U E S T A   E D U C A T I V A

DESCRIPCION DE LOS PERFILES PROFESIONALES

PERFIL GENERAL

El profesional egresado de nuestra escuela estará preparado para dirigir, organizar, asesorar[1], crear y gestionar empresas en general en el sector turismo y para desarrollar, promover, orientar y definir políticas[2] referidas a la preservación del medio ambiente, el desarrollo sustentable[3] y el manejo racional y equilibrado[4] de los recursos ecológicos. Recibirá una preparación multidisciplinaria en aspectos económicos, legales, históricos, sociales y filosóficos y un profundo conocimiento del turismo y el medio ambiente, elementos que le permitirán organizar y equilibrar los factores de la producción y desarrollo de la actividad turística y ecológica y lograr una productividad razonable de las empresas dentro de los marcos[5] legales, sociales, éticos y políticos.

Además, luego de concluir satisfactoriamente sus estudios, todos nuestros profesionales estarán en capacidad de:

Aprobar[6] con suficiencia un examen de EDECI en los distintos idiomas (inglés, francés, quechua[7])

Tomar, procesar y editar material fotográfico turístico y ecológico.

Producir audiovisuales en general.

Desarrollar un guión[8], utilizar eficientemente una cámara de video y producir documentales.

Manejar con eficiencia sistemas computarizados de Word, Qpro, Windows.

Promover, promocionar y desarrollar productos turísticos, así como una cultura de prevención y preservación del medio ambiente.

PERFIL PROFESIONAL POR ESPECIALIDADES

PROGRAMA DE TURISMO

Área: Conducción de Turismo

El profesional egresado estará en capacidad de:

Conducir grupos turísticos a nivel nacional e internacional.
Diseñar, organizar, operar y conducir paquetes turísticos de aventura, científicos, ecológicos, históricos, arqueológicos, sociales, culturales, monumentales, gastronómicos, astrológicos y místico-esotéricos.
Informar y difundir la realidad turística cultural, ecológica y étnica del Perú.
Promover, promocionar y desarrollar productos turísticos.
Evaluar, programar y desarrollar rutas y atractivos turísticos.

Área: Administración de Empresas Turísticas

El profesional egresado estará en capacidad de:

Gestionar, dirigir, operar, gerenciar y supervisar empresas turísticas.
Identificar, organizar, seleccionar, formular o diseñar y ejecutar proyectos de inversión turística.
Establecer sistemas de control de costos, fijar precios de venta, corregir desviaciones presupuestales[9], analizar y evaluar resultados operativos.

---

[1]**evaluar**   [2]policies   [3]**desarrollo...** sustainable development
[4]balanced   [5]frameworks   [6]Pass   [7]**lengua indígena**   [8]script

[9]**desviaciones...** budgetary deviations

Planificar, desarrollar y ejecutar acciones de márketing en el sector.

Organizar, dirigir y supervisar flujos[10] turísticos.

Área: Promoción de Turismo

El profesional egresado estará en capacidad de:

Evaluar, formular y desarrollar proyectos turísticos de inversión tanto del sector público como privado.

Crear e implementar nuevos productos turísticos.

Dictar políticas de desarrollo del sector turismo.

Promocionar y vender nuestro producto turístico "PERÚ" a nivel mundial.

Planificar, desarrollar y ejecutar acciones de márketing en el sector.

Diseñar y desarrollar productos turísticos en consideración a la demanda establecida en cada uno de los mercados emisores[11].

Formular planes del sector a nivel nacional, regional y local.

PROGRAMA: MEDIO AMBIENTE

Área: Ecología Turística

El profesional egresado estará en capacidad de:

Manejar y administrar áreas protegidas.

Guiar y conducir grupos de turismo ecológico y científico.

Establecer y desarrollar sistemas y proyectos productivos sustentables de manejo de cuencas[12] y de áreas protegidas.

Producir, desarrollar y dictar políticas de protección y preservación del medio ambiente, así como de su desarrollo sustentable.

Formular y plantear alternativas de desarrollo e impacto ambiental.

Promover, promocionar y desarrollar en nuestra población una cultura ecológica y ambiental.

---

[10]flows [11]**productores** [12]river basins

Combinación de viajes y turismo

Restaurantes

Miscelánea
• estaciones de servicio
• tiendas de comestibles
• ropa de vacaciones
• fotografía
• material deportivo

Servicios de recreo
• parques estatales y nacionales
• campings
• conciertos
• teatros
• lugares de interés ecológico

Atracciones turísticas
• parques de atracciones
• museos
• jardines
• casas señoriales (mansiones)
• sitios históricos y arqueológicos
• festivales
• aventura
• intereses especiales
• medio ambiente

Alojamientos
• hoteles, moteles, zona de veraneo
• apartamentos de alquiler
• casas de huéspedes
• habitación y desayuno
• albergues para jóvenes
• campamentos

Viajes y turismo

Márketing de viajes
• agentes de viajes
• venta de viajes al por mayor[13]
• agentes de viajes de incentivo

Transporte
• automóvil
• avión
• automóvil de alquiler
• bus
• ferrocarril
• barco de crucero

Explotación de los destinos
• estudios de mercado
• estudios de viabilidad
• arquitectura e ingeniería
• instituciones financieras

Investigación de viajes
• demográfica
• de actitudes y psicográfica
• análisis coste/beneficio

Oficinas del gobierno
• nacionales
• regionales
• locales

---

[13]**por...** wholesale

ACTIVIDAD 7 Comprensión de lectura: El turismo es una industria compleja

Complete las siguientes oraciones.

1. "¿En qué consiste el turismo?"
   a. Según la lectura, la diferencia entre la mayoría de los turistas que viajan dentro de su país y los que viajan al extranjero es...
   b. Una vez que llegan a su destino, los turistas buscan...
   c. Algunos sectores comerciales o empresas secundarias que tienen que ver con el turismo son...
   d. El campo del turismo se puede considerar complejo porque...

2. "Ecotur 2000: Descripción de algunos perfiles profesionales"
   e. Según la descripción del perfil general, los graduados de la Escuela Superior de Ecología, Turismo, Prevención y Desarrollo habrán aprendido...
   f. Los cuatro perfiles profesionales descritos por especialidades son...
   g. Algunas diferencias entre el entrenamiento de los graduados de las tres áreas del programa de turismo son...
   h. Los que se especializan en la ecología turística estarán preparados para...

ACTIVIDAD 8 A explorar: El trabajo de los egresados profesionales

Trabajen en grupos de tres estudiantes. Imagínense que los miembros de su grupo son egresados de una de las áreas especiales de la Escuela Superior de Ecología, Turismo, Prevención y Desarrollo: Conducción de Turismo, Administración de Empresas Turísticas, Promoción de Turismo y Ecología Turística.

1. Repasen la descripción de su especialidad y sus capacidades. ¿Para qué están capacitados?
2. Miren el cuadro titulado "Combinación de viajes y turismo" en la página 179. ¿Cuáles de los aspectos de este mapa semántico de la industria del turismo tendrían que ver con su preparación? ¿Cómo?

   MODELO: El primer grupo: *Somos egresados del programa de Conducción de Turismo. Estamos preparados para diseñar, organizar, operar y conducir paquetes turísticos de aventura (científicos, culturales, etc.). Según el mapa semántico, nuestro trabajo podría estar relacionado especialmente con 'el material deportivo' y los 'campings' porque en los viajes de aventura...*

EN RESUMEN: Toda la clase
Los grupos deben compartir las descripciones de su trabajo.

Un vistazo más personal al mapa semántico:
Piensen ustedes en un viaje reciente que han hecho. ¿Adónde fueron? ¿Han tenido experiencia directa con algunos aspectos mapas semánticos de la industria del turismo? Expliquen.

II. ¿Cuáles son las claves del éxito de los parques temáticos?:
"El turismo temático a examen"

El siguiente artículo de la revista *Personas como Nosotros,* publicada en Barcelona, describe la popularidad de que actualmente gozan los parques temáticos, las claves que determinan su éxito o fracaso y las repercusiones de este tipo de turismo en la economía del país.

¡Fíjese! Si en una lectura se mencionan regiones o pueblos que desconocemos, será útil ver un mapa para familiarizarnos con el contexto geográfico. Al leer "El turismo temático a examen", fíjese en el mapa de España que aparece al inicio de *Exploraciones* para conocer las regiones y los pueblos de los parques temáticos españoles descritos.

ACTIVIDAD 9 ¿Qué quiere decir...?

Aquí hay algunas palabras que figuran en la lectura y otras palabras relacionadas, como verbos y sustantivos con otra forma. Para completar las oraciones, ponga la forma correcta de las palabras que aparecen entre paréntesis en el sitio apropiado.

1. (turismo / turista / turístico)

   La industria _____ de la región va creciendo mucho.

   Cada año, sigue aumentando el número de _____ que

   van de vacaciones, especialmente los que hacen _____
   en su propio país.

2. (verano / veranear / veraneo)

   Muchos lugares de _____ ofrecen actividades para

   toda la familia. Hay familias que van todos los _____ a

   la playa. A menudo prefieren _____ en el mismo lugar
   porque se divierten mucho allí.

3. (ampliar / amplio / ampliación)

   La _____ de un parque temático puede impulsar a
   empresarios a su vez (*in turn*) a desarrollar más tipos de alojamiento en la

   región. Los planes para _____ pueden ser muy
   ambiciosos. Últimamente, los empresarios esperan tener una base

   más _____ de servicios ofrecidos, para atraer a más
   turistas.

4. (estación / estacional / estacionalidad)

   Algunos sitios turísticos son _____ , es decir, que están

   abiertos durante una sola _____ . La

   _____ de estos sitios tiene repercusiones económicas.

5. (prevista / prever / previsión)

La _____ inicial del número de turistas, es decir, la

demanda _____ , ayuda a los planificadores a

_____ a cuántos viajeros se necesitan albergar y
alimentar.

6. (ubicar / ubicación / ubicado)

La _____ de los parques es un factor esencial. Un

parque _____ en una región estudiada a fondo (*in
depth*) probablemente tendrá éxito. Si los urbanistas optan por

_____ un parque sin previo estudio urbano, es posible
que haya muchos problemas.

ACTIVIDAD 10 Antes de leer "El turismo temático a examen"

En grupos de tres estudiantes, contesten las siguientes preguntas.

1. ¿Qué parques temáticos conocen ustedes? ¿Dónde están? ¿Cuál/es han
   visitado? ¿Cuáles de los servicios turísticos han usado?

2. Piensen en uno o dos parques que han visitado. ¿Qué les gustó de sus
   visitas? ¿Qué no les gustó?

3. Ahora, vean el mapa de España al inicio de *Exploraciones* para localizar los
   parques temáticos descritos en la lectura y mencionados por primera vez al
   final del primer párrafo. ¿Cómo se llaman? ¿Dónde están ubicados? ¿En qué
   pueblos? ¿Cerca de qué ciudades?

4. ¿Hay un parque temático en su estado? ¿Cuál ha sido su impacto en la
   economía?

El turismo temático a examen

El turismo temático está de enhorabuena[1]: la clásica planificación veraniega de las vacaciones, tranquilas y apacibles, ha dejado paso a una creciente demanda de los parques temáticos, caracterizados por su variedad y dinamismo. Todo parece indicar que es el momento idóneo[2] para lanzarse[3] a esta parcela del mercado del ocio familiar. ¿Triunfo seguro? ¿Una apuesta[4] más? ¿Cuáles son, en definitiva, las claves que determinan el éxito o predicen el fracaso de un parque temático?

Sólo cinco de cada diez parques temáticos se benefician del anhelado[5] premio de la rentabilidad[6]. La estadística, ciertamente desalentadora[7], no debe extrañar a nadie: llevar las riendas[8] de un parque temático implica un considerable esfuerzo económico, pero también de gestión y organización. En España, tres parques temáticos despuntan[9] por encima de los demás; se trata de Universal's Port Aventura, Isla Mágica y la gran esperanza, Terra Mítica.

La experiencia española de los parques temáticos, si bien reciente todavía, ha sido lo suficientemente reveladora como para poner en claro los beneficios que se aportan a las zonas en las que se instalan. Port Aventura, pionero en el Estado, abrió sus puertas en mayo de 1995 y su éxito fue inmediato; en ese mismo año, el parque aportó un 15% del ingreso[10] turístico de cinco municipios: Salou, Cambrils, Tarragona, Reus y Vila-Seca. Su efecto como revulsivo[11] de la economía local fue verdaderamente indiscutible: incremento de la ocupación hotelera, dinamización de la restauración, animación de locales de ocio y disminución del paro[12]. Respecto a este último punto, basta

decir que el complejo[13] catalán cuenta actualmente con más de 3.000 empleados, y que, una vez finalizada su ampliación, habrá creado 20.000 puestos de trabajo directos y muchos más indirectos.

"*¿Es que ya nadie concibe una zona turística sin la presencia de un parque temático?*", planteábamos en nuestro último número al presidente de la patronal ZONTUR, Pere Joan Devesa. Su respuesta fue significativa: "*La verdad es que estamos viviendo una fiebre de los parques temáticos*", dijo. "*Estar presente en este sector no es ahora demasiado importante, pero lo será dentro de unos años*".

Orlando, el referente

Frank P. Stanek, uno de los promotores de Disney World, situado en Orlando, explicaba en Barcelona las claves para que un parque temático pueda triunfar. Y si alguien tiene autoridad para aleccionar[14] sobre el asunto, ése es Stanek, que actualmente preside la división de desarrollo internacional de Universal Studios Recreation —el segundo accionista[15] de Port Aventura—. ¿Cuáles son, pues, esas claves? Stanek proponía algunas condiciones previas: la existencia de un mercado turístico potente, la posibilidad de abrir todo el año, la variedad de la oferta, un buen acceso, una abundante capacidad hotelera y una buena relación con las Administraciones. ¿Cumplen los parques españoles estos requisitos?

Lo cierto es que, en la proyección de un parque temático, promotores y organizadores suelen volver la vista a EE.UU., donde las empresas de ocio familiar facturan 614.000 millones de pesetas. Las cifras[16] en nuestro país son mucho más modestas, pero al margen de la rentabilidad, los agentes turísticos han descubierto en estos

---

[1]**está...** is on to a good thing   [2]suitable
[3]**entrar en**   [4]gamble, bet

[5]**deseado**   [6]profitability   [7]discouraging
[8]**llevar...** taking charge   [9]stand out
[10]income   [11]impetus   [12]**desempleo**

[13]complex   [14]**dar una lección**
[15]stockholder   [16]**números**

centros lúdicos[17] un motor del desarrollo y la dinamización turística.

Uno de los factores que favorecen el rendimiento[18] económico es un volumen considerable de visitantes, pero en muchos casos esto lleva aparejado una superación[19] de la estacionalidad. En su segunda temporada, Port Aventura alcanzó los 3 millones de visitantes y una facturación de 14.500 millones de pesetas, pero desde hace dos años parece haberse estancado[20] en los 2,7 millones de visitas. Ante esta situación, son muchas las voces que abogan por[21] abrir el parque temático al público durante todo el año. Con esta medida[22], se generaría un movimiento en cadena[23] y no sólo funcionarían los 62 hoteles de la zona (Vila Seca, Salou y Cambrils), sino también otros negocios.

Precisamente, la superación de la estacionalidad es uno de los objetivos que ha perseguido la apertura de Terra Mítica, el complejo lúdico de Benidorm, abierto en la primavera del 2000. Según un estudio de mercado, la rentabilidad prevista es del 10% y el tercer año generaría los primeros beneficios, evaluados en 372 millones de pesetas (16.000 millones de ingresos). El número de visitantes que prevé supera[24] los tres millones, con la posibilidad de alcanzar a medio plazo[25] los cinco millones.

Por su parte, Isla Mágica, que inició su andadura[26] en julio de 1997, en Sevilla, se ha consolidado como la mejor oferta de ocio del sur de España. La temporada pasada, el complejo lúdico no consiguió alcanzar la previsión inicial de 2 millones de visitas y se quedó en 1.357.000. Pero, lejos de rendirse[27], en su tercera temporada se puso en marcha[28] una nueva estrategia para adecuar la oferta

---

LAS SEIS REGLAS DE ORO DE UN PARQUE TEMÁTICO

- Buenas infraestructuras que faciliten el acceso y los desplazamientos*.
- Existencia de un poderoso mercado turístico previo.
- Posibilidad de abrir todo el año, y no sólo en determinados períodos estacionales.
- Oferta variada, en función del tipo de público y la época del año.
- Buen entendimiento con las diferentes administraciones.
- Oferta hotelera suficiente y de calidad.

---

*movimientos, viajes

---

a la demanda[29]. Así, frente a la estacionalidad perseguida en los otros dos casos, Isla Mágica ha replanteado sus fechas de apertura con torno a una temporada baja —con apertura de fin de semana— y una temporada alta de apertura diaria. Asimismo, consciente de que las tres cuartas partes de su público procede de Andalucía y suele repetir la visita, ha renovado sus contenidos, entre los que destaca una nueva zona temática de 6.500 m2,[30] *El Quetzal*.

Capacidad hotelera

Aparte de los beneficios en taquilla[31], un factor que no deben olvidar los promotores y gestores de parques temáticos es el de la capacidad hotelera. Disponer del gancho[32] necesario para atraer al turismo, pero carecer[33] de alojamiento sería, simplemente, 'morir de éxito'; algo que, hoy por hoy, un parque temático no puede permitirse.

En este sentido, Port Aventura prevé la construcción de tres hoteles con capacidad total de 1.500 habitaciones y unas 3.000 camas. Tampoco Terra Mítica quiere pasar por alto[34] este detalle. Por ello, ha destinado más de un millón y medio de metros cuadrados para la infraestructura hotelera. De hecho, Benidorm es, tras Roma y París, la tercera ciudad de Europa en número de plazas hoteleras.

El caso de Terra Mítica es especialmente significativo. En principio, se estima que la demanda podría cubrirse con unas 5.000 plazas más; sin embargo, según datos de la patronal hotelera comarcal[35], hay unas 20.000 en proyecto, lo que da una idea de la confianza que ha generado Terra Mítica entre los empresarios.

El secreto de la ubicación

Al margen de la rentabilidad económica, la gestión de un negocio de este tipo precisa también de una adecuada ubicación. Los tres complejos lúdicos a los que aquí hacemos referencia destacan por una estratégica situación.

Port Aventura, situado en el corazón de la Costa Daurada, constituye una de las principales zonas de interés de la Costa Mediterránea. No menos importante resulta la ubicación de Terra Mítica, ya que Benidorm se perfila como el destino preferido por un 8% de los visitantes que anualmente deciden pasar sus vacaciones en España. Por su parte, Isla Mágica (en los terrenos de la Expo '92 en Sevilla) se encuentra en el centro del principal destino turístico del sur de España.

Texto: Inma S. Herrera, Pere Rostoll y Ana Vaquer

---

[17]**de recreo, de diversión** [18]profit
[19]overcoming [20]stagnated
[21]**abogan...** advocate [22]measure
[23]**movimiento...** chain reaction [24]excede
[25]**a...** in mid term [26]**inició...** began
[27]give up [28]**inició**

[29]**adecuar...** to adjust the supply to the demand [30]**metros cuadrados**
[31]ticket office [32]"hook", **atracción**
[33]to lack

[34]**pasar...** overlook, ignore [35]regional

ISLA MÁGICA
El primer parque temático dentro de un casco* urbano

Isla Mágica afronta su tercera temporada con el reto de atraer al turista local, cuyas visitas cayeron el año pasado del 75 al 70%. Aunque las previsiones iniciales hablaban de un promedio anual de 2 millones de visitantes, su cifra real fue, en el ejercicio de 1998, de 1.357.000 (cifra que supera, no obstante, la del primer ejercicio). El parque recrea en sus instalaciones el exótico mundo de las Américas, y se divide en seis zonas: Sevilla, Puerto de Indias, Puerta de América, Amazonia, La Guarida de los Piratas, La Fuente de la Juventud y El dorado. Cuenta con atracciones como la montaña rusa** de agua Anaconda, los rápidos del Orinoco y la cascada de agua Iguazú. Su atracción estrella es, no obstante, El Jaguar, que recibe cada año cerca de 600.000 'pasajeros'. La novedad: *El Quetzal*, un área a la que se han destinado 6.500 m².

Inauguración: 28 de junio de 1997.

Inversión: 15.000 millones.

Extensión: 358.000 m².

*shell
****montaña...** roller coaster

UNIVERSAL'S PORT AVENTURA
Del lejano oeste al mundo virtual

Universal's Port Aventura cuenta con más de un millón de metros cuadrados repartidos en cinco zonas: Mediterránea, Polynesia, China, México y Far West. Además de sus 30 atracciones, el parque ofrece espectáculos relacionados con cada una de las zonas, como el popular 'Can Can' en el *Saloon* del oeste o las espectaculares danzas polinesias. Entre las atracciones, destaca el Dragon Khan, la única montaña rusa del mundo con ocho *loopings*. Hoy en día, Port Aventura es el mayor centro lúdico y de ocio de Europa frente al mar, y proyecta un ambicioso proyecto de ampliación que incluye la construcción de un parque temático dedicado al cine y al mundo virtual.

Inauguración: mayo de 1995.

Inversión inicial: 50.000 millones (ampliación: 250.000 millones).

Aparcamiento: 6.250 plazas.

Extensión: 1.150.00 m².

30 atracciones.

90 representaciones de animación diarias.

A **10 km** de Tarragona.

TERRA MÍTICA
Bajo el signo de la rosa de los vientos

Con una potente inversión inicial de 70.000 millones de pesetas, Terra Mítica, aún en fase de construcción, prevé un complejo lúdico con vocación de mostrar al mundo la idiosincrasia de la Comunidad Valenciana, pero también de ofrecer una imagen global de la riqueza que ofrecen las civilizaciones costeras del Mar Mediterráneo, con áreas temáticas como El Egipto de los Faraones o La Grecia de los Dioses. Por eso, el símbolo de Terra Mítica es una rosa de los vientos, la única guía que sirve para llegar a tierra firme. Terra Mítica alojará también un complejo deportivo turístico con amplias instalaciones al aire libre. Al tiempo, se construirán dos campos de golf de 18 hoyos. La unión de todos estos elementos debe conducir al lanzamiento de Terra Mítica, si se cumplen las previsiones, sea un completo éxito.

Inauguración: primavera del 2000.

Inversión: 70.000 millones.

Aparcamiento: 4.750 plazas.

Extensión: 10.000.000 m².

Actividad 11 Comprensión de lectura: Las repercusiones económicas de los parques temáticos

Trabaje solo/a o en parejas para escoger todas las respuestas apropiadas para terminar cada oración.

1. Según la lectura, los parques temáticos...
   a. prometen un triunfo económico seguro.
   b. requieren mucha planificación y esfuerzo económico.
   c. han tenido mucho éxito en España.
   d. pueden aportar muchos beneficios a las economías locales.

2. Port Aventura, parque temático que abrió sus puertas en mayo de 1995,...
   a. ha sido el pionero entre los parques temáticos de España.
   b. ha creado muchos trabajos para los catalanes de los municipios de Salou, Cambrils, Tarragona, Reus y Vila Seca.
   c. es parte del desarrollo internacional de Universal Studios Recreation.
   d. ha atraído a más visitantes cada año desde su apertura.

3. Para que un parque temático tenga éxito, es deseable que...
   a. haya bastantes hoteles de buena calidad.
   b. sea un negocio estacional.
   c. se ubique en una zona turística atractiva.
   d. las infraestructuras lo hagan muy accesible.

4. Algunas de las atracciones que tienen Port Aventura, Terra Mítica e Isla Mágica son...
   a. las montañas rusas.
   b. los complejos deportivos.
   c. las instalaciones exóticas de las Américas y las civilizaciones antiguas.
   d. los museos de antigüedades.

Actividad 12 A explorar: A diseñar un parque temático exitoso

Imagínese que es usted miembro de un equipo de consulta para una empresa multinacional que quiere construir un parque temático en cierta zona de algún país.

Trabaje en un equipo de cuatro personas. Incluyan lo siguiente en su plan:

1. el nombre del parque temático
2. la ubicación
3. el "gancho" necesario para atraer al turismo: lo que lo hace atractivo
4. otras claves del éxito: características especiales de los hoteles, los restaurantes, la infraestructura, etc.

En resumen: Toda la clase
Cada equipo presenta su plan. Después de escuchar las presentaciones, entre todos pueden elegir el plan más prometedor.

GENTE Y AMBIENTE

Perfil breve

III. Un director de crucero trabaja a su aire: "Kiko y los barcos"

"Si tú me dices ven, lo dejo todo..." A los 18 años, Kiko San Esteban embarcó por primera vez como profesional en un crucero. En el siguiente perfil, se contará su historia y cómo se ha arriesgado a trabajar a su aire (*in a very personal style*).

¡Fíjese! Hay muchas maneras de contar una historia. Un aspecto importante de la narración es **el punto de vista** o **la perspectiva**. A veces un participante de la acción cuenta la historia en forma autobiográfica, en primera persona. Otras veces un entrevistador cuenta en tercera persona las experiencias del entrevistado. O puede ser que haya un narrador que no participa directamente en las acciones, que presenta lo que ve, siente o cree uno o algunos de los participantes. Cuando lea, fíjese en el punto de vista y en cómo se narra la historia de Kiko y los barcos.

ACTIVIDAD 13 ¿Qué quiere decir...?

Sería útil repasar algunas expresiones de la lectura. Después de leer las siguientes oraciones, emparéjelas con un sinónimo apropiado del grupo A, y con una traducción posible al inglés del grupo B.

Grupo A: que intentase; tiene relación; en el barco; actividades de entretenimiento, viajar alrededor; sea lo que sea

Grupo B: have/has to do with; be that as it may; try one's luck; on board; entertainment; travel around

1. probar suerte
   Le sugirió *que probase suerte*.

   A. _____

   B. _____

2. animación
   Era director de *animación*.

   A. _____

   B. _____

3. tener que ver
   El mundo fuera del barco es como que no *tiene que ver* contigo.

   A. _____

   B. _____

4. Hacer la vuelta
   Hace la vuelta al mundo.

   A. _____

   B. _____

5. sea como fuere
   Sea como fuere, la vida de los barcos es desconocida por muchos.

   A. _____

   B. _____

6. a bordo
   Los que trabajan *a bordo* tienen que adaptarse a las demandas.

   A. _____

   B. _____

Actividad 14 Antes de leer "Kiko y los barcos"

Con un grupo de tres estudiantes, discutan las siguientes preguntas.

1. ¿Es usted una persona a quien le gustaría pasar aventuras en alta mar o preferiría quedarse en tierra firme? Explique. (Y claro, ¡no todas las aventuras en barco son como la catástrofe del Titanic!)

2. Mencionen ustedes algunas ventajas y desventajas de trabajar en alta mar, en un crucero de una de las grandes compañías navieras. (Pueden ustedes pensar en ventajas o desventajas en general para todos los empleados o discutir trabajos específicos como, por ejemplo, el del capitán, el director de animación, los encargados de la limpieza, de las cabinas o del comedor.)

Kiko y los barcos

"Érase una vez[1] que se era, un crucero en el que actuaban Serenella Magrini y su marido José Luis García de San Esteban.... Mientras tanto Kiko, su hijo, vivía largas temporadas en Italia con sus abuelos maternos... Un buen día Kiko también embarcó en un crucero y....". Éste podría ser el inicio del cuento titulado: "Kiko y los Barcos". Pero como la suya es una historia real como la vida misma[2], te la contaremos como tal[3]. Narrada unas veces en primera y otras en tercera persona y sin final escrito. Aunque, hasta la fecha, sea feliz y coma perdices[4].

Kiko estudió electrónica, y sus primeros trabajos fueron como asistente de luces en giras musicales. Como ya te hemos contado, su madre era y es 'show woman', y pasaba largas temporadas (de hasta 6 meses) embarcada en cruceros. Por lo que Kiko la veía poquísimo: "Había veces que cuando bajaba del avión no la reconocía", comenta. En uno de estos cruceros su madre necesitaba un ayudante, y le sugirió que probase suerte. Dicho y hecho[5]. Con 18 años, Kiko hizo su primer crucero como asistente. "En realidad nunca me había planteado trabajar en eso, pero me enganchó[6]. Y a la vuelta de este mi primer crucero, decidí orientar mis pasos hacia la animación". Pronto firmó contratos como director de crucero (encargado de animación, cabinas, catering y recepción de pasajeros) con compañías navieras[7] y cadenas hoteleras como Sol Meliá. Su planteamiento era, en principio, trabajar seis meses en hoteles y otros tantos en cruceros. "Lo que sucede es que al final terminé trabajando sólo en cruceros, de 8 a 11 meses al año. ¿Qué encontraba Kiko en alta mar para pasar la mayor parte de su tiempo embarcado? "Te sientes como en una nube, y el mundo fuera del barco es como que no tiene que ver contigo. Además, es muy glamuroso, noches de gala, vestidos de fiesta, un día te despiertas en Túnez[8] y al siguiente en Grecia. Conoces muchos lugares y a mucha gente (los tripulantes de un crucero son de hasta 30 nacionalidades distintas)", asevera[9].

Los cruceros tienen, por lo general, una duración que va desde la semana a los 15 días, pasando por los tres meses que se está embarcado cuando se hace la vuelta al mundo.... Lo habitual es firmar contratos por tres o seis meses, así el personal enlaza[10] un crucero con otro, con un paréntesis de veinte días libres por cada seis meses de trabajo.... "No hay horario, se trabaja 24 horas sobre 24. No puedes desconectar ni tener vida privada, —comenta Kiko—. Yo, como director de crucero, me levantaba a las seis de la mañana y me acostaba a la una de la madrugada. Este ritmo de vida no lo puedes aguantar[11] más de seis meses seguidos. Es un trabajo que tiene su período y su edad. Si en un momento determinado no paras, dejas de tener vida en tierra. Pierdes tu lugar", y prosigue: "Además de los lugares exóticos que visitas es también importante las amistades que haces, de hecho, la mayoría de mis amigos siguen embarcados. Se genera mucha camaradería. Hay cosas que no se me olvidarán en la vida. Un día bajé a las bodegas[12] y encontré a un chico llorando. Su hijo acababa de nacer y no lo podía ver en un año, porque tenía firmado un contrato por ese tiempo. Durante la Guerra del Golfo, nos quedamos incomunicados en alta mar y, por unos días, lo pasamos francamente mal", concluye....

Sea como fuere, la vida de los barcos sigue siendo una auténtica desconocida en tierra firme. Los mitos con olor a salitre[13] existen, pero conviven con realidades que tienen nombre y apellidos.

---

[1]**Érase...** Once upon a time [2]**vida...** life itself [3]**como...** as such [4]**sea...** he lives happily ever after [5]**Dicho...** Said and done [6]hooked [7]shipping

[8]Tunisia [9]**dice** [10]joins [11]**tolerar**

[12]storerooms [13]saltpeter

ACTIVIDAD 15 Comprensión de lectura: Al contrario,...

Trabaje solo/a o con otra persona para comprobar su comprensión de la lectura. Todas las siguientes oraciones son falsas. Corríjalas completando cada oración con por lo menos un detalle o hecho del perfil de Kiko San Esteban.

1. El joven Kiko pasó su niñez con sus padres en alta mar. Al contrario,...
2. Kiko siempre colaboró con su madre. Al contrario,...
3. Kiko siempre había querido trabajar en los cruceros. Al contrario,...
4. Como director de cruceros, llevaba una vida muy rutinaria. Al contrario,...
5. Kiko describía sólo a los empleados de cruceros encargados de animación. Al contrario,...

ACTIVIDAD 16 A explorar: Un crucero por las Américas

Para esta actividad, ustedes van a embarcarse en un crucero por las Américas. Saldrán de Miami y volverán a Alaska dos meses después. Ustedes son los viajeros y tendrán la oportunidad de planear su itinerario.

1. Utilicen los mapas al inicio de *Exploraciones* u otro más detallado para elegir los lugares que quieren visitar.

2. Cada estudiante debe elegir un puerto: una ciudad o un pueblo de la costa o de una isla.
   a. Después de elegir los lugares que quiere visitar, cada estudiante debe buscar el lugar en la red o en una guía turística. Utilice algunos de los muchos portales y buscadores que existen en español.
   b. Escriba un párrafo para describir el sitio o algunos de los lugares de interés cerca del puerto.

3. En clase, los estudiantes van a compartir sus recomendaciones para planear el crucero, arreglar la ruta y describir los lugares de interés.

El campo y ustedes

¿Qué les parece a ustedes el campo del turismo? En grupos de tres o cuatro compañeros, discutan las siguientes preguntas.

1. ¿Le gustaría trabajar en el campo del turismo? ¿Qué le atrae al campo? ¿Qué no le atrae?

2. ¿Cómo arregla usted sus propios viajes? ¿Lo hace por su cuenta o emplea a un agente de viajes? ¿Usa la Internet para buscar los vuelos u otras ofertas? ¿Compra las guías turísticas? Explique.

3. ¿Es la región donde vive usted una zona turística ya famosa? ¿Por qué es popular? ¿Por qué la visita la gente? ¿Qué sectores de la economía local han experimentado el efecto del turismo? Describa y explique brevemente.

4. Piense un poco más en el lugar donde vive. Si la zona no es un lugar tan visitado, ¿qué sugeriría usted para estimular la industria turística? O si ya se conoce como lugar de turismo, ¿qué sugeriría usted para mejorarlo?

5. ¿En qué circunstancias podría ser especialmente útil el conocimiento del español para trabajar en el campo del turismo? Mencionen unos ejemplos.

Manos a la obra

Unas vacaciones ideales

Imagínese que usted es miembro de un equipo de promotores de viajes en grupo. Un grupo de turistas (hispanohablantes de ¿...?)
piensa hacer un viaje juntos y tendrán que elegir entre las posibilidades presentadas por los diferentes promotores.

1. Preparen una breve presentación a base de los siguientes modelos para anunciar sus ofertas o paquetes.

¡Usen su imaginación para crear unas vacaciones sensacionales!

Semana Santa
inolvidable en
Venezuela

4 días/3 noches
Hotel La Serena

- *actividades diarias*
- *discoteca*
- *desayunos buffet*
- *piscina y playa*
- *tenis y golf*

solo pasaje
desde **$499** USD
No incluye avión

Propinas e impuestos hoteleros incluidos

Crucero
por las **Islas Galápagos**

Destino:
- **Isla Isabela**
- **Isla Fernandina**
- **Isla de Santa Cruz**
- **Isla Española**

Precio desde
$1.800 USD

Excursiones para ver variedades de pingüinos, pelícanos, iguanas, leones marinos, pájaros patas azules, y otra impresionante fauna

Base doble todo incluido

Dos estrellas culinarias

Riviera Mexicana:
Los Ángeles,
Cabo San Lucas,
Mazatlán y Puerto Vallarta

8 días de recorrido en el Rapsodia de los Mares

Incluido el hospedaje en la categoría seleccionada, los alimentos y algunas bebidas, así como toda la diversión abordo

Desde **$1.249** USD por pasajero

Chile y Argentina

enero – febrero

Bicicleta de Montaña

Aventura por la frontera por el Distrito de los Lagos, en el sur de Chile y Argentina

Precio desde
$3.498 USD
Pensión completa y todo incluido

Albergues de ambiente europeo y estilo latino

2. Deben incluir suficientes detalles para que sus clientes sepan en qué
   consiste la promoción, por ejemplo...

   - la duración del viaje
   - el itinerario
   - el transporte
   - los hoteles
   - las comidas
   - las excursiones
   - los precios, las tarifas, lo que (no) está incluido
   - otros aspectos

EN RESUMEN: Toda la clase

Cada grupo debe presentar su oferta. Los otros son los clientes que deben
elegir el viaje que les gusta más. Después de escuchar las presentaciones, los
estudiantes pueden explicar su selección.

✒ *Perspectivas literarias del campo*

IV. La tía Beatriz hace un viaje fantástico: "No moriré del todo",
Guadalupe Dueñas (México)

En este cuento fantástico de Guadalupe Dueñas, escritora mexicana de artículos de
revista, cuentos y guiones para la televisión, la protagonista Beatriz compra un
boleto de avión porque decide morir. El viaje que hace Beatriz no termina como
originalmente había planeado. ¡Es un viaje no sólo por el aire sino también por su
imaginación!

¡Fíjese!   Los símiles son comparaciones directas que pueden aumentar la fuerza de una
descripción. Se emplean mucho en este cuento para describir de los sucesos y los
pensamientos de la tía Beatriz. Verá, por ejemplo, los siguientes:

- "Las hélices sonaron a terremoto".
  The propellers sounded like an earthquake.
- "El aparato se deslizó en la pista con lentitud de automóvil descompuesto".
  *The machine slid down the runway with the slowness of a broken-down
  automobile.*
- "El último bocado de queso descendió como el azogue en un termómetro...".
  The last mouthful of cheese went down like the mercury in a thermometer.
- "... los árboles incandescentes como el fuego de San Telmo".
  ...trees incandescent like St. Elmo's fire.

Cuando lea "No moriré del todo", fíjese en el vigor del estilo del cuento, debido en
parte al uso de los símiles.

ACTIVIDAD 17 ¿Qué quiere decir...?

En la lectura se encuentran muchos sinónimos o palabras de significado parecido y también muchos antónimos o palabras opuestas. Llene los espacios con las formas correctas de las parejas de opuestos que siguen a continuación.

1. tierno / brusco
   —¿Fue muy triste y sentimental la escena de despedida?
   —Sí, se besaron y se abrazaron muy cariñosamente con gestos muy

   _____ y nada _____ .

2. tenaz / débil
   —¿Siguió firme en su deseo de hacer el viaje?

   —Sí, es una persona muy _____ y determinada y nada

   _____ en sus convicciones.

3. abrocharse / desatar
   —¿Se apretó bien el cinturón después de ver el letrero?

   —Sí, _____ , y no _____ el
   cinturón hasta que el letrero se apagó.

4. desplomar / subir
   —En la turbulencia de la tormenta, ¿pareció bajar rápidamente el avión?

   —Sí, _____ velozmente, pero el piloto lo pudo

   controlar y de pronto volvió a _____ .

5. imprevisto / esperado
   —¿Fue sorprendente lo que sucedió?

   —Sí, totalmente _____ . ¡Nunca habría

   _____ tal cosa!

6. manso / enloquecido
   —¿Estaba muy nerviosa la mujer?

   —No, muy _____ y tranquila, aunque había otros que

   estaban _____ de miedo.

7. despavorido / valiente
   —¿Y qué pasó?

   —Algunos jóvenes _____ ayudaban a dos viejos

   _____ .

8. fallecer / sobrevivir
   —¿Hubo muertos o heridos?

   —Desgraciadamente, uno _____ , pero

   afortunadamente la gran mayoría _____ .

9. contratiempo / éxito
   —¿Ha sufrido esta aerolínea muchos accidentes?

   —No, su _____ en la industria es bien merecido; todos

   los vuelos salvo dos se han cumplido sin _____ .

ACTIVIDAD 18 Antes de leer "No moriré del todo"

¿Ha viajado usted en avión?

1. Antes de leer este relato que trata del vuelo de la tía Beatriz, haga una cronología posible con las siguientes frases para indicar cuál es un orden razonable de acontecimientos cuando se hace un viaje en avión.

___1___ comprar el boleto (el pasajero)

_____ apretarse el cinturón (el pasajero)

_____ repartir refrescos y otras bebidas (la aeromoza)

_____ despedirse de la familia (el pasajero)

_____ leer el letrero que dice "Sujétese el cinturón" (el pasajero)

_____ encaminarse a la sala de espera (el pasajero)

_____ desatar el cinturón (el pasajero)

_____ comprar una póliza contra riesgos de viaje (el pasajero)

_____ dar una sacudida (*jolt*) y aterrizar (el avión)

_____ despegar (el avión)

EN RESUMEN: En grupos de tres o cuatro

En clase, comparta su cronología. Emplee oraciones completas y frases como las siguientes: antes del vuelo..., primero..., después..., entonces..., luego..., finalmente....

No moriré del todo°

del... completamente

Beatriz decidió morir. Compraría un boleto de avión y la póliza contra riesgos de viaje°. Imaginó con halago° la satisfacción de sus deudos°: dos sobrinos y una prima lejanísima.

Lo corriente es que un cadáver sólo pese y mortifique°; por esta vez, fallecer significaría una fortuna. Beatriz se felicitó de poseer un cuerpo: ¡qué desperdicio° si hubiera nacido camaleón° o golondrina°! Meditó en la torpeza° de morirse en la cama y en el egoísmo con que se escamotea una justa ganancia°.

Los sobrinos besaron conmovidos a la tía cuando discutió con ellos el plan. La prima derramó° una lágrima y ambos muy cariñosos infundiéronle ánimo° explicando que ese tipo de muerte es rápido y sin molestias. Por lo general, estallan° los motores en pleno vuelo°. Si el avión se estrella°, el choque es tan eficaz que el aturdimiento° impide apreciar las consecuencias; pero de cualquier manera, el mal rato no pasa de° milésimos de segundo. Además, le hicieron reflexionar sobre otros puntos: que oficialmente cumplía los cincuenta; que la remotísima esperanza de matrimonio había desaparecido con el hundimiento° del Doria°, al poner fin a las débiles promesas del maquinista Krautzer; que padecía° un reumatismo progresivo y el negocio de botones estaba ya liquidado; que resultaría inútil su cariño frente a la importancia de los estudios de la prima y de los muchachos. Por otra parte la inversión no corría riesgo, ya que las informaciones obtenidas acerca del promedio° de accidentes en la Compañía Maglioli, podían considerarse exactas: en los últimos tres meses, las estadísticas arrojaban° seis bajas° por cada diez vuelos.

póliza... travel insurance policy / **gratificación** / **parientes**

pese... is a bother
waste
chameleon / swallow / **estupidez** / **se...** cheat out of a fair gain

shed / **infundiéronle...** encouraged her / **explotan**
en... in mid-air / crashes
shock
no... no excede

sinking / **Andrea Doria, una nave italiana que se hundió** / **sufría**

average
mostraban / crashes

Tía, prima y sobrinos se hicieron mutuas recomendaciones en la tierna despedida. Rara vez triunfa un gesto de abnegación y un pariente recibe adioses calurosos.

Cuatro vuelos —sin contratiempo— esperaron los jóvenes hasta que al fin subieron a la dama en el avión falible.

Tímida, Beatriz, ocupó el tercer lugar, junto a la ventanilla. El letrero luminoso la fascinó en seguida como un ojo de culebra°. "Sujétese° el cinturón". Ella cumplía la orden invadida por una sensación de culpa. ¿Con qué derecho se ponía a salvo°? "Peligro, apriétese el cinturón." Esta vez lo estrechó° hasta ponerse anaranjada. La aeromoza acudió en su auxilio°.

snake / fasten

se... se salvaba / tightened
aid

Un ruido de motores la hizo saltar. No, no habían despegado. Alguien colocó en sus rodillas una mesita con té y bocadillos exquisitos, para disimular la demora° diaria, siempre imprevista. La trataban igual que a una visita. Estaba emocionada.

disimular... to cover up the delay

Las hélices° sonaron a terremoto°. El aparato se deslizó° en la pista con lentitud de automóvil descompuesto. Por la ventanilla, la tía alcanzó a distinguir las manitas de sus familiares y los amorosos ojos bañados en lágrimas. Con la boca llena de pan de ciruela° hizo una mueca° de adiós.

propellers / earthquake /
se... slid

pan... prune bread / face,
grimace

El monstruo movióse velozmente hasta el final del campo. Era como si resoplaran° cien hipopótamos. La señorita renovó las provisiones; ahora unos emparedados° de queso derretido° que infamemente le hacían "coger°" amor a la vida.

were snorting
sándwiches / melted / catch

Casi sin sentir el avión se elevó. El último bocado° de queso descendió como el azogue° en un termómetro desde la garganta de Beatriz a los dedos del pie.

mouthful
mercury

Apagaron el letrero. Los viajeros respiraron cómodos, pero ella no se atrevió a desatar el famoso cinturón que le apretaba.

Flotaban en un país de azúcar. ¡Maravilloso! La incansable aeromoza repartía esta vez, vinillo° espléndido. La atención, en la aeronave, era celeste, angélica, incomparable... A la viajera con el vino le entró una vitalidad y una alegría nuevas. Le pareció haber alcanzado aquella "gracia" de que tanto hablan en Cuaresma°. Se sentía pura, ingrávida°... Por el cristal asomó° el paisaje nacarado°, las grutas° marinas, las montañas de nieve, los árboles incandescentes como el fuego de San Telmo.

bit of wine

Lent / light / mostró / like
mother of pearl / grottos,
caverns

Empero° un escalofrío° llegó a su corazón. ¡Tenía que morir! No podía fallarles°.

Nevertheless / chill / fail them

Volaban sobre el mar, sobre un desierto azul, infinito, repentinamente oscurecido.

El aparato, al principio tan manso, dio una sacudida° desconsiderada y empezó un trote infernal. El letrero parpadeaba°. "Peligro. Sujétense el cinturón." Y después: "Conserven la calma. Regresamos a la base."

jolt
blinked

Muy pálida la aeromoza repartía chicles y bolsas de papel. "¿Para qué?"; pensó Beatriz. Eran misteriosas, sin nada adentro. Cuando la empleada pasó junto a su lugar, ella interrogó con ojos despavoridos.

—No se apure°, señora, son bolsas de aire.

No... No se preocupe

—¿Cuáles, éstas o las de afuera?

El letrero enloquecedor, continuaba su charla: "Prohibido fumar, tormenta, aterrizaremos en una hora"; alguien comentó: "Tenemos gasolina para 40 minutos".

—Glorifica mi alma Señor! —bramó° una turista inglesa en el mejor castellano.

bellowed

Beatriz comprendió que el único idioma adecuado para rezar° era el español. Intentó un Viacrucis°, siguió con la Salve y luego el Bendito. ¡Imposible! ¡Ay, ay, ay! Ninguna jaculatoria° vino en su ayuda. Pies para arriba arrancó el pájaro de hierro°.

pray
Viacrucis... Way of the Cross
short prayer
iron

Debió haber enloquecido el piloto, porque igual iban en picada° como se eleva- | **iban...** nose-dived
ban. —¡Cien veces maldito!— exclamó Beatriz, y olvidó su generosa promesa.
Hizo acopio de° fuerza y comenzó a enderezar° el aparato sobre bases de volun- | **Hizo...** She gathered / straighten out
tad. Cuando parecía desplomarse, ella, con su propio estómago lo levantaba; con | **a...** she blew the lightening away / rolling / she improvised / low hills
los hombros lo ponía derecho; a soplidos retiraba los rayos°. En el balanceo°
capoteaba° el movimiento con estrategia de experto. Otro desplome que casi
tocaba el lomerío° y ¡para arriba!, mmm, mmm,... Todos los músculos al servicio
de los motores. Sudaba° de pies a cabeza. La inflamación le llegaba hasta el ojo. El | She sweated
pasaje tendría que agradecérselo. Sola contra los elementos, devorando dulces,
galletas°, frutas, como cuando tenía siete años; ¡lista al menor desnivel° del | cookies / drop
monstruo! Se tragó° la bolsa de papel y ni siquiera tuvo hipo°. Pudo ver el fogo- | **se...** she swallowed / hiccups
nazo° del motor; sin embargo, se desentendía°, valiente. En el cine pasaba los | flash / **se...** ignored it
mismos trabajos; dirigía las prácticas de los aviones norteamericanos, siempre vic-
toriosos. ¡Qué satisfacción haber manejado con tanta pericia°! | skill, talent

Llevaba más horas de vuelo que las que pudieran pagar todos los pasajeros. De
pronto el silencio. Los motores enmudecen°. El aeroplano es una cáscara°. El ojo | **se ponen silenciosos** / shell
de víbora° avisa que planean. Seguramente era una broma, porque la máquina es | viper
un papalote°: tiembla como impermeable de celofán. El letrero se funde°. Bajan | kite / **se...** is worn out
sin fuerzas. Nuevamente se apodera de ella tenaz° determinación. Salva escollos°, | **fuerte** / reefs
árboles, cerros°, piedras, hasta llegar con la dulzura de una sandalia a la pista de | hills
regreso. Los pasajeros lloran, se besan. De improviso la conciencia le estruja° la | crushes
razón: ¡Está viva! ¡Traición!° Ha hecho víctima de su estúpida maniobra° a tres | Betrayal / maneuver
seres que confiaban en ella. Está de regreso con su vida inútil, incolora°, simple, | **sin color**
solitaria, inservible, sin pasado, asquerosamente° buena... Una indemnización° | disgustingly / **compensación**
desperdiciada°, nula. Todo por la absurda euforia que le hizo sentir amor por la | wasted
vida. En el aire los conceptos son distintos. Arrepentida° de su imprudencia se | Repentant
encamina a la sala de espera y en un rincón se da a la tarea de repasar su infortunio. Quizá alguien le dé otra oportunidad, quizá la ayuden a... ¡Pero no!, ya no
podrá enfrentarse a la vergüenza° de existir. | shame

ACTIVIDAD 19 Comprensión de lectura: La aventura de la tía Beatriz

Conteste las siguientes preguntas para comprobar su comprensión de la
lectura.

1. ¿Por qué decidió morir Beatriz?
2. ¿Cómo pensaba morir?
3. ¿Por qué compró un boleto de la Compañía Maglioli?
4. ¿Cuál era la actitud de la prima y de los sobrinos?
5. ¿Qué le parecieron a Beatriz la comida y el servicio del avión?
6. ¿Por qué decidió Beatriz que quería vivir?
7. ¿Qué pasó durante la tormenta?
8. ¿Qué hizo Beatriz durante la tormenta?
9. ¿Cómo terminó el vuelo?
10. ¿En qué pensaba Beatriz cuando entraba en la sala de espera después del vuelo?

ACTIVIDAD 20 A explorar: La aventura del vuelo contada por...

Escoja uno de los siguientes personajes, y escriba un párrafo para inventar su versión de lo que pasó con el viaje en avión de la Compañía Maglioli. ¿Qué le pasó a usted? ¿Qué le parecieron las acciones de los otros? ¿Qué piensa usted de todo lo ocurrido?

la tía Beatriz

la aeromoza

el piloto

un/a pasajero/a del avión

un/a sobrino/a o la prima de la tía Beatriz

EN RESUMEN: En grupos de tres o cuatro
En clase, asumiendo el papel del personaje que ha escogido, comparta su historia con los otros participantes. Cuénteles lo que le pasó y lo que piensa usted de ellos y su comportamiento.

Proyecto independiente

Paso 7

A. Día 1: Prepare un borrador de su ensayo final.

B. Día 2: Lea, revise y comente el ensayo de un/a compañero/a.

■ Día 1
Para escribir...

- Prepare un borrador, es decir, una primera versión de su ensayo.
- Siga las instrucciones de su profesor/a en cuanto al número de páginas, la estructura, el contenido u otros elementos específicos.
- Llegue a clase con dos copias de su borrador, una para su profesor/a, y una para otro/a compañero/a.

■ Para presentar oralmente...

En clase, trabaje con otra persona para compartir las ideas principales de su borrador.

Para la tarea, su profesor le va a pedir que redacte y comente el ensayo de un compañero.

■ Día 2
Para escribir...

Revise y comente el ensayo de su compañero/a.

Aquí tiene algunas instrucciones para escribir sus comentarios:

- Lea bien el borrador de su compañero/a y fíjese en el contenido.
- Al final del ensayo, escriba dos recomendaciones específicas para mejorarlo. Por ejemplo:
    —cómo hacer más clara la tesis
    —cómo hacer más fuerte la tesis
    —cómo y dónde incluir otros detalles o ejemplos
    —cómo hacer mejor la introducción o la conclusión
    —cómo mejorar la organización o la estructura del
      ensayo (por ejemplo, cambiando de orden ciertos párrafos)
- Firme después de escribir sus comentarios.
- Lea una vez más el borrador y fíjese especialmente en los verbos y en la concordancia (*agreement*): el uso de lo singular/plural/masculino/femenino (u otros elementos que su profesor/a quisiera destacar).
- Marque o subraye (*underline*) con bolígrafo de color visible los errores que vea.

■ Para presentar oralmente...

En clase, explíquele a su compañero/a sus comentarios en el borrador que ha leído y editado.

Capítulo 8

La informática y la ingeniería

La informática y la ingeniería... En la vanguardia de los avances tecnológicos

La explosión tecnológica de las últimas décadas del siglo XX ha creado grandes oportunidades laborales en nuevos campos. Los profesionales de la informática trabajan como teóricos, analistas, investigadores y programadores; los ingenieros diseñan y crean prototipos de productos, máquinas y sistemas en el propio campo de la informática y en otros como en los de la ingeniería biomédica, electrónica, química, medioambiental (*environmental*) y civil. Diversas organizaciones industriales, financieras y científicas emplean a informáticos como analistas de sus sistemas de información. Muchas organizaciones públicas y privadas emplean tanto a expertos en informática como a ingenieros para investigar y crear aplicaciones a partir de teorías científicas y matemáticas.

Gente y ambiente

En esta sección...

Perfiles de profesionales del campo de la informática y la ingeniería

I. Un informático mexicano trabaja para avanzar el acceso al ciberespacio: "Cibernauta Miguel de Icaza, programador libre"

II. Una ingeniera industrial ejerce una carrera en un mundo dominado por los hombres: "Amanda Espinosa triunfa como ingeniera"

Perfiles breves

III. Dos cibernautas combaten el peligro de los virus: "Cibernautas Jorge David Herrera y Luis Bernardo Chicaiza"

Perspectivas literarias del campo

En esta sección...

IV. El esposo de una ingeniera hidráulica describe su vida: "Liberación masculina". Marco A. Almazán (México)

blow

- ¿Qué pasa en la tira?
- ¿De qué se burla?
- ¿Qué comentarios se hacen de los avances tecnológicos?

Orientación breve

ACTIVIDAD 1 Los profesionales de los campos tecnológicos

A. ¿Cuántos de Uds. conocen a personas que trabajan en los campos tecnológicos? ¿Dónde trabajan? ¿Qué hacen? Para discutir estas preguntas, formen grupos de dos o tres en torno a uno de estos compañeros de clase.

B. En este capítulo van a conocer a varios profesionales técnico-científicos que trabajan en diversos ambientes laborales. ¿Pueden Uds. nombrar uno o dos productos, invenciones o aplicaciones que desarrollen o diseñen estos ténico-científicos?

	industria o lugar	producto, invención o aplicación
1. ingeniero/a aeronáutico/a	_____	_____
2. ingeniero/a biomédico/a	_____	_____
3. ingeniero/a eléctrico/a o electrónico/a	_____	_____
4. ingeniero/a industrial	_____	_____
5. ingeniero/a informático/a	_____	_____
6. ingeniero/a mecánico/a	_____	_____
7. ingeniero/a genético/a	_____	_____
8. programador/a	_____	_____

EN RESUMEN: Toda la clase
Compartan sus respuestas.

Palabras del oficio

El mundo de la tecnología

el adelanto, el progreso advance
la autoedición desktop publishing
la computadora, el computador, el ordenador computer[1]
el dato data, piece of information
desenvolverse to develop
divulgar, anunciar to spread, popularize
factible, posible feasible
el hallazgo, el descubrimiento discovery
la informática information technology, computer science, computing
la ingeniería de la programación software engineering

la investigación research
lanzar to launch
la red mundial, la telaraña, la telaraña mundial, la Internet Web

[1]En la América Latina *computer* se traduce como **computador** o **computadora**. En España se llama **ordenador**. Sea un término u otro, sabemos bien lo que estas máquinas inteligentes hacen **cómputos** o cálculos numéricos, operaciones lógicas y **ordenamiento** de datos de diversas clases.

Las máquinas, los aparatos y sus elementos

la **carpeta** folder
la **charla** chat
la **contraseña, la palabra de acceso, la palabra clave**
   password
la **copia de seguridad** backup
el **correo electrónico** e-mail
el **digitalizador** scanner
el **disquete** diskette
el **enlace** link
la **herramienta** tool
la **hoja de cálculo** spreadsheet

la **máquina, la parte física** hardware
el **nombre de usuario** username
el **navegador, el visualizador** browser
la **pantalla** screen, display
el **procesador de texto** word processor
el **programa, la programación, la parte lógica**
   software
el **ratón** mouse
el **servidor** server
el **teclado** keyboard

Para hacer funcionar las computadoras

almacenar to store
archivar to file
conectarse, la conexión to login, login
   desconectarse, la desconexión to logout, logout
configurar to customize

copiar y pegar to cut and paste
enlazar to link
guardar to save
navegar to surf
pulsar, picar, hacer clic con el ratón to click

ACTIVIDAD 2 Práctica de vocabulario: ¿Qué dicen Uds.?

Complete cada una de las preguntas utilizando el vocabulario de la lista de *Palabras del oficio*. **¡Ojo!** Puede haber más de una posibilidad. No se olvide de usar las palabras en la forma correcta.

1. ¿Qué _____ de la tecnología de las últimas décadas del siglo veinte le impresionan mucho?

2. ¿Dónde _____ Ud. sus papeles y documentos importantes?

3. ¿Cuánta memoria tiene su computadora para _____ los datos?

4. ¿Con qué frecuencia se comunica Ud. con sus amigos, su familia, sus profesores u otros por _____ ?

5. ¿Ha usado _____ para crear documentos con fotos o dibujos?

6. ¿Qué _____ de su computadora utiliza Ud. más?

7. Antes de empezar la construcción de un puente o un túnel, ¿qué factores deben investigar los ingenieros para decidir si su proyecto es _____ ?

8. Si un grupo de activistas urbanos quiere _____ un plan para construir una nueva carretera que pase por el centro de la ciudad, ¿con quiénes deben consultar?

ACTIVIDAD 3 Práctica de vocabulario: Tecnología para principiantes...

Imagínese que tiene que explicarle algunos términos a alguien que no tiene mucha experiencia con las computadoras ni con las aplicaciones, los programas o los sistemas tecnológicos. Primero, escriba una palabra de las *Palabras del oficio* que mejor corresponda con las siguientes definiciones. Segundo, escriba una definición o explicación sencilla para los términos escritos en bastardilla.

1. Explorar la información o el contenido de *la red mundial*; eso es

   _____ y *la red mundial* es...

2. Proteger o copiar un documento que ha creado en su *procesador de texto*;

   eso es _____ , y un *procesador de texto* es...

3. Apretar *el ratón* para que haga un sonido; eso es _____ , y *el ratón*

   es...

4. Tener una conversación en "tiempo real" por *correo electrónico*; eso es

   _____ , y *el correo electrónico* es...

5. La palabra o combinación de letras o números que protege al *usuario*; ésa

   es _____ , y *el usuario* es...

6. El procesador de texto, las hojas de cálculo y la autoedición: ésos son

   ejemplos de _____ o *herramientas* muy útiles para los infórmaticos,

   ingenieros y los demás profesionales. Otras *herramientas* importantes son...

7. Un componente importante de la computadora, donde el usuario ve los

   textos y los gráficos es _____ . Otro componente importante es el

   teclado, que...

8. Cuando alguien termina de leer su correo electrónico o su comunicación

   con un servidor, tiene que _____ . Si quiere *conectarse* de nuevo,

   tiene que...

ACTIVIDAD 4 Diccionario personal

En su exploración del campo de la informática y la ingeniería, posiblemente encontrará otras palabras y expresiones que querrá usted aprender. Apúntelas aquí a medida que hace las actividades del capítulo. ¡Las nuevas palabras serán útiles a la hora de realizar los trabajos orales y escritos!

GENTE Y AMBIENTE

Perfiles de profesionales del campo de la informática y la ingeniería

I. Un informático mexicano trabaja para avanzar el acceso al ciberespacio: "Cibernauta Miguel de Icaza, programador libre"

El siguiente artículo proviene de la sección "ciberp@ís" del periódico español *El País*. Ofrece un perfil de un joven apasionado de la programación.

¡Fíjese!   ¡Más nombres y más siglas (*initials*)! En el siguiente perfil, se mencionará una variedad de productos y marcas del mundo de la informática, a veces con su sigla o acrónimo. Para no perderse en un mar de nombres, puede ser útil pensar brevemente en algunos de los nombres que ya conoce. Le darán un punto de partida para leer acerca de los inventos de los cibernautas. Siguen a continuación algunos nombres. ¿Los conoce Ud. bien? ¿Ha oído del producto o del nombre? ¿O no los conoce?

- Network Object Model Environment (GNOME)
- Windows de Microsoft
- LINUX
- Red Hat
- MAC
- Gimp
- Excel
- AOL

ACTIVIDAD 5 ¿Qué quiere decir...?

Para familiarizarse con algunos aspectos del mundo de los cibernautas, trabajen en parejas. Primero, escojan entre **a** y **b** para indicar la frase que explica mejor las palabras escritas en bastardilla. Luego, contesten las preguntas para compartir algunas ideas suyas relacionadas con esas palabras.

1. Mucha gente busca programas *gratuitos* en la Internet o en otros sitios.
   a. que no cuestan nada
   b. sencillos

   ¿Conoce usted algunos sitios donde se pueda encontrar programas gratuitos?

2. Se dice que ciertos *entornos* son mucho más fáciles de navegar o utilizar que otros.
   a. mandatos
   b. ambientes o sistemas operativos

   En su opinión, ¿qué entornos son fáciles de navegar?

3. Muchos cibernautas *compaginan* sus estudios de matemáticas con la informática.
   a. combinan
   b. complican

   Según lo que sabe o ha oído, ¿qué otros campos de estudio se compaginan frecuentemente con la informática?

4. A menudo es esencial *montar* un equipo de informáticos para diseñar un programa.
   a. juntar y organizar
   b. viajar con

   Según su experiencia, ¿en qué clases es más común montar equipos de estudiantes?

5. Cuando se trabaja en equipo, es preciso que cada uno *aporte su granito de arena*.
   a. se quede en el lugar correcto
   b. haga su parte

   Según su experiencia, ¿es común que todos aporten su granito de arena?

6. Si un equipo de informáticos inventa un programa nuevo, por lo general tal producto no es *patrimonio* de todos.
   a. no pertenece a todos los usuarios
   b. todo el mundo tiene acceso al código fuente (*source code*)

   ¿Conoce algún programa cuyo código fuente tenga patrimonio mundial?

7. Es posible que los programadores hagan múltiples *retoques* antes de que se lance una versión definitiva de un programa.
   a. mejoras
   b. errores

   Antes de entregar un ensayo, ¿generalmente hace usted muchos retoques?

Actividad 6 Antes de leer "Cibernauta Miguel de Icaza, programador libre"

En parejas o en grupos de tres o cuatro estudiantes, contesten las siguientes preguntas.

1. ¿Qué hacen cuando tienen problemas con los programas o con las aplicaciones de su computadora? ¿A quiénes llaman para buscar ayuda?
2. ¿Saben Uds. instalar los programas en su computadora? ¿Qué programas tienen en su máquina? ¿Los han instalado Uds.?
3. ¿Han pagado Uds. la mayoría de los programas que utilizan o se aprovechan mucho de los programas gratuitos?

CIBERNAUTA
MIGUEL DE ICAZA,
PROGRAMADOR LIBRE

"Cualquiera podrá instalar en su PC un Linux con ventanas en unos meses"

Miguel de Icaza, durante su reciente visita a Madrid (C. Álvarez)

Sólo tiene 26 años, pero le acompaña la fuerza de Internet. Miguel de Icaza, un estudiante de matemáticas de la Universidad Nacional Autónoma de México, ha desafiado con un sistema gratuito de fácil manejo a la bestia sagrada[1] del *software* mundial: el Windows de Microsoft.

El proyecto GNU Network Object Model Environment (GNOME), coordinado a través de la red por este apasionado de la programación, ha creado un entorno de ventanas y aplicaciones sencillas que acerca al ciudadano al hasta ahora complejo mundo de Linux.

Dentro de poco, Linux, el popular sistema operativo que se ha convertido en máximo ejemplo del *software* libre y gratuito, será más fácil de instalar y usar en los ordenadores personales. "El objetivo final es que cualquier persona, aunque no sea un experto informático, pueda usar *software* libre en su ordenador", asegura Icaza.

GNOME convierte los complicados comandos de Linux en simples movimientos y clics de ratón. Es un proyecto que De Icaza comenzó en agosto de 1997, al tiempo que compaginaba sus estudios de matemáticas con el puesto de administrador de redes de la universidad.

Miguel contactó con otros programadores y lanzaron el proyecto por Internet; concretamente, a través de las listas de distribución de *software* libre. Empezaron 10 personas y se fueron sumando hasta 250 programadores de todo el mundo.

GNOME montó un equipo en el que cada uno iba aportando su granito de arena. "Algunos querían hacer aplicaciones gráficas; otros, la infraestructura de impresión; a otros les seducía desarrollar el sistema de sonido. Al final, el objetivo fue crear un estándar para que cualquiera pudiese configurar el ordenador", explica.

Las ventanas están ya listas para su uso; y funcionan. Se colocaron en la red coincidiendo con la fiesta Linux World, celebrada en Silicon Valley, aunque siguen introduciéndose retoques antes de lanzar la versión definitiva. El objetivo es que cualquier persona no experta pueda instalar en su PC el sistema de ventanas de Linux con la misma facilidad con que se instala, por ejemplo, el Windows de Microsoft.

Miguel de Icaza asegura que "estas versiones para todos los públicos estarán listas en las páginas *web* de la empresa Red Hat dentro de dos o tres meses". Cualquiera podrá, entonces, solicitar un CD-Rom sencillo de usar o, simplemente, copiar el sistema operativo completo a través de Internet.

GNOME ha adoptado lo más atractivo de otras interfaces gráficas, como las de Mac y Windows. La diferencia es que está escrito en código abierto y permite a cualquier consumidor utilizarlo como mejor le parezca, redistribuirlo a quien quiera y como quiera y modificarlo y personalizarlo como desee.

El programador mexicano considera que el *software* es patrimonio mundial y no pertenece a nadie. Y explica que, cuando se elabora un gran programa, hay errores que los responsables no pueden prever. Con un *software* propietario como el de Microsoft, el usuario no puede resolver esos errores, porque los programadores de la firma son los únicos que conocen el código fuente.

Microsoft, al igual que el resto de las empresas que venden este tipo de programa propietario, proporciona sólo el resultado final, no los mapas para construirlo. "Nosotros damos los mapas y una licencia que permite a la gente extenderlo".

Gracias a este planteamiento sobre la propiedad y el trabajo en equipo, los programas y aplicaciones de software libre son gratuitos o casi gratuitos. El paquete completo de GNOME podrá copiarse sin pago alguno a través de Internet o solicitar un disco por unas 300 pesetas, un precio simbólico cercano al coste del soporte de grabación[2].

Para De Icaza, aunque queda camino por recorrer, la meta está clara: reemplazar el *software* comercial existente por alternativas libres.

Hojas de cálculo y procesadores de texto

El proyecto GNOME, impulsado por Miguel de Icaza, no se circunscribe al simple sistema operativo. El equipo de programadores ha sentado las bases para desarrollar nuevas aplicaciones con funciones parecidas a las que se usan normalmente con otros sistemas operativos de ventanas y de forma tan intuitiva como en ellos.

De Icaza trabaja dentro de un equipo que se ha dedicado a crear una hoja de cálculo similar al Excel de Microsoft, y ya tienen listo un programa de agenda electrónica y calendario. Al mismo tiempo trabajan en tres proyectos diferentes de procesadores de texto y en un programa para el tratamiento de las imágenes llamado Gimp. Originariamente, éste se empleó como base para desarrollar GNOME.

---

[1]**bestia...** "sacred cow"

[2]recording

ACTIVIDAD 7 Comprensión de lectura: Cibernovedades...

Trabajen en parejas para dramatizar la siguiente situación.

Estudiante A:
Está muy interesado en obtener programas y aplicaciones sin pagar. Ud. le dice a su amigo que sabe quién es Miguel de Icaza y dónde ha estudiado, pero que no sabe los detalles de su trabajo. Entonces Ud. le hace una serie de preguntas específicas a su amigo para obtener más información sobre GNOME, Linux y los programas públicos.

Estudiante B:
Ud. conoce muy bien los proyectos de Miguel de Icaza y cómo van desarrollándose. Le explica a su amigo los detalles de GNOME, Linux y la existencia de programas gratuitos. Conteste las preguntas según el artículo que ha leído.

ACTIVIDAD 8 A explorar: ¿Son ustedes cibernautas?

En grupos de tres o cuatro compañeros, discutan las siguientes preguntas para terminar con un perfil de ustedes como cibernautas.

1. ¿Tiene su propia computadora? ¿De qué marca es? ¿Qué modelo? ¿Cuántos años tiene? ¿Es su primera computadora?
2. ¿Tiene su familia más de una computadora? ¿Cuántos años hace que la/s tienen? ¿Quiénes de su familia la/s utilizan?
3. ¿Para qué utiliza usted la computadora? ¿Aproximadamente cuántas horas a la semana pasa frente a la pantalla del monitor?
4. ¿Qué programas y aplicaciones conoce muy bien? ¿Sabe usted programar? ¿Sabe usted algunos idiomas de programación? ¿Cuáles?
5. ¿Cómo ha mejorado su vida la computadora? ¿Y qué dificultades, peligros o riesgos le ha traído?

EN RESUMEN: Toda la clase
¿Cómo se caracteriza la clase en términos de su cibersabiduría o sus ciberintereses? ¿Dirían que las computadoras han desempeñado un papel muy importante en su educación? Expliquen.

II. Una ingeniera industrial ejerce una carrera en un mundo dominado por los hombres: "Amanda Espinosa triunfa como ingeniera"

Este perfil traza la educación y la experiencia profesional de Amanda Espinosa, una ingeniera industrial mexicana que ha logrado tener éxito en su profesión.

¡Fíjese! Hay palabras cuyo significado cambia según su uso en un campo o contexto particular. Fíjese, por ejemplo, en las palabras **matriz** y **bodega**, que aparecen en la lectura.

La palabra **matriz**:

- Como término anatómico quiere decir *womb* o *uterus*.
- Como término jurídico quiere decir *original* o *master copy*.
- Como término tecnológico quiere decir *mold, die* o *matrix*.

- En la siguiente lectura, la mención de **fábrica matriz** quiere decir **la fábrica principal o central de una empresa**.

La palabra **bodega**:

- Si tiene que ver con los vinos, puede significar **un depósito de vinos**, **una tienda de vinos** o **una taberna**.
- En algunas partes de Latinoamérica, también quiere decir **tienda general** o **tienda de comestibles**.
- Como término náutico, se refiere a la parte del barco llamada *hold* en inglés.
- En la siguiente lectura, se menciona que Amanda Espinosa trabajaba en una **bodega**, que según el contexto quiere decir *warehouse*.

Fíjese en los significados especiales y siempre tenga cuidado al consultar el diccionario.

ACTIVIDAD 9 ¿Qué quiere decir...?

En el siguiente artículo se encuentran palabras que se refieren a la estructura de la empresa para la que trabaja Amanda Espinosa y el papel de ésta en la compañía. Empareje las palabras escritas en bastardilla de la columna A con sus sinónimos en la columna B.

A

_____ 1. la industria *automotriz*

_____ 2. *fabricante* de filtros para automóviles

_____ 3. un grupo de especialistas en la *sucursal* de Mann+Hummel en Argentina

_____ 4. una bodega donde trabajan más de ochenta personas, pero todavía la más pequeña del *consorcio*

_____ 5. se convocó una reunión con el *cuerpo directivo* de la compañía

_____ 6. organiza un sistema de calidad con *la asesoría* del jefe

_____ 7. especialista en *la capacitación* del personal

_____ 8. gente dedicada a la compra de equipo *de medición*

_____ 9. le *auguraban* que no ejercería como ingeniera industrial

_____ 10. *el ejercicio* de la ingeniería industrial

B

a. productor

b. los directores

c. para medir propiedades físicas

d. el entrenamiento

e. la práctica

f. de coches

g. el consejo

h. grupo o asociación

i. predecían

j. oficina no principal

ACTIVIDAD 10 Antes de leer "Amanda Espinosa triunfa como ingeniera"

Trabaje solo/a o en parejas. Lea la introducción que comienza "Le auguraban..." que sigue al título del artículo. Antes de leer el artículo completo, diga o apunte en su cuaderno dos preguntas que cree que va a contestar el artículo.

EXPERIENCIAS DE MUJERES QUE TRABAJAN
AMANDA ESPINOSA TRIUNFA COMO INGENIERA

Le auguraban que no ejercería como ingeniera industrial, una carrera para hombres. Ahora tiene a su cargo el aseguramiento de la calidad de una importante empresa y ha capacitado incluso a ingenieros argentinos.

Con 29 años de edad, Amanda Espinosa Mendoza es jefa de aseguramiento de calidad de Filtros Mann, subsidiaria de la trasnacional Mann+Hummel, fabricante de filtros para automóviles. Desde hace seis años demuestra que el ejercicio de la ingeniería industrial ya no es terreno exclusivo de los hombres.

Atrás quedó el enojo provocado por un comentario que escuchaba todos los días: "¿Para qué estudias esa carrera si cuando te cases terminarás lavando?" La joven, una de las 12 estudiantes inscritas —de un total de 62 alumnos— en la carrera de Ingeniería Industrial y Sistemas en el Instituto Tecnológico y de Estudios Superiores de Monterrey deseaba que no fuera ése su destino.

Filtros Mann de México se fundó en 1991 con apenas tres ingenieros en la planeación de la estructura. Amanda, recién titulada, era una de ellos. "Trabajábamos en una bodega pequeñita de Naucalpan dedicados a la compra de equipo de medición y al adiestramiento[1] del personal —recuerda—. Ahora somos más de 80 personas en la empresa, pero es, todavía, la más pequeña del consorcio. En la subsidiaria de Brasil trabajan más de 8.000 empleados."

Gracias a su desempeño, fue enviada a la fábrica matriz. La capacitación recibida durante tres semanas fue definitiva para que Amanda, con la asesoría de su jefe, organizara en México un sistema de calidad similar al operado en Alemania.

Hace un año el gerente de la fábrica de Buenos Aires llamó a su colega mexicano; le dijo que, sabedor del éxito del programa realizado en México, deseaba que fuera un especialista a capacitarlos. El mexicano le preguntó si no habría inconveniente en que ese especialista tuviera apenas 28 años de edad. Aunque dudó un poco, el argentino respondió que si el ingeniero era realmente experto, sería bien recibido. Entonces vino la pregunta más difícil: "¿Y no te importaría si ese ingeniero es mujer?"

Y así fue como la joven profesional fue elegida para capacitar a un grupo de especialistas en la sucursal de Mann+ Hummel en Argentina, casi todos mayores de cuarenta años. Su misión era demostrar qué requisitos debía cumplir la empresa para llegar al nivel internacional exigido por la industria automotriz. Si bien sus colegas sudamericanos la recibieron con cierta reticencia, todos se rindieron[2] ante su demostrada capacidad. "Luego hasta competían entre sí por mostrarme sus avances", comenta Amanda.

Si bien reconoce haber tenido suerte al ser contratada por una empresa que valora la preparación profesional por encima del género[3], Amanda señala que a veces resulta difícil ser escuchada. "Pero si tus puntos de vista son válidos, te toman en cuenta", asevera[4] e ilustra con un ejemplo: "Para resolver un conflicto con un cliente, se convocó una reunión con el cuerpo directivo de la compañía. Se ponderaron varios aspectos; pero, a mi parecer[5], no se llegaba a las causas. Ya mi jefe había dado por concluida la reunión cuando le dije: "¡Un momento! Yo creo que el problema es otro", y les expliqué mi argumento. Mi jefe me miró muy serio, pero luego me dio la razón[6]".

Amanda Espinosa es un ejemplo de que la mujer no está obligada a renunciar a sus sueños ni a sus logros profesionales para fundar un hogar. Casada con Ricardo Moreno, director y compositor del grupo de rock progresivo Iconoclasta, ya ha planeado la manera de compartir los deberes maternales con su esposo: él se haría cargo del bebé durante sus mañanas libres, mientras ella trabaja.

Por lo pronto, equilibra su vida con actividades variadas. Con su marido ha formado un dúo de guitarra y tocan en fiestas de familiares y amigos. Incluso lo han hecho en la fábrica. También disfruta de las actividades al aire libre, como el montañismo, que le exige levantarse a las dos o tres de la mañana. Días antes de que se cerrara el acceso al Popocatépetl[7] organizó, junto con el gerente general de la empresa, una ascensión a la cumbre[8], que alcanzaron felizmente.

---

[1]entrenamiento, capacitación

[2]yielded   [3]gender   [4]asserts   [5]a... En mi opinión
[6]me... told me I was right   [7]volcán en México   [8]summit

ACTIVIDAD 11 Comprensión de lectura: Una mujer en un mundo dominado por los hombres

Trabaje solo/a o en parejas. Imagínese que participa en una entrevista con el jefe de Amanda. En ésta, el/la entrevistador/a le hace preguntas al jefe sobre Amanda como ingeniera y como mujer en la compañía. Primero, apunte las preguntas y las respuestas y luego, en clase, dramaticen ustedes la entrevista.

El puesto actual de Amanda Espinosa:

Entrevistador/a _____

Jefe _____

Los desafíos de su carrera académica en ITESM:

Entrevistador/a _____

Jefe _____

Su trabajo en la bodega de Naucalpan:

Entrevistador/a _____

Jefe _____

Su experiencia en la fábrica matriz:

Entrevistador/a _____

Jefe _____

Su relación con sus colegas en la sucursal de Mann+Hummel de Argentina:

Entrevistador/a _____

Jefe _____

La percepción de Amanda sobre la cuestión del género en esta empresa:

Entrevistador/a _____

Jefe _____

La vida personal y los pasatiempos de Amanda:

Entrevistador/a _____

Jefe _____

ACTIVIDAD 12 A explorar: Las mujeres y los campos tecnológicos

En una discusión de la clase entera, contesten las siguientes preguntas.

1. Entre los estudiantes de la clase, ¿cuántos se especializan, por un lado, en algunos de los campos técnicos (por ejemplo, la ingeniería, la informática, o los campos multidisciplinarios como la ingeniería química, la biotecnología o la ingeniería biomédica, el diseño industrial, las ciencias computacionales, etc.), y, por otro lado, en los campos menos técnicos? ¿Cuántas de cada grupo son mujeres? ¿Cuántos de cada grupo son hombres?

2. Entre los amigos y familiares de Uds., ¿cuál es el porcentaje aproximado de mujeres que se especializan, que se han graduado o que trabajan en un campo tecnológico?

3. ¿Por qué creen Uds. que hay menos mujeres en estos campos?

4. ¿Creen que es importante promover el ingreso de las mujeres en los campos técnicos?

5. ¿Cómo se puede lograr el objetivo de que haya más mujeres en los campos tecnológicos?

GENTE Y AMBIENTE

Perfiles breves

III. Dos cibernautas combaten el peligro de los virus:
"Cibernautas Jorge David Herrera y Luis Bernardo Chicaiza"

El trabajo de dos ingenieros de sistemas los lleva de la Universidad de los Andes a un futuro prometedor en Silicon Valley.

¡Fíjese! Con los cambios velocísimos en el campo de la informática, miles de términos siguen cruzando las fronteras lingüísticas: el lenguaje va cambiando tan rápidamente como la tecnología. En el mundo del ciberespacio, de los cibernautas y los internautas, muchas palabras del inglés se han aceptado fácilmente en la lengua española. También hay numerosos términos híbridos. Fíjese, por ejemplo, en los términos técnicos que aparecen en el siguiente artículo: **cables**, **modems**, **softwares**, **CD-ROMs**, **virus**, **antivirus**.

ACTIVIDAD 13 ¿Qué quiere decir...?

Para seguir bien las actividades de los dos cibernautas, practique con las siguientes frases que va a encontrar en la lectura. Empareje las palabras escritas en bastardilla de la columna A con las frases sinónimas de la columna B.

A

_____ 1. *alrededor de* cables, modems, etc.

_____ 2. *desde el inicio de* sus carreras

_____ 3. *a partir de entonces*

_____ 4. *detrás de* sus pantallas

_____ 5. *de manera conjunta con* la Universidad de los Andes

_____ 6. *a principios* del próximo año

B

a. en los primeros días o meses

b. en colaboración con

c. desde el comienzo de

d. en la parte posterior de (en este contexto, frente a)

e. cerca de, en la presencia de

f. después de ese momento

ACTIVIDAD 14 Antes de leer "Cibernautas Jorge David Herrera y Luis Bernardo Chicaiza"

Trabaje solo/a o en parejas para contestar las siguientes preguntas.

1. En el contexto del mundo de la informática, ¿cómo define Ud. la palabra **virus**?

2. ¿Qué hay que hacer para combatir un virus de este tipo?

3. Indique cuál ha sido su experiencia personal con estos virus.

CIBERNAUTAS

Nombre: Jorge David Herrera
Edad: 28 años
Ingeniero de sistemas

Nombre: Luis Bernardo Chicaiza
Edad: 27 años
Ingeniero de sistemas

Jorge David Herrera y Luis Bernardo Chicaiza han crecido alrededor de cables, modems, softwares y CD-ROMs. El talento de estos jóvenes fue evidente desde el inicio de sus carreras en la Universidad de los Andes[1]. A partir de entonces han dedicado su tiempo al análisis y a la investigación de los virus en las computadoras.

Después de meses detrás de sus pantallas lograron diseñar algunos antivirus específicos que tuvieron divulgación nacional, pero el sueño que compartían era encontrar una solución general y permanente a este dolor de cabeza de los usuarios de computadoras.

Gracias a una investigación que realizaron de manera conjunta con la Universidad de los Andes, consiguieron hacer realidad su fórmula mágica: Compucilina, un software que ataca cualquier forma nueva de virus.

Hoy estos dos jóvenes tienen su propia empresa, Soluciones Informáticas de Colombia, Solinfo, que se encarga de desarrollar y comercializar el sistema antivirus creado por ellos. El éxito de este producto ha hecho posible que Solinfo haya iniciado operaciones con oficina propia en México y que a principios del próximo año proyecte abrir su sede[2] en Silicon Valley.

---

[1]**Universidad...** Bogotá, Colombia   [2]headquarters

ACTIVIDAD 15 Comprensión de lectura: Cibernovedades...

Trabajen en parejas para dramatizar la siguiente situación.

Estudiante A:
Acaba de averiguar que un virus ha infectado su computadora. Ud. le explica a su amigo/a el problema.

Estudiante B:
Ha leído el artículo sobre Jorge David Herrera y Luis Bernardo Chicaiza, y así puede ofrecerle ayuda a su amigo, explicándole todo lo que sabe de ellos y de su programa.

ACTIVIDAD 16 A explorar: Los peligros del ciberespacio

En grupos de tres o cuatro compañeros, discutan una de las siguientes preguntas.

1. ¿Les parece a ustedes que la introducción de un virus sea un acto de vandalismo o terrorismo? ¿Cuáles podrían ser los motivos del creador/de la creadora de un virus? ¿Qué castigo merece la persona que lo hace?

2. ¿Están Uds. de acuerdo con que aparezca en la red mundial información sobre temas como la pornografía infantil, o sitios que promulgan el racismo o recetas para fabricar explosivos? Explique.

3. ¿Qué les parece la piratería de los programas o de las aplicaciones? ¿Es lo mismo copiar un libro o un vídeo para uso personal que copiar un programa de computadora? ¿O son situaciones distintas?

4. ¿Qué delitos o crímenes asociados con la informática les parecen más serios o peligrosos? ¿Hay maneras de evitarlos?

En resumen: Toda la clase
Compartan los resultados de su discusión con los otros.

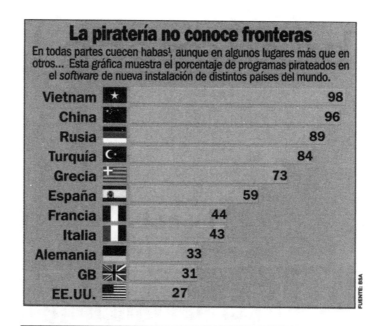

[1]**En...** It's the same everywhere

 ? El campo y ustedes

¿Qué les parecen a ustedes los campos de la informática y la ingeniería? En grupos de tres o cuatro compañeros, discutan las siguientes preguntas.

1. ¿Se puede imaginar como informático/a, ingeniero/a u otro profesional de algún campo tecnólogico? ¿Por que sí o por qué no? ¿Qué le atrae a una carrera en este campo? ¿Qué no le atrae?

2. De los perfiles presentados en este capítulo, ¿qué rasgos personales y qué destrezas se destacan? ¿Qué es lo que más les impresiona de los perfiles?

3. Los adelantos tecnológicos y las aplicaciones de la informática y de la ingeniería han tenido un gran impacto sobre muchísimos campos profesionales. Describa algunas de las conexiones entre la tecnología (la informática o la ingeniería) y otro campo profesional que le podrían interesar. (Aquí proponemos algunas ideas: la relación entre la ingeniería y la medicina, la ingeniería y los negocios, la ingeniería y los servicios sociales, la informática y la industria cinematográfica, la informática y la música, la informática y la educación, etc.). Trate de dar varios ejemplos concretos.

4. ¿En qué circunstancias podría ser especialmente útil el conocimiento del español para trabajar en los campos de la informática y la ingeniería?

Manos a la obra

Un descubrimiento innovador

Usted será ahora experto/a técnico/a o inventor/a que desarrolla un nuevo producto. Su invención puede ser un aparato, un proceso, un programa o una invención revolucionaria.

1. Escriba usted un informe que describa en detalle la creación, el desarrollo, la función y la operación del invento. Recuerde...¡en su público no hay especialistas técnicos y por eso las instrucciones del invento deben ser muy explícitas! Si le parece útil, incluya dibujos, esquemas o gráficos para facilitar la comprensión y la aceptación de su innovación.

2. En clase, va a participar en una exposición de nuevos productos. Use su informe escrito como base de su presentación oral. Prepare bien su presentación oral para no leer directamente de su versión escrita.

3. Los otros estudiantes de la clase pueden hacerles preguntas a los inventores. Después de escuchar todas las presentaciones, los estudiantes seleccionarán los productos más innovadores o útiles.

¡Felicidades a los ganadores!

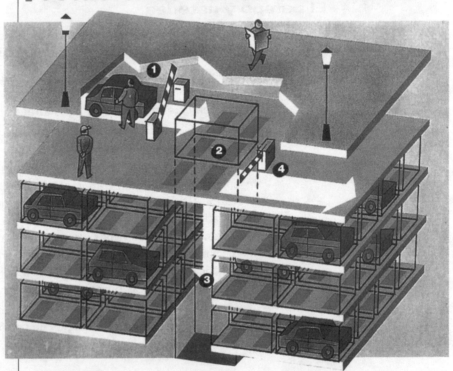

¿Cómo funciona un estacionamiento robotizado?

Los estacionamientos inteligentes o robotizados operan de la siguiente manera:

1. El automovilista introduce una tarjeta magnética y codificada en un lector[1].

2. Se deja el auto en el interior de una caja o celda[2], que está situada sobre un montacargas[3].

3. El ascensor sube o baja la caja con el auto hasta la planta en la que se va a estacionar y un sistema de plataformas móviles lo estaciona en la plaza asignada por la computadora.

4. Para retirar[4] el automóvil, se repite el mismo proceso, pero en sentido inverso.

---

[1]reader   [2]cell, cubicle   [3]lift, freight elevator   [4]**sacar**

Perspectivas literarias del campo

IV. El esposo de una ingeniera hidráulica describe su vida:
"Liberación masculina", Marco A. Almazán (México)

Este cuento de Marco A. Almazán, el humorista más conocido de México, ofrece una perspectiva única de la vida de una pareja mexicana moderna.

¡Fíjese! "Liberación masculina" refleja el contexto mexicano de su autor. Aunque el cuento tiene un sentido universal, las alusiones o los coloquialismos regionales establecen las coordenadas culturales particulares. Fíjese, por ejemplo, en las referencias geográficas o históricas, y en un par de coloquialismos mexicanos:

- **El 16 de septiembre** es la fecha del comienzo de la guerra de independencia mexicana de 1810.
- **El río Usumacinta** está en el sur de México.
- **La Zona Rosa** es un distrito elegante y turístico de la Ciudad de México.
- **Rindió la protesta** quiere decir **prestó un juramento** o *took the oath of office.*
- **Amigachos** significa buenos amigos, compañeros o *buddies.*

ACTIVIDAD 17 ¿Qué quiere decir...?

El lenguaje vivo y coloquial que emplea Almazán contribuye al humor y a la leve (*slight*) ironía del cuento. En la columna A, siguen a continuación algunas palabras de la lectura con su traducción coloquial. Emparéjelas con un sinónimo de la columna B.

A

_____ 1. carcamal (*old fogey*)

_____ 2. un servidor (*I, your humble servant yours truly*)

_____ 3. trabajan como borricas (*they work like donkeys*)

_____ 4. siguió en sus trece (*stood her ground*)

B

a. persistió

b. se esfuerzan mucho

c. era... reaccionario y anticuado

d. Cuando Clarita y yo éramos novios...

ACTIVIDAD 18 Antes de leer "Liberación masculina"

Conteste las siguientes preguntas.

1. ¿Qué entiende usted por la frase "liberación feminina"? ¿La relaciona con el movimiento feminista? Apunte una explicación breve en su cuaderno.

2. Ahora, ¿qué le sugiere a usted el título de la lectura? Apunte en su cuaderno una o dos oraciones para definir esta frase.

Liberación masculina

Con la misma regularidad que el 16 de septiembre, todos los años celebro el aniversario de mi independencia personal. No porque haya estado preso° o me haya divorciado, sino simplemente porque permití que se emancipara mi mujer. Al liberarse ella—o creer que se liberaba—el que en realidad se liberó fui yo.

in jail

Permítanme ustedes que les explique cómo estuvo la cosa:

Cuando Clarita y un servidor éramos novios, en vez de hacer manitas° y de contemplarnos el uno en las gafas del otro (como siempre lo han hecho las parejas de novios que tienen manos y que usan anteojos), nos poníamos a discutir° con tanto ardor como si estuviéramos casados. Y era natural: Clarita era una chica rebelde, audaz° y progresista, dialéctica° en sus estructuras más íntimas, en tanto que yo era un jovencito aburguesado°, con tendencia a la obesidad y la calvicie° prematuras, lleno de prejuicios casi coloniales, conservador con mis ribetes° de reaccionario intransigente y ya bastante carcamal en mi modo de vestir y de pensar. El ideal de Clarita, en cambio, era el movimiento de emancipación femenina: la completa integración de la mujer en la sociedad, la absoluta igualdad de derechos, la posibilidad de acudir° a la universidad sin ser mirada con recelo° por sus compañeros, la seguridad de ejercer su profesión el día de mañana (Clarita, entre paréntesis, estudiaba ingeniería hidráulica) como cualquier ciudadano con bigote°, aunque ella—por razones de hormonas—nunca llegara a tener bigote. En tanto que mi problema consistía precisamente en lo contrario, es decir, que yo quería a una Clarita muy mujer de su casa, que atendiera el hogar, que fuera ella misma a hacer la compra al mercado, que preparase la comida y que les enseñara a rezar y llevara a la escuela a los hijos que Dios quisiera mandarnos, tal y como lo habían hecho mi madre y mi abuela y mi bisabuela y mis tías y mis tías abuelas y todas las señoras normales y decentes de mi familia y del círculo social en que me desenvolvía°. Por eso discutíamos tanto cuando éramos novios, tal y como si ya hubiésemos estado casados.

hacer... to hold hands

argue

daring / **racional**
burgués, de la clase media, convencional / baldness / **características**

asistir / **desconfianza**

moustache

me... I grew up

Cuando por fin nos echamos encima el dulce yugo°, Clarita siguió en sus trece y yo en los míos.

echamos... nos casamos

Sin embargo, el día que se creó la Secretaría de Recursos Hidráulicos y un pariente de Clarita tomó posesión de ella y le ofreció la Dirección General de la Comisión Hidrológica de la Cuenca° del Río Usumacinta y sus Afluentes°, con un sueldo que daba mareos°, confieso que se humedeció° y reblandeció° bastante mi resistencia. Contribuyeron también a socavar° mi voluntad las lágrimas de Clarita. No tuve más remedio que claudicar°. Y así fue como a los pocos días Clarita fue nombrada y rindió la protesta como directora general de la recién organizada Comisión Hidrológica de la cuenca del caudaloso° Usumacinta. ¡Hasta que por fin—según ella—se había emancipado como mujer!

Basin / Tributaries
daba... made one's head spin / **se...** became less rigid / softened / undermine / give in

grande y abundante

Con el tiempo, yo me separé de la oficina donde prestaba mis servicios, pues alguien tenía que atender el hogar. Y aprendí bien pronto a hacerlo con un mínimo de esfuerzo.

Desde entonces me levanto alrededor de las once de la mañana. Después le digo a la sirvienta lo que hay que comprar en el supermercado para hacer la comida, y mando al chofer a recoger a los niños de la escuela, adonde él mismo los llevó a las ocho de la mañana, antes de que yo despertara. Después me afeito, me baño, me desayuno, leo el periódico con toda calma y salgo a la calle silbando una tonadilla° de moda. A las dos de la tarde ya estoy en el bar, para tomar el

silbando... whistling a little tune

aperitivo con los amigachos cuyas mujeres también se han liberado y trabajan como borricas las pobrecitas. Pero sin que nadie las haya obligado: por su puro gusto°, para estar en las mismas condiciones que el hombre. Tomamos la copa, hablamos de política, de fútbol, de lo caro que está todo en el mercado y de lo imposible que se ha puesto la servidumbre°. Nos contamos chismes°. Alguien suelta el último cuento a propósito del presidente y todos nos reímos de buena gana, sanamente, sin acordarnos siquiera de esas mujeres nuestras que a esa hora todavía no pueden salir a comer porque están en abrumadoras° juntas° de trabajo.

     Después como en algún restaurante de la Zona Rosa y por las tardes tengo tiempo más que suficiente para ver telenovelas o para ir al salón. No de belleza, claro, sino de billar. Otras veces prefiero leer en casa, o ir al cine o dar un paseo. Y ya bien entrada la noche, recibo a mi Clarita, a mi hidráulica Clarita, a mi proveedora Clarita; la recibo, digo, con un beso en la frente. Después le traigo sus pantuflas° y le informo que la muchacha le dejó la cena preparada en la cocina. Pero casi siempre tiene que ponerse a revisar algún presupuesto° o estudiar algún proyecto, después de lo cual termina tan exhausta, que se va derecho a la cama, mientras yo saboreo mi último wisky y veo el noticiero de medianoche en la televisión.

     ¡Cuánta razón tenía Clarita, caramba, desde que éramos novios! No hay nada como la emancipación femenina. Sobre todo, si trae aparejada° la liberación masculina.

Margin glosses:
su... voluntarily
sirvientes / gossip
exhausting / reuniones
slippers
budget
junto con ella

ACTIVIDAD 19 Comprensión de lectura: Historia de un esposo liberado

Complete las siguientes oraciones.

1. Todos los años, el narrador celebra...
2. Según él, los rasgos sobresalientes del carácter de Clarita son...
3. Se describe a sí mismo como el contrario de Clarita, es decir...
4. Antes de casarse, el narrador sabía que en cuanto al movimiento feminista y su carrera, Clarita insistía en...
5. El narrador creía que las mujeres casadas debían...
6. Las mujeres a quienes conocía bien el narrador...
7. Había conflictos al principio de la vida de casados del narrador y Clarita porque...
8. El puesto importante que consiguió Clarita requería que...
9. Después de que Clarita aceptó el puesto de la Dirección General de la Comisión Hidrológica, el narrador...
10. Un día típico de sol a sol (*from dawn to dusk*) y hasta la medianoche para el narrador está lleno de muchas actividades como, por ejemplo,...

ACTIVIDAD 20 A explorar: ¿Quién lleva los pantalones?

Trabajen en parejas y escojan uno de los siguientes temas para comentar.

1. El autor parece oponerse a la liberación femenina.
2. El autor es feminista.
3. Se implica que Clarita lamenta su decisión de trabajar como ingeniera hidráulica.
4. El narrador es un perezoso que vive del éxito profesional de su esposa.
5. Parece un matrimonio ideal en que cada uno está contento con la vida que lleva.
6. "Liberación masculina" desacredita (*discredits, disparages*) el concepto del machismo.
7. La lectura demuestra que las mujeres no deben seguir las carreras tradicionalmente masculinas.
8. El narrador ofrece una perspectiva satírica de la vida fácil que llevan las mujeres que no trabajan fuera de casa.
9. Amanda Espinosa, ingeniera industrial del artículo "Amanda Espinosa triunfa como ingeniera" es una personificación de Clarita en la vida real.

Proyecto independiente

Paso 8: Termine su exploración y prepárese para una discusión final.

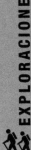

EXPLORACIONES

■ Para escribir...

Termine el ensayo. Reúna todos los materiales (la versión final del ensayo, la casete de su entrevista y sus apuntes) para entregar en clase.

■ Para presentar oralmente...

En clase, participe en una discusión final sobre las exploraciones. ¿Qué proyectos les parecieron especialmente impresionantes? ¿Por qué? ¿Qué campos fueron los más populares?

Vocabulario

This vocabulary includes contextual meanings of all the words and idiomatic expressions used in the book except for proper nouns, conjugated verb forms, exact cognates, and most cognates ending in *-ción* and *-mente*. Expressions are listed under the first word in the expression (for example, **a causa de** is listed under **a**, not under **causa**).

The following abbreviations are used in the *Vocabulario*:

adj.	adjective	*interj.*	interjection
adv.	adverb	*pl.*	plural
conj.	conjunction	*prep.*	preposition
fig.	figuratively	*pron.*	pronoun
inf.	infinitive		

a (*prep.*)   to, at, in, by
  a base de   on the basis of, based on
  a bordo   on board
  a cargo de   in charge of; charged to
  a casa   home
  a causa de   because of, due to
  a continuación   after, following
  a empellones   pushing
  a examen   under examination
  a favor de   in favor of, pro
  a fin de (que)   so that
  a fondo   in depth
  a gusto   content, contentedly
  a la espera de   awaiting
  a largo (corto) plazo   in the long- (short-) term
  a lo largo (de)   throughout, through, along
  a medida que   as, at the same time as
  a medio plazo   in mid term
  a menudo   often
  a (mi) parecer   in (my) opinion, in (my) view
  a partir de   after, as of, from this (date, moment)
  a pesar de (que)   in spite of, despite
  a principios de   at the beginning of
  a propósito   just, deliberately; by the way
  a punto de   at the point of
  a soplidos   blowing
  a su aire   in a very personal style
  a tiempo   on time
  a través de   across, along, through
  a veces   sometimes, at times
abandonar   to leave; to abandon

abandono (el)   neglect; abandonment
abecedario (el)   alphabet
abismo (el)   abyss
ablandar   to soften
abnegación (la)   abnegation, self-denial
abogacía (la)   advocacy, law, legal profession
abogado/a (defensor/a) (el/la)   (defense) lawyer, attorney, counsel
abogar por   to advocate for
abordar   to board
abrazar   to hug
abreviatura (la)   abbreviation
abrigar   to possess, to shelter, to harbor, to aid
abrigo (el)   overcoat (*fig.* protection)
abrir   to open
  abrirse camino   to make one's way; to go places
abrocharse   to fasten, to buckle
abrumador/a (*adj.*)   exhausting
abuelo/a (el/la)   grandfather, grandmother
abundancia (la)   abundance
abundar   to be abundant
aburguesado/a (*adj.*)   bourgeois, middle class
aburrido/a (*adj.*)   bored; boring
acabar   to finish
  acabar de + *inf.*   to have just
acaso (*adv.*)   perhaps
acatar   to respect
acceder   to enter, to have access
acción (la)   stock; action
accionar (el)   acting
accionariado (el)   shareholders, stockholders
accionista (el/la)   stockholder

aceite (el)   oil
acepción (la)   acception, (word) meaning
acerado/a (*adj.*)   steely
acercar(se) a   to approach, to move close, to draw near
aclarar   to clarify
acompañado/a (*adj.*)   accompanied
acompañar   to accompany
acongojado/a (*adj.*)   anguished
aconsejar   to counsel, advise
acontecer   to happen
acontecimiento (el)   event
acordar(se) (de)   to remember
acorde (el)   strain, chord
acorde (*adj.*)   compatible
acorralar   to corner
acribillar   to pester
acrónimo (el)   acronym
actitud (la)   attitude
actuación (la)   acting
actual (*adj.*)   contemporary, present-day, current
actualidad (la)   present time
actualizar   to accomplish; to modernize
actualmente (*adv.*)   currently
actuar   to act, to behave
acudir   to seek help; to go, to attend
acuerdo (el)   agreement
acusación (la)   (legal) charge
acusado/a (el/la)   defendant
adecuar   to adjust
adelantado/a (*adj.*)   advanced
adelantar(se)   to advance
adelante (*adv.*)   forward, let's go
adelanto (el)   advance, advancement
además (*adv.*)   furthermore, in addition, additionally, besides, too

adentrarse   to go into depth, to go inside

adiestrado/a (*adj.*)   trained

adiestramiento (el)   training, practice

adiós (el)   goodbye

adivinar   to guess

adjuntar   to include, attach

administrador/a (el/la) administrator

administrar   to administer, to manage

ADN (ácido dioxirribonucleico) (el) DNA

adquirir   to acquire

adquisición (la)   acquisition

aduana (la)   customs

advertir   to notice; to warn, to advise

aerofagia (la)   involuntary swallowing of air

aerolínea (la)   airline company

aeromozo/a (el/la)   flight attendant

aeronáutico/a (*adj.*)   aeronautical

aeronave (la)   airplane

aeropuerto (el)   airport

afán (el)   desire

afectar   to affect, to move

afectivo/a (*adj.*)   affective; affectionate

afecto (el)   affection

afectuoso/a (*adj.*)   affectionate

afición (la)   affinity, liking, preference

aficionado/a (al cine) (el/la)   fan, (film buff)

afluencia (la)   affluence, wealth

afluente (el)   tributary

aforismo (el)   saying

afortunado/a (*adj.*)   fortunate

afrontar   to face

agarrar   to latch on, to grab

ágil (*adj.*)   agile, nimble

agitado/a (*adj.*)   agitated

agitar   to shake

aglutinar   to join

agolparse   to accumulate, to crowd together

agotador/a (*adj.*)   exhausting

agradable (*adj.*)   agreeable, pleasant

agradar   to please

agradecer(se)   to give thanks

agregar   to add

agronomía (la)   agronomy, agricultural science

aguantar   to tolerate

ahí (*adv.*)   there

ahogado/a (*adj.*)   suffocated, drowned

ahorrar   to save

airoso/a (*adj.*)   triumphant

ajedrez (el)   chess

ajustar   to adjust

al   contraction of the preposition *a* and the masculine definite article *el*

al + *inf.*   upon . . .*ing*

al aire libre   outdoors, outside

al alcance de   within reach of

al cabo de   at the conclusion of, after (a given period of time)

al correr el tiempo   with the passing of time

al compás   to the beat

al contrario   on the contrary

al igual que   like

al inicio de   at the beginning of

al menos   at least

al mismo tiempo   at the same time

al respecto   relatedly, on this matter

albergue (el)   shelter, refuge

  albergue para jóvenes (el) youth hostel

alcance (el)   reach

alcanzar   to reach, to attain

aleccionar   to give a lesson

alegar   to allege

alegría (la)   happiness

alejarse   to move away, to distance oneself

alemán/alemana (*adj.*)   German

alergista (el/la)   allergist

alerólogo/a (el/la)   allergist

algo (*pron.*)   something

alguien (*pron.*)   someone, somebody

algún, alguno/a (*adj.*)   some, any, someone; (*pl.*) some, a few

alianza (la)   alliance

alimentación (la)   eating; food

alimentar   to feed

aliviar   to alleviate, to lessen

alivio (el)   relief

allá, allí (*adv.*)   there, over there

allegado/a (*adj.*)   near, close

alma (el/las)   soul

  alma gemela (el)   kindred spirit, kindred soul

almacenar   to store

alojamiento (el)   lodging, housing

alojar   to house

alojarse   to stay, to reside

alquilar   to rent

alquiler (el)   rent

alrededor (de) (*adv.*)   about, surrounding, around

alteración (la)   change

altivez (la)   arrogance

alumbrar   to reveal, to point to

alumno/a (el/la)   student, pupil

amabilidad (la)   friendliness

amable (*adj.*)   nice, amiable

ambicionar   to aspire to

ambiente (el)   environment

ámbito (el) (laboral)   (job) field, market, sphere

ambos/as (*adj.*)   both

amenaza (la)   threat

amenazar   to threaten

amigacho/a (el/la)   buddy, good friend

amiguete (el/la)   pal

amistad (la)   friendship

amortización (la)   depreciation

amparo (el)   protection

ampliación (la)   expansion

ampliar   to broaden, to expand, to widen

amplio/a (*adj.*)   wide, broad

amueblado/a (*adj.*)   furnished

anaranjado/a (*adj.*)   orange

anatomía (la)   anatomy

anciano/a (el/la)   elderly person

anciano/a (*adj.*)   old

ancla (el/la)   anchorperson

anda   go ahead

andadura (la)   pace

andar   to walk; to run (watch or machine)

anestesiólogo/a (el/la) anesthesiologist

anestesista (el/la)   anesthestist

anglosajón/anglosajona Anglosaxon

angustiado/a (*adj.*)   anguished

anhelado/a (*adj.*)   desired

anhelante (*adj.*)   desirous, desiring

anhelo (el)   desire

animación (la)   entertainment

animado/a (*adj.*)   animated

animar   to animate; to encourage

ánimo (el)   spirit

anonimato (el)   anonymity

anotar   to note

ansiedad (la)   anxiety

ansioso/a (*adj.*)   anxious

ante (*prep.*)   before, facing

antecedente (el)   previous experience

  antecedentes criminales (los) criminal record

anteponer to put before, to prioritize

anteriormente (*adv.*) before

antes (*adv.*) before

antiestrés (*adj.*) anti-stress

antigüedad (la) seniority, maturity; antiquity; antique

antihistamínico (el) antihistamine

antojarse(le) a to take a fancy to

anular to cancel

anunciar to announce; to spread, to popularize

anuncio (el) classified ad

añadir to add

año (el) year

apacible (*adj.*) calm

apagar to put out, to shut off a light

aparato (el) machine, device, piece of equipment, apparatus

aparcamiento (el) parking lot

aparecer to appear

aparejado/a (*adj.*) paired

aparentar to seem

apartado (el) post office box

apasionado/a (de) (*adj.*) excited, enthusiastic (about)

apático/a (*adj.*) uninterested, apathetic

apelar to appeal

apellido (el) last name, surname

apenas (*adv.*) hardly, scarcely, only

apertura (la) opening

aplacar to subside, to lessen

aplicado/a (*adj.*) applied

apócrifo/a (*adj.*) apocryphal, false

apoderarse de to take control of

aportar to bring; to contribute

aporte (el) contribution

apostar (por) to bet (on)

apoyar to support

apreciado/a (*adj.*) appreciated

aprender to learn

aprendiz (el/la) apprentice

aprendizaje (el) training

apretar(se) to squeeze, to tighten, to press

aprobar to pass; to approve

apropiado/a (*adj.*) appropriate

aprovechamiento sustentable (el) sustainable development

aprovechar to take advantage of

aproximado/a (*adj.*) approximate

aptitud (la) fitness, ability, aptitude

apuesta (la) gamble, bet

apuntar to note, to write

apurarse to become worried; to hurry

aquel/aquello/a (*pron.*) that, those (at a distance)

aquí (*adv.*) here

arado (el) plow

arbitraje (el) arbitration

árbol (el) tree

archivar to file

arduo/a (*adj.*) arduous, difficult

arena (la) sand

arma/s (el/las) weapon

armar to arm; to prepare

arqueólogo/a (el/la) archaeologist

arquitectura (la) architecture

arrancar to start

arrastrar to drag

arrebato (el) outburst

arreglado/a (*adj.*) prepared, groomed

arreglo (el) repair

arremeter to launch forth, to attack

arrepentido/a (*adj.*) repentant

arrepentimiento (el) repentance

arrepentirse to repent

arriba (*adv.*) above

arriesgar to risk

arrojar to show; to throw

arrostrar to face (up to), to confront

arsfenamina (la) arsphenamine medication

artesanal (*adj.*) handcrafted

artista (el/la) artist, performer

asa/s (el/las) strap

asalto (el) assault

ascender to ascend; to promote

ascensor (el) elevator

ascético/a (*adj.*) ascetic, austere

asegurador/a (el/la) insurer

aseguramiento (el) assurance

asegurar to assure

aserto (el) statement

asesinato (el) murder

asesor/a (el/la) assessor, consultant

asesorar to assess

asesoría (la) consultancy

aseverar to say, to assert

así (*adv.*) so, thus

asiento (el) seat

asignar to assign

asignatura (la) (academic) subject

asilo (el) home, shelter, refuge, asylum

asimismo (*adj.*) likewise, in the same way, also

asistencia (la) attendance; assistance

asistencia sanitaria (la) health care

asistencial (*adj.*) relating to assistance, care

asistente de vuelo (el/la) flight attendant

asistido/a (el/la) receiver of assistance

asistir to attend

asma (el) asthma

asomar to appear; to show

aspirante (el/la) applicant

aspirar to aspire; to breathe in

asqueroso/a (*adj.*) disgusting

asunto (el) matter, subject

asustado/a (*adj.*) frightened

atacante (el/la) attacker

atadura (la) tie; limitation

atar to tie

atender to help, to tend

atender con tacto to have a good bedside manner

atento/a (*adj.*) attentive

aterrador/a (*adj.*) terrifying

aterrizar to land

atisbo (el) indication

atraco (el) hold-up, mugging

atractivo (el) attraction

atraer to attract

atrapado/a (*adj.*) trapped

atrapar to arrest, to catch, to trap

atrasarse to be behind

atreverse to dare

atribuir to attribute

aturdimiento (el) shock

audaz (*adj.*) audacious, daring

augurar(se) to predict, to foresee

aula/s (el/las) classroom

aullar to howl

aumentar to increase

aun (*adv.*) even

aún (*adv.*) yet, still

aunque (*conj.*) even though, although

ausencia (la) absence

ausentarse to absent oneself

auto de procesamiento (el) indictment

autobomba (la) fire engine

autoedición (la) desktop publishing

autoestima (la) self-esteem

automotriz (*adj.*) automotive

autonomía (la)   autonomy; autonomous region (Spain)
autopista (la)   highway
autoritario/a (*adj.*)   authoritarian
auxiliar (el/la)   aide, helper, assistant
   auxiliar médico-doméstico (el/la)   home healthcare aide
auxilio (el)   help, aid, assistance
avalar   to underwrite, to pay
avanzar   to advance
avenida (la)   avenue
averiguar   to find out
avión (el)   airplane
aviso (el)   announcement, advertisement; warning
avivar   to stimulate, to enliven
axila (la)   armpit
ayuda (la)   help
ayudante (el/la)   aide, helper
   ayudante médico-doméstico (el/la)   home healthcare aide
azafata (la)   flight attendant
azogue (el)   mercury
azúcar (el)   sugar
azul (*adj.*)   blue

bachiller (el/la)   graduate of a two-year technical program
bachillerato (el)   high school diploma or degree
bailar   to dance
baja (la)   withdrawal, retirement; fall, crash
bajo (*adv.*)   under
bajo/a (*adj.*)   low, short
balanceo (el)   rolling
banca (la)   banking
bancario/a (*adj.*)   bank
banco (el)   bank; bench
bandera (la)   flag
banquero/a (el/la)   banker
bañar   to bathe
barato/a (*adj.*)   inexpensive, cheap
barbarie (la)   barbarism, barbarity
barbilla (la)   chin
barcelonés/barcelonesa (*adj.*)   of Barcelona
barco (el)   boat
barrera (la)   obstacle
barrio (el)   neighborhood
basarse   to be based
base de datos (la)   database
bastar   to be enough, to be sufficient, to suffice
bastardilla (la)   italics
basura (la)   garbage, trash
bata (la)   (laboratory) coat

batalla (la)   battle
bebé (el/la)   baby
beber   to drink, to take
bebida (la)   beverage
beca (la)   scholarship
béisbol (el)   baseball
bellas artes (las)   fine arts
belleza (la)   beauty
bello/a (*adj.*)   beautiful
Bendito (el)   prayer of benediction
beneficiarse   to benefit
beneficio (el)   benefit
besar   to kiss
beso (el)   kiss
bestia (la)   beast
   bestia sagrada (la)   sacred cow
biblioteca (la)   library
bicicleta (la)   bicycle
bien (*adv.*)   well, okay
bien (el)   good
bienestar (el)   welfare, well-being
   Bienestar Social (el)   Social Welfare
bienvenido/a (*adj.*)   welcome
bigote (el)   mustache
bilingüe (*adj.*)   bilingual
billar (el)   billiards, pool
billete (el)   ticket
biólogo/a (el/la)   biologist
bisabuelo/a (el/la)   great-grandfather, great-grandmother
bisbisear   to murmur
blanco/a (*adj.*)   white
blindado/a (*adj.*)   bullet-proof, armored
bocadillo (el)   sandwich
bocado (el)   mouthful
bodas de plata (las)   twenty-fifth wedding anniversary
bodega (la)   warehouse; wine cellar; wine store; grocery store; hold (nautical); storeroom
boleadora (la)   weighted lasso
boleto (el)   ticket
bolígrafo (el)   pen
bolsa (la)   bag; stock market
bolsillo (el)   pocket
bombero/a (el/la)   firefighter
bombilla (la)   lightbulb
bondad (la)   goodness
bono (el)   bonus
borrador (el)   rough draft
borrar(se)   to erase; to escape
borrica (la)   donkey
botón (el)   button
bramar   to bellow
brasileño/a (*adj.*)   Brazilian
brazo (el)   arm

bregar   to struggle; to fight
breve (*adj.*)   brief
brillante (*adj.*)   brilliant
brindar   to toast; to give, to offer
británico/a (*adj.*)   British
broma (la)   joke
bromista (el/la)   jokester
bronce (el)   bronze
bronceado (el)   tan, tanned
bronceador/a (*adj.*)   tanning
brusco/a (*adj.*)   brusque, gruff
bufete (el)   law office
buhardilla (la)   attic
burlarse (de)   to make fun (of), to joke
burocracia (la)   bureaucracy
buscador (el)   search engine
buscar   to search, to seek
búsqueda (la)   search
butaca (la)   armchair

caballo (el)   horse
caballos de fuerza (los)   horse power
caber   to fit
   caber duda   to be a doubt
cabeza (la)   head
   cabeza rapada (el/la)   skinhead
cable (el)   cable
cada (*adj.*)   each
cadena (la)   (radio, television) network, chain
cadera (la)   hip
caer bien   to be likable
caer(se)   to fall (down)
caída (la)   fall
caja (la)   box
cajero/a (el/la)   cashier, teller
cálculo (el)   stone (medical)
caliente (*adj.*)   hot
calificación (la)   grade; evaluation
calificar   to grade
callar(se)   to silence, to (become) quiet
calmante (el)   sedative
caluroso/a (*adj.*)   warm
calvicie (la)   baldness
cama (la)   bed
camaleón (el)   chameleon
camaradería (la)   camaraderie
cambiar   to change
camino (el)   way; path, road
campante (*adj.*)   unruffled, relaxed
campaña (la)   campaign
campesino/a (*adj.*)   peasant, rural
campo (el)   field
   campo laboral (el)   job market
canal (el)   channel; canal

canción (la) song
candidato/a (el/la) applicant, candidate
cansancio (el) fatigue
cantar to sing
caos (el) chaos
caótico/a (*adj.*) chaotic
capacidad (la) ability, capability
capacitación (la) training
capacitado/a (*adj.*) trained, able
capacitar to train
capaz (de) (*adj.*) capable (of)
capítulo (el) chapter
capotear to improvise; to dodge
captar to capture
carabela (la) small sailing ship
característica (la) trait, characteristic
¡Caramba! (*interj.*) Good heavens!, Gosh!
carcamal (el) old fogey
cárcel (la) jail
cardiólogo/a (el/la) cardiologist
carecer de to lack
carencia (la) lack
carga (la) (policial) (police) charge, attack
cargo (el) charge; responsibility
caricia (la) gentle touch, caress
caridad (la) charity
cariño (el) affection
cariñosamente (*adv.*) affectionately
caro/a (*adj.*) dear, expensive
carpeta (la) folder
carpintero/a (el/la) carpenter
carrera (la) career; race, contest
carretera (la) highway
carta (la) letter; charter
cartera (la) portfolio; ministerial pouch; handbag, purse
casa (la) house
  casa editorial (la) publisher, publishing house
casarse to get married
cascada (la) waterfall
cáscara (la) peel; shell
casco (el) helmet
casero/a (*adj.*) homestyle
casete (el) cassette
casilla (la) box
casillero (el) box, cubby hole
caso (el) case
castellano (el) Spanish
castigar to punish
  castigar con todo rigor to throw the book at
castigo (el) punishment
casualidad (la) chance

catalán/catalana Catalan, Catalonian
catarro (el) cold, head cold
cátedra (la) professorial chair
catedrático/a (el/la) professor
catéter (el) catheter
caudaloso/a (*adj.*) large, abundant
causa (la) lawsuit; cause
cautivador/a (*adj.*) captivating
cauto/a (*adj.*) careful, cautious
cavar to dig
cavidad (la) cavity
ceder to cede, to give in
cédula de identidad (la) identification card
cegador/a (*adj.*) blinding
ceja (la) eyebrow
celda (la) cell, cubicle
celeste (*adj.*) celestial, heavenly
celo (el) fervor, zeal
celofán (el) cellophane
celular (el) cell phone
cena (la) supper
censura (la) censorship
centrarse to center, to concentrate
céntrico/a (*adj.*) centrally located, downtown
cepillarse to brush
cerca de (*adv.*) near, close to
cercano/a (*adj.*) close; nearby
cerebro (el) brain
cerrar to close
cerro (el) hill
certamen (el) competition
certificado (el) certificate
cesar to cease, to stop
cháchara (la) chatter
charla (la) chat
chasco (el) disappointment
cheque (el) check
chicano/a (*adj.*) Mexican-American
chicle (el) chewing gum
chillar to scream, to screech, to squawk
chismes (los) gossip
chispazo (el) spark
chiste (el) joke
chocar to clash; to crash
chofer (el) chauffeur, driver
choque (el) crash
chorrillo (el) trickle
ciberespacio (el) cyberspace
ciberinterés (el) interest in computers
cibernauta (el/la) cybernaut, computer expert

cibersabiduría (la) knowledge of computers
cicatriz (la) scar
cicatrizar to heal
ciclo (el) cycle
ciego/a (*adj.*) blind
ciencia de computación (la) computer science
cierto/a (*adj.*) certain
cifra (la) statistic, figure, number
cincuenta (*adj.*) fifty
cine (el) cinema, movies
cineasta (el/la) film maker, film producer; film critic; film buff; actor
cinematógrafo/a (el/la) filmmaker
cinta (la) tape
cintura (la) waist
cinturón (el) belt
circuito (el) tour
circunscribir to circumscribe, to encompass
circunstancia (la) circumstance
cirugía (la) surgery
ciudad (la) city
ciudadano/a (el/la) citizen
civismo (el) community spirit
claro (*adv.*) of course
claro/a (*adj.*) clear; light-colored
clasificado (el) classified ad
claudicación (la) giving in, abandonment
claudicar to give in
clave (la) key
cliente (el/la) client, customer
clima (el) climate
clínico/a (*adj.*) clinical
cobarde (el/la) coward
cobrar to charge, to cover; to gain
  cobrar los complementos por sexenios to receive benefits every six years (*Spain*)
  cobrar un cheque to cash a check
  cobrar venganza to take revenge
cobro (el) payment
cocer to cook
coche (el) car
cocinero/a (el/la) cook
codicioso/a (*adj.*) greedy
codificado/a (*adj.*) codified
código (el) code
  código fuente (el) source code
codo (el) elbow
coger to catch
cognado (el) cognate

cohibido/a (*adj.*) inhibited
coincidir to coincide
cojear to limp; to be weak; to be lacking
cola (la) line
colectivo (el) collective, group
colega (el/la) colleague
colegiarse to become a member of one's profession, professional association
colegio (el) (private) high school
　colegio mayor (el) college residence hall
colgar(se) to hang
colmar to fill
colocar to locate; to place
columna vertebral (la) spinal column
coma (la) comma
comandante (el/la) commander
comando (el) command
comarcal (*adj.*) local, regional
combatir to combat, to fight
comedor (el) diningroom
　comedor de beneficencia (el) soup kitchen
comerciante (el/la) business person
comercio (el) commerce, trade
cometer to commit
cómico/a (*adj.*) comical, funny
comida (la) food, meal
　comida basura (la) junk food
comisaría de policía (la) police station
comité (el) committee
¿cómo? how?
como (*adv.*) as, like
　como de costumbre as usual
　como si as if, as though
　como si tal cosa as if there were nothing to it
　como tal as such
compaginar to combine
compañero/a (el/la) companion
　compañero/a de clase (el/la) classmate
compañía (la) company, enterprise
compartir to share
compasivo/a (*adj.*) compassionate, understanding
competencia (la) competition; competency
competidor/a (el/la) competitor
competir to compete
complacerse to take pleasure (in)
complejo (el) complex

complejo/a (*adj.*) complex
cómplice (el/la) accomplice
comportamiento (el) behavior
comportarse to behave
compositor/a (el/la) composer
compra (la) purchase
comprender to understand
comprensión (la) understanding, comprehension
comprensivo/a (*adj.*) understanding
comprimidos (los) pills, tablets
comprobante (el) receipt
comprobar to prove, to test
compuesto/a (*adj.*) composed
computador/a (el/la) computer
común (*adj.*) common, ordinary
comunitario/a (*adj.*) community
con (*prep.*) with
　con referencia a with reference to
　con respecto a with respect to, regarding
　con rumbo a to, en route to
concebir to conceive
conceder to grant
concentrarse to focus
concientizar to raise awareness
concilio (el) council
concordancia (la) agreement
concursante (el/la) competitor, contestant
concursar to compete
concurso (el) contest, competition
condenar to sentence
condiciones (las) terms, conditions
condiscípulo (el/la) classmate
conducir to drive, to conduct
conductual (*adj.*) pertaining to conduct
conectarse to login; to connect
conexión (la) login; connection
confiable (*adj.*) trustworthy
confiado/a (*adj.*) confident
confianza (la) confidence
confiar to trust
configurar to customize, to configure
confundir to confuse
congelar to freeze; to stop
congestionarse to become flushed
conjugar to conjugate; to join
conjunto/a con (*adj.*) together with, in collaboration with

conllevar to carry with
conmovido/a (*adj.*) moved
conocedor/a (*adj.*) knowledgeable
conocimiento (el) knowledge, familiarity
conquista (la) conquest
consagrado/a (*adj.*) dedicated; renowned
conseguir to get, to obtain
consejería (la) ministry
consejero/a (el/la) advisor, counselor
consejo (el) counsel, advice
consentir to spoil, to give special attention
conserje (el) janitor
conservar to conserve, to preserve, to keep
　conservar la calma to stay calm
consignar to state
consistente (*adj.*) of thick consistency
consorcio (el) consortium
constatar to verify, to confirm
constipado/a (*adj.*) nasal, congested (*Spain*)
construir to construct, to build
consulta (la) consulting practice
consultor/a (*adj.*) consulting
consultorio (el) medical office
consumidor/a (el/la) consumer
contabilidad (la) accounting
contaduría (la) accounting
contagiado/a (*adj.*) caught; infected
contaminado/a (*adj.*) contaminated, polluted
contar to count; to tell, to relate
contenido (el) content
contestación (la) answer
contestador (el) answering machine
contestar to answer
contextura (la) build, physique
contra (*prep.*) against
contrabando (el) smuggling
contraparte (la) counterpart
contrarrestar counteract, offset
contraseña (la) password
contratar to hire
contratiempo (el) accident
contribuir to contribute
contrincante (el/la) opponent
convencer to convince
convenir (en) to be convenient; to agree
convertirse (en) to become, to change into

convicto/a (*adj.*) convicted
convincente (*adj.*) convincing
convivir to coexist
convocar to convene
coordenada (la) coordinate
coordinador/a (el/la) coordinator
copia de seguridad (la) backup copy
copiar to copy
   copiar y pegar to cut and paste
coraje (el) courage
coraza (la) armor, protection
corazón (el) heart
cordialidad (la) cordiality
cornisa (la) snowbank
coronar to crown
corrector/a (*adj.*) corrective
corregir to correct
correo (el) mail
   correo electrónico (el) e-mail
correr to run
corriente (*adj.*) current; common
corriente (la) current
corromper to corrupt
corruptela (la) corruption, corrupt practice; abuse
cortar(se) to cut (oneself)
corte de justicia (la) court
cortometraje (el) short film
cosa en sí (la) the thing itself
costar to cost
costarle a uno to be difficult for someone
costarricense (*adj.*) Costa Rican
costear to pay
costero/a (*adj.*) coastal
costilla (la) rib
costoso/a (*adj.*) costly
costumbre (la) custom
cotidianeidad (la) daily life
cotidiano/a (*adj.*) daily; everyday
creador/a (el/la) creator
crear to create
crecer to grow
crecimiento (el) growth
credo (el) creed
creencia (la) belief
creer to believe
crema (la) cream
cresta (la) crest, mountaintop
criar(se) to raise; to grow up
crimen (el) crime (in general); murder
cristal (el) glass
criterio (el) criterion
crucero (el) cruise
crudeza (la) crudeness
cruz (la) cross

cruzada (la) crusade
cruzar to cross
cuaderno (el) notebook
cuadrado/a (*adj.*) square
¿cuál? what?, which?
cualidad (la) trait, characteristic
cualquier/a any, anyone
cuán (*adv.*) how
¿cuándo? when?
cuando when
¿cuánto? how much?, how many?
cuanto/a (*adv.*) as much as
Cuaresma (la) Lent
cuartel general (el) headquarters
cuatro (*adj.*) four
cubano/a (*adj.*) Cuban
cubrir to cover
cucaracha (la) cockroach
cuello (el) neck
cuenca (la) basin, river basin
cuenta (la) account; bill
   cuenta de ahorros (corriente) (la) savings (checking) account
cuento (el) story
cuerda (la) rope, cord
cuerpo (el) body
   cuerpo directivo (el) board of directors
cuidado (el) treatment, care
cuidar(se) to care for, to tend, to take care of (oneself)
culebra (la) snake
culinario/a (*adj.*) culinary
culpa (la) guilt, fault
cumbre (la) peak, summit meeting
cumplidor/a (el/la) one who finishes
cumplir (con la ley) to comply (with the law)
cumplir(se) to fulfill; to be met, to be complied with
cura (el) priest
cura (la) treatment, cure
curación (la) cure
curanderismo (el) folk medicine, faith healing
curandero/a (el/la) healer
curar to cure
curioso/a (*adj.*) curious; peculiar, strange
curita (la) plastic strip, Band-Aid
currículo (el) curriculum
currículum (vitae) (el) résumé
cursillo (el) mini-course
curso (el) course (of study), curriculum
cuyo/a/os/as (*pron., adj.*) whose

dañar to injure, to harm
danza (la) dance
dar to give, to administer
   dar al traste to ruin
   dar empleo to hire
   dar mareos to make one's head spin
   dar un paseo to take a walk
   dar una sacudida to give a jolt
   dar (una) vuelta to invert; to take a turn; to take a ride, to take a walk
   darse cuenta (de) to realize, to learn
   darse por vencido to give up, to surrender
dato (el) piece of information, data
de (*prep.*) of, from, about, by, to, with, as
   de actualidad currently
   de alta mar on the high seas
   de arriba abajo from top to bottom
   de buena gana willingly, readily
   de hecho in fact, as a matter of fact
   del todo completely, wholly
   de nuevo again
   de par en par wide open
   de parte de on behalf of
   de pronto suddenly
   de sol a sol from dawn to dusk
   de todos modos anyway
   de veras really
   de vez en cuando from time to time
debajo (de) (*adv.*) under
deber (el) responsibility, obligation
deber should, must, ought to; to owe
debido/a a (*adj.*) due to, owing to
débil (*adj.*) weak
debilidad (la) weakness
debilitar to weaken
debilucho/a (*adj.*) very weak
decálogo (el) decalogue, ten commandments
decir to say, to tell
declarar culpable (inocente) to find guilty (innocent)
decoroso/a (*adj.*) decorous
dedicar(se) a to dedicate oneself to
dedo del pie (el) toe
defectuoso/a (*adj.*) defective

defenderse   to defend (oneself); to manage, get by

defensor/a (el/la)   defender

dejar   to leave, to abandon

  dejar de + *inf.*   to stop . . .*ing*

  dejar paso   to give way

dejarse   to allow oneself

  dejarse llevar   to be carried away

  dejarse tentar   to allow oneself to be tempted

delicadeza (la)   delicacy

delirar   to rave, to exclaim

delito (el)   crime, offense (other than murder)

  delito mayor (el)   felony

demanda (la)   lawsuit

demandado/a (el/la)   defendant

demandante (el/la)   plaintiff

demás (lo/los/las) (*adj.*)   the rest, the others

demasiado (*adv.*)   too, too much

demasiado/a (*adj.*)   too much, too many

demencia (la)   dementia

demonio (el)   devil

demora (la)   delay

demostrar   to demonstrate, to prove

denominación (la)   name, designation

dentro (*adv.*)   within

  dentro de poco   soon

  dentro de   inside of, within

denunciar   to report (a crime)

departamento (el)   province

dependiente (*adj.*)   dependent

depilación (la)   hair removal

deporte (el)   sport

deportivo/a (*adj.*)   sporting

deprimido/a (*adj.*)   depressed

deprisa (*adv.*)   hurriedly

derecho (el)   law

derecho/a (*adj.*)   right

dermatólogo/a (el/la)   dermatologist

derramar   to spill, to shed

derretido/a (*adj.*)   melted

derribar   to destroy, to bring down

derrumbarse   to collapse, to cave in

desacreditar   to discredit

desafiante (*adj.*)   defiant

desafío (el)   challenge

desajuste (el)   disorder

desalentador/a (*adj.*)   discouraging

desamparado/a (el/la)   homeless person

desaparecer   to disappear

desarrollar   to develop

desastre (el)   disaster

desastroso/a (*adj.*)   disastrous

desatar   to untie, to undo

desayuno (el)   breakfast

descansar   to rest

descender   to descend; to decrease

descifrar   to decode

descolocado/a (*adj.*)   dislocated

descompuesto/a (*adj.*)   broken down

descomunal (*adj.*)   uncommon, extraordinary

desconcertado/a (*adj.*)   disconcerted

desconcertante (*adj.*)   disconcerting

desconectar(se)   to disconnect; to logout

desconexión (la)   logout

desconfianza (la)   lack of confidence

desconformidad (la)   unhappiness

desconocido/a (*adj.*)   unknown

descubrimiento (el)   discovery

descuido (el)   neglect, mistake

desde (*prep.*)   since, from

  desde arriba   from above

  desde luego   of course

  desde siempre   forever

desechar(se)   to destroy; to throw away; to break apart

desempeñar   to perform (a job, function)

desempeño (el)   performance

desempleo (el)   unemployment

desentenderse   to ignore

desenvolver(se)   to develop, to grow

deseoso/a (*adj.*)   desirous, desiring

desesperado/a (*adj.*)   desperate

desfalco (el)   embezzlement

desgraciadamente (*adv.*)   unfortunately

deshabitar   to vacate

desierto (el)   desert

desligarse   to separate

deslizar(se)   to slide, to slip

desmandar(se)   to be disobedient

desmejorarse   to impair

desmotivado/a (*adj.*)   unmotivated

desnivel (el)   drop

desnudo/a (*adj.*)   naked, bare

desolado/a (*adj.*)   desolate

desorden (el)   disorder

despachar   to issue, to dispatch, to send

despacho (el)   office

despavorido/a (*adj.*)   terrorized, afraid, in fear

despedida (la)   farewell, leave taking, goodbye; closing of a letter

despedirse   to say goodbye, to bid farewell

despegar   to take off

desperdiciado/a (*adj.*)   wasted

desperdicio (el)   waste

despertarse   to wake up

despiadadamente   cruelly

desplazamiento (el)   movement; trip

desplomar   to fall, to drop

desplome (el)   fall, drop

despojado/a (*adj.*)   stripped

desprendimiento (el)   detachment

después (*adv.*)   after

despuntar   to stand out

destacar(se)   to emphasize; to stand out

destreza (la)   skill

destrozado/a (*adj.*)   destroyed

desvanecerse   to disappear

desventaja (la)   disadvantage

desviación (la)   deviation

desviarse   to deviate; to be distracted

detalle (el)   detail

detener   to arrest, to stop

detenido/a (*adj.*)   detained

detentar   to occupy

detrás (de) (*adv.*)   behind

deuda (la)   debt

deudo (el)   relative

devastador/a (*adj.*)   devastating

devolución (la)   something returned

devolver   to return

día (el)   day

diagnosticar   to diagnose

diagnóstico (el)   diagnosis

dialéctico/a (*adj.*)   rational

diapositiva (la)   slide

diario (el)   newspaper

diario/a (*adj.*)   daily

dibujar   to draw

dibujo (el)   drawing

  dibujo animado (el)   cartoon

dicho (el)   saying

  dicho y hecho   said and done

dictaminar   to dictate, to give a sentence

dictar (una sentencia)   to render, to pronounce (a sentence)

difteria (la)   dyptheria
difundir   to publicize; to spread
digitalizador (el)   scanner
digno/a (*adj.*)   deserving
dilucidar   to explain
dinámico/a (*adj.*)   dynamic
dinamización (la)   invigoration
dinero (el)   money
diplomado/a (*adj.*)   graduated
dirección (la)   address
director/a (el/la)   director, principal of a school
dirigir   to direct
disciplinario/a (*adj.*)   disciplinary
disco compacto (el)   compact disk
discutir   to discuss
diseñador/a (el/la)   designer
diseñar   to design
diseño (el)   design
disfrutar (de)   to enjoy
disímil (*adj.*)   varied, unlike
disimulado/a (*adj.*)   hidden
disminuido/a (*adj.*)   handicapped
disminuir   to diminish, to reduce
disponer de   to make use of
disponerse   to be available, to prepare, to get ready to do something
disponibilidad (la)   availability
disponible (*adj.*)   available
dispuesto/a (*adj.*)   ready, prepared, willing
disquete (el)   diskette
distinguirse   to stand out
distinto/a (*adj.*)   different, distinct
distraer(se)   to distract (oneself); to enjoy oneself
distraído/a (*adj.*)   distracted
distribuir   to distribute
distrito (el)   district
divertirse   to enjoy oneself
divisa (la)   foreign currency
divulgación (la)   publicity, dissemination
divulgar   to spread; to popularize
doblar   to dub
doble (el)   double
docencia (la)   teaching
docente (el/la)   teacher
doctorado (el)   doctorate
documentado/a (*adj.*)   with credentials
dolencia (la)   ailment, affliction
dolor (el)   pain
domicilio (el)   domicile, residence, home
dominar   to dominate; to be fluent
dominio (el)   fluency; control

donde (*adv.*)   where
¿dónde?   where?
Doria   *Andrea Doria*, Italian sunken ship
dormir(se)   to sleep; to fall asleep
dosis (la)   dose
dote (la)   gift, talent
drogadicción (la)   drug addiction
drogadicto/a (el/la)   drug addict
duda (la)   doubt
dudar   to doubt
dulce (el)   sweet
dulzura (la)   sweetness
durante (*prep.*)   during
durar   to last
dureza (la)   harshness
duradero/a   lasting, long wearing
duro/a (*adj.*)   hard, difficult

e (*conj.*)   and (used for *y* before *i-*, *hi-*, but not *hie-*)
echado/a a menos (*adj.*)   undervalued
echar   to throw (out)
   echar mano a   to reach for
   echar un vistazo   to scan, to take a look
   echar una siesta   to take a nap
   echarse encima   to put on, to take on
ecuánime (*adj.*)   fair; even-tempered; impartial
edad (la)   age
   edad del pavo (la)   adolescence
edificar   to build
edificio (el)   building
editorial (la)   publisher, publishing house
educador/a (el/la)   educator
educativo/a (*adj.*)   educational
efectivo (el)   cash
efectuar   to bring about, to carry out
eficaz (*adj.*)   efficient, effective
egoísta (*adj.*)   selfish, self-centered, egotistical
egresado/a (el/la)   graduate
egresar   to graduate
ejecución (la)   execution, implementation
ejecutivo/a (el/la)   executive
ejercer   to exercise; to practice (profession)
ejercitar   to exercise
él/ellos (*pron.*)   he, they
elaborar   to elaborate; to develop
electivo/a (*adj.*)   optional
elegir   to elect; to select, to choose
ella/s (*pron.*)   she, they

ello (*pron.*)   it
elogiar   to praise
elogio (el)   praise
emanar   to exude
embarcar   to set sail, to embark, to board
embriaguez (la)   intoxication
embuste (el)   trick, lie
embustero/a (el/la)   liar, fibber
emisor/a (el/la)   producer
emisora (la)   broadcasting station
emitir   to emit; to issue; to broadcast
emparedado (el)   sandwich
emparejar   to match
empatía (la)   empathy
empatizar   to empathize
empeñarse   to insist, to persist
empeño (el)   effort
empero (*conj.*)   nevertheless
empezar   to begin
empinado/a (*adj.*)   steep
empleado/a (el/la)   employee
empleo (el)   work, job
emprendedor/a (*adj.*)   enterprising
emprender   to undertake, to tackle
   emprender a patatas   to kick
empresa (la)   enterprise, company
empresario/a (el/la)   business person, entrepreneur
empujar   to push
en (*prep.*)   in, on, at
   en apuros   in trouble
   en cambio   rather, on the other hand
   en contra (de)   against
   en coro   in chorus, as a group
   en cuanto a...   as far as . . . is concerned
   en detrimento (de)   to the detriment (of)
   en directo   live
   en medio de   in the middle of
   en pleno vuelo   in mid air
   en seguida   immediately
   en sí mismo   in itself
   en todas partes   everywhere
   en todas partes cuecen habas   they cook beans everywhere (it's the same the whole world over)
   en torno (a)   around, about, round
   en trámite   in process
   en vano   in vain
   en vivo   live
enamorarse (de)   to fall in love (with)

encabezamiento (el) heading
encajar to fit
encaminado/a a (*adj.*) leading to
encaminarse to go, to head for
encantar to enchant, to like very much
encapsulamiento (el) encapsulation
encargado/a (el/la) person in charge
encargarse de to be in charge
encarnar to personify
encendedor (el) lighter
encender to light
encerrar(se) to enclose (oneself)
encima (de) (*adv.*) above, on top of
encomendar to entrust, to give
encontrado/a (*adj.*) found
encontrar to find; to encounter
  encontrar ... onda to find one's profound interest
encorvarse to bend over
encrucijado/a (*adj.*) mixed
encuesta (la) survey
enderezar to straighten out
enemigo/a (el/la) enemy
enero January
énfasis (el) emphasis, stress
enfermarse to become ill
enfermedad (la) illness, sickness
enfermería (la) nursing
enfermero/a (el/la) nurse
enfermo/a (*adj.*) ill, sick
enfoque (el) focus
enfrentarse con to face
enganchar to hook
engañar to deceive
engaño (el) deceit
engañoso/a (*adj.*) deceitful
engendro (el) product
englobar to include
enlace (el) link, tie
enlazar to connect, to link, to join
enloquecido/a (*adj.*) crazed, out of one's mind
enmendado/a (*adj.*) mended, reformed, changed
enmudecer to become silent
enojado/a (*adj.*) angry
enojo (el) anger
enredadera (la) vine
enredo (el) tangle, confusion, mess
enriquecer(se) to get rich
enriquecimiento (el) enrichment
ensayar to rehearse
ensayo (el) essay; rehearsal

enseñante (el/la) teacher
enseñanza (la) teaching
enseñar to teach
entendimiento (el) understanding
enterar(se) to find out
entero/a (*adj.*) entire, whole
entonces (*adv.*) then
entorno (el) environment, setting, milieu
entrada (la) entrance, entry
entrañar to imply
entre (*prep.*) between, among
entregar to submit, to hand in
entrenado/a (*adj.*) trained
entrenamiento (el) training, practice
entrenar to train
entretener(se) to entertain (oneself)
entretenido/a (*adj.*) entertained, amused
entretenimiento (el) entertainment
entrevista (la) interview
entrevistador/a (el/la) inteviewer
entrevistar (a) to interview
entrevistarse con to interview
entusiasmo (el) enthusiasm
entusiasta (el/la) enthusiast
enviar to send
escalafón (el) table, list, rank(s)
escayolar to put in a cast (*Spain*)
escena (la) scene
escénico/a (*adj.*) scenic
escenografía (la) scenery (theater), stage design
escoger to choose
escolar (*adj.*) school
escollo (el) reef, obstacle
escritor/a (el/la) writer
escritorio (el) desk; study
escritura (la) writing
escrupuloso/a (*adj.*) scrupulous, careful
escrutado/a (*adj.*) examined
escuadra (la) squadron
escuchar to listen (to)
escudriñar to scrutinize
escuela (la) school
  escuela elemental (la) elementary school
  escuela intermedia (la) middle school
  escuela media (la) middle school
  escuela secundaria (la) high school, secondary school

ese, esa, esos, esas (*adj.*) that, those
ése, ésa, ésos, ésas (*pron.*) that one, those
esfera (la) sphere
esforzarse to exert oneself
esfuerzo (el) effort
espacial (*adj.*) space
espacio (el) space
espalda (la) back
espantado/a (*adj.*) frightened
espantar to frighten
español (el) Spanish
español/a (*adj.*) Spanish
especialidad (la) specialty, (academic) major
  especialidad menor (la) minor
especialista (el/la) specialist
especialización (la) major, specialization
espejo (el) mirror
esperado/a (*adj.*) hoped for, anticipated
esperanza (la) hope
esperar to hope for; to wait for; to expect
espeso/a (*adj.*) heavy, thick
espíritu (el) spirit
esposo/a (el/la) husband, wife, spouse
esqueleto (el) skeleton
esquema (el) scheme; outline
esquina (la) corner
estación (la) station; season
estacional (*adj.*) seasonal
estacionalidad (la) seasonal nature
estacionamiento (el) parking garage, parking lot
estacionar to park
estadística (la) statistic
estado (el) state
estallar to explode, to break out
estampa (la) impression
estancado/a (*adj.*) stagnated
estancia (la) stay; dwelling
estándar (el) standard
estar to be
  estar de acuerdo (con) to agree (with)
  estar de enhorabuena to be on to a good thing
  estar en las Batuecas to be utterly confused
  estar pendiente de to rely on
  estar resfriado/a to have a cold
estatua (la) statue
estentóreo/a (*adj.*) booming

estéril (*adj.*)   sterile
estilo (el)   style
estimar   to esteem, to respect, to admire; to estimate
estimulante (*adj.*)   stimulating
estómago (el)   stomach
estornudo (el)   sneeze
estratagema (la)   stratagem
estratégico/a (*adj.*)   strategic
estrechar   to tighten
estrecho/a (*adj.*)   close; narrow
estrella (la)   star
estrés (el)   stress
estresado/a (*adj.*)   stressed
estropear(se)   to break
estropicio (el)   breakage, harmful or destructive act
estrujar   to crush
estudiantil (*adj.*)   student
estudiar   to study
estudio (el)   study; law office (*Argentina*)
estupefacto/a (*adj.*)   stupefied, astonished
estupendo/a (*adj.*)   splendid
estupor (el)   amazement
etapa (la)   stage
eterno/a (*adj.*)   eternal, perpetual
ética (la)   ethic(s)
euforia (la)   euphoria
evaluador/a (el/la)   evaluator
evasión (la)   evasion, escape
evitar   to avoid
exactitud (la)   precision
exagerado/a (*adj.*)   exaggerated
exigencia (la)   requirement, demand
exigente (*adj.*)   demanding
exigido/a (*adj.*)   required
exigir   to require
exiliado/a (*adj.*)   exiled
eximir   to exempt
existente (*adj.*)   existing
éxito (el)   success
exitoso/a (*adj.*)   successful
exorcizar   to exorcise
expectativa (la)   expectation
expedición (la)   issuing; expedition
experimentar   to experience; to experiment
explicar   to explain
explorador/a (el/la)   explorer
explotar   to exploit
exponer   to show
expulsar   to expel
extensión (la)   size
extranjero/a (*adj.*)   foreign

extrañar   to seem strange; to miss
extraño/a (*adj.*)   strange

fábrica (la)   factory
fabricante (el/la)   manufacturer
fabricar   to manufacture
fachada (la)   facade
fácil (*adj.*)   easy
factible (*adj.*)   feasible
factura (la)   bill
facturar   to bill
facultad (la)   school, college (within a university)
falible (*adj.*)   imperfect
fallar   to fail
fallecer   to die, to pass away
fallecido/a (*adj.*)   dead, deceased
fallo (el)   verdict
falsificación (la)   forgery
falta (la)   lack
familia de crianza (la)   foster family
familiar (*adj.*)   family
familiar/es (el/los)   relative/s
faraón (el)   Pharaoh
farmacéutico/a (el/la)   pharmacist
fastidio (el)   annoyance
favorecer   to favor
fe (la)   faith
fecha (la)   date
  fecha de entrega (la)   deadline
  fecha tope (la)   deadline
fecundo/a (*adj.*)   prolific; fertile
felicidades (las)   congratulations
felicitar   to congratulate
feliz (*adj.*)   happy
fenecer   to expire
feria (la)   fair, exposition
ferrocarril (el)   railroad
fianza (la)   bail
fiar   to trust
fiebre (la)   fever
fiesta (la)   party; festival; holiday
fijar(se) (en)   to notice
fijo/a (*adj.*)   fixed; permanent
fila (la)   line, row
filmación (la)   filming
filmar   to film
filología (la)   philology
filtro (el)   filter
fin (el)   end; goal
  fin de semana (el)   weekend
financiamiento (el)   financing
financiero/a (*adj.*)   financial
finanza (la)   finance
finca (la)   farm
firma (la)   firm, company; signature

firmar   to sign
fiscal (el/la)   prosecuting attorney
flaco/a (*adj.*)   skinny
flequillo (el)   bangs
flor (la)   flower
flujo (el)   flow
fogonazo (el)   flash, explosion
folleto (el)   brochure
fomentar   to foment, to stir up; to encourage, to promote
fomento (el)   stimulation, encouragement
fondo (el)   background, fund; back
forense (*adj.*)   forensic
formación (la)   education, training
fornido/a (*adj.*)   robust, hefty
fortalecer   to fortify
fortaleza (la)   strength
fortín (el)   small fort
fortuito/a (*adj.*)   fortuitous, accidental
foto(grafía) (la)   photograph
fotógrafo/a (el/la)   photographer
fracasado/a (*adj.*)   failed
fracasar   to fail
fracaso (el)   failure
francés (el)   French
franquicia (la)   franchise
frase (la)   phrase, sentence
frente (el)   front
frente (la)   forehead; countenance
fresco/a (*adj.*)   fresh
frío (el)   cold
frontera (la)   frontier, border, boundary
frustrado/a (*adj.*)   frustrated
fuego (el)   fire
fuente (la)   source
fuera (*adv.*)   outside
  fuera de servicio   out of service
  fuera de sí   beside oneself
fuerte (*adj.*)   strong
fuerza (la)   force; strength; power
fumar   to smoke
funcionamiento (el)   functioning, operation
funcionar   to function, to work, to operate
funcionario/a (el/la)   civil servant, official
fundador/a (el/la)   founder
fundar   to found, to establish
fundirse   to be worn out
fustigar   to whip, to lash
fútbol (el)   soccer
futbolista (el/la)   soccer player

gafas (las) eyeglasses
galleta (la) cookie, cracker
ganador/a (el/la) winner
ganancia (la) earning; winning
ganar to earn; to win
gancho (el) "hook," attraction
garantía (la) guarantee
garantizar to guarantee
garganta (la) throat
garra (la) claw
gasolinera (la) gas station
gastar to spend
gasto (el) expense
gemelo/a (*adj.*) twin; "kindred"
gemelo/a (el/la) twin
género (el) gender
gente (la) people
   gente de tercera edad (la)
     senior citizens
   gente sin casa (la) the
     homeless, homeless people
gerencia (la) management
gerente (el/la) manager
gestión (la) management
gestionar to manage
gesto (el) gesture
gestor/a (el/la) promotor,
   manager
gigantesco/a (*adj.*) gigantic
ginecólogo/a (el/la) gynecologist
gira (la) tour
   girar (en torno a) to revolve
     (around)
   girar un cheque en descubierto
     to overdraw, to bounce a check
gobernante (el/la) governor
gobierno (el) government
golfo (el) gulf
golondrina (la) swallow
golpe (el) blow, injury
   golpe de estado (el) military
     takeover (coup d'etat)
golpear to hit
gozar (de) to enjoy
grabación (la) recording
grabar to record, to tape
gracia (la) grace, mercy
gracias (las) thanks
grado (el) grade; degree
graduado/a (el/la) graduate
graduarse to graduate
gráficos (los) graphics
grande (*adj.*) large, great
grandeza (la) greatness
granito de arena (el) grain of sand
gratificado/a (*adj.*) gratified
gratificante (*adj.*) gratifying
gratuito/a (*adj.*) free, without cost

gravoso/a (*adj.*) of heavy
   consistency
gripe (la) flu
gritar to shout
grupo (el) group
   grupo de asalto (el) task force
gruta (la) grotto, cavern
guante (el) glove
guardaespalda (el/la) bodyguard
guardería infantil (la) daycare
   center
guarida (la) hideout, shelter
gubernamental (*adj.*)
   government, governmental
guerra (la) war
guerrillero/a (el/la) guerilla
guía (el/la) tour guide
guía (la) guidebook
guiar to guide
guión (el) script
guionista (el/la) scriptwriter
guitarra (la) guitar
gustarle a uno to be pleasing to
   someone
gusto (el) like, preference

HMO (el) health maintenance
   organization
haba/s (el/las) (broad) bean
haber de + *inf.* to ought to;
   should . . . ; will . . .
hábil (*adj.*) skillful
habilidad (la) skill
habitación (la) room
habitualmente (*adv.*) usually
hablar to speak
hace ... años . . . years ago
   hacer acopio to gather
   hacer cargo de to take charge of
   hacer clic con el ratón to click
     the mouse
   hacer falta to lack, to be
     lacking
   hacer funcionar to run, to
     operate
   hacer la vuelta to go around
   hacer manitas to hold hands
   hacer un viaje to take a trip
hacer(se) to make, to do; to
   become
   hacer gala to take pride in
hacia (*prep.*) toward
halago (el) gratification, flattery
halagüeño/a (*adj.*) pleasing;
   promising; attractive
hallar to find
hallazgo (el) discovery
harto/a (*adj.*) fed up

hasta (*prep.*) until
   hasta la fecha until now
hay there is, there are
hazaña (la) deed
hecho (el) deed; fact
hélice (la) propeller
hemiplejía (la) paralysis
herida (la) wound, injury
herido/a (*adj.*) injured
hermano/a (el/la) brother,
   sister
herramienta (la) tool
híbrido/a (*adj.*) hybrid
hierro (el) iron
hígado (el) liver
hijo/a (el/la) child, son,
   daughter
hinchazón (la) swelling
hipo (el) hiccup
hispanoparlante (el/la) Spanish
   speaker
historia (la) history, story
hogar (el) home
   hogar de transición (el)
     halfway house
   hogar temporal (transitorio) (el)
     halfway house
hoja (la) sheet; leaf
   hoja de cálculo (la) spreadsheet
   hoja de vida (la) résumé
hombro (el) shoulder
hondo/a (*adj.*) deep
honorario (el) honorarium,
   payment
hora (la) hour, time
horario (el) schedule
horrorizado/a (*adj.*) horrified
hospedaje (el) housing, lodging
hospitalario/a (*adj.*) hospital-like;
   hospitable; inviting
hostelería (la) hotel trade
hoy (*adv.*) today
   hoy en día nowadays
hoyo (el) hole
huella digital (la) fingerprint
huérfano/a (el/la) orphan
hueso (el) bone
huésped/a (el/la) guest
huir to flee
humanista (*adj.*) humanistic,
   pertaining to human beings
humedecer(se) to moisten, to
   dampen
hundimiento (el) sinking

ida y vuelta (la) round trip
idear to have an idea
idioma (el) language

idolatría (la) idolatry
idóneo/a (*adj.*) fitting, suitable
ignorar to ignore
igual (*adj.*) equal; same
igualar to equal
igualdad (la) equality
igualitario/a (*adj.*) fair
igualmente (*adv.*) likewise, equally
imagen (la) image
imbricar to overlap
impar (*adj.*) odd
impenitente (*adj.*) unrepentant
imperfecto de subjuntivo (el) past subjunctive
impermeable raincoat
implantado/a (*adj.*) implanted
implicado/a (*adj.*) involved, implicated
imponer to impose
importar to be important
imprenta (la) press
imprescindible (*adj.*) essential
impresionante (*adj.*) impressive; emotionally moving
imprevisto/a (*adj.*) unforeseen
imprimir to print
improperio (el) insult, curse
impuesto (el) tax
impulsar to propel
inadvertidamente (*adv.*) inadvertently
inalcanzable (*adj.*) unreachable
incapacidad (la) handicap, disability
incauto/a (*adj.*) careless
incendio premeditado (el) arson
incidir to become engaged in, to fall into
inclinarse to bend, to move
incluir to include
incluso (*adv.*) even
incoloro/a (*adj.*) colorless
inconveniente (el) inconvenience, difficulty
incremento (el) growth, increment
indemnización (la) compensation
indeseado/a (*adj.*) undesired
indicio (el) sign
indígena (el/la) native, Indian
indiscutible (*adj.*) indisputable
inerte (*adj.*) inert
inesperado/a (*adj.*) unexpected
inexistente (*adj.*) nonexistent
infamia (la) infamy
infantil (*adj.*) child, childhood, child-related

infarto (el) heart attack
infecto/a (*adj.*) infected
informática (la) computer science, computing, information technology
informático/a (el/la) computer scientist
infortunio (el) misfortune
infundir to fill, to infuse, to instill
infusión (la) infusion, herbal tea
ingeniería (la) engineering
ingeniería de la programación (la) software engineering
ingeniero/a (el/la) engineer
inglés/inglesa (*adj.*) English
ingrávido/a (*adj.*) light (weight)
ingresar to enter
ingreso (el) income
inhibido/a (*adj.*) inhibited
iniciativa (la) initiative, objective
inmediato/a (*adj.*) immediate
inmerecido/a (*adj.*) undeserved
inmunología (la) immunology
innovador/a (*adj.*) innovative
inolvidable (*adj.*) unforgettable
inquieto/a (*adj.*) nervous, restless
inscrito/a (*adj.*) registered
inseguridad (la) insecurity
insólito/a (*adj.*) unusual
instalación (la) installation, facility
instancia (la) instance
instaurar to establish
insurrecto/a (*adj.*) rebel
integrante (*adj.*) integral
intentar to try, to attempt
interactuar to interact
intercambiar to exchange
interino/a (*adj.*) interim, temporary
interlocutor/a (el/la) listener
intermedio/a (*adj.*) intermediate, middle (school)
internado (el) internship
internauta (el/la) web expert
interno/a (el/la) intern
intérprete (el/la) interpreter
interrogante (*adj.*) like a question mark; questioning
interrogatorio cruzado (el) cross examination
íntimo/a (*adj.*) intimate, close
intrascendente (*adj.*) unimportant
introducir to insert, to introduce
inusitado/a (*adj.*) unusual
inútil (*adj.*) useless
inválido/a (el/la) invalid

invento (el) invention, discovery
invernal (*adj.*) winter
inverosímil (*adj.*) unlikely, implausible, improbable
inversión (la) investment
inverso/a (*adj.*) opposite, reverse
invertido/a (*adj.*) invested
investigación (la) research, investigation
investigador/a (el/la) researcher
investigar to investigate, to research
involucrado/a (*adj.*) involved
involuntario/a (*adj.*) involuntary
inyección (la) injection
inyectar to give an injection
ir to go
ir a la mierda to go to hell
ir en picada to nose-dive
ira (la) anger, rage
irisado/a (*adj.*) iridescent
irrompible (*adj.*) unbreakable
irse to leave, to go away
izquierdo/a (*adj.*) left

jaculatoria (la) short prayer
jamás (*adv.*) never
jaqueca (la) headache, migraine
jardinero/a (el/la) gardener
jefe/a (el/la) boss, employer
jerarquía (la) hierarchy
joven (el/la) youth
jubilado/a (el/la) retired person
judicatura (la) judiciary
juego (el) game
juego de palabras (el) word play
juez/a (el/la) judge
jugador/a (el/la) player
jugo (el) juice
juguete (el) toy
juicio (el) trial; prosecution; judgment
juicio de práctica (el) moot court
junta (la) meeting
junta accionista (la) stockholders' board
junto a (*adv.*) next to
junto/a (*adj.*) together
jurado (el) jury
jurar to swear; to act as a judge
jurídico/a (*adj.*) judicial
jurista (el/la) jurist, judge
juvenil (*adj.*) juvenile, youthful
juzgar to judge, to try

labio (el) lip
laborar to work, to labor

lado (el)   side
ladrón/ladrona (el/la)   thief
lágrima (la)   tear
lanza (la)   lance
lanzamiento (el)   launching
lanzar(se)   to launch; to throw oneself
lápiz (el)   pencil
largo/a (*adj.*)   long
largometraje (el)   feature or full-length film
latidor/a (*adj.*)   throbbing
latino/a (*adj.*)   Latin, Hispanic
lavar   to wash
lazo (el)   tie, bond, connection, link
lealtad (la)   loyalty
lección (la)   lesson
lector/a (el/la)   reader
lectura (la)   reading
lejano/a (*adj.*)   distant
lejos (*adv.*)   far
lengua (la)   tongue
lenguaje (el)   language
lentitud (la)   slowness
lento/a (*adj.*)   slow
león (el)   lion
letra (la)   letter; handwriting
  letra con sangre entra (la)   with suffering comes wisdom ("no pain, no gain")
letrero (el)   sign
levantarse   to get up
leve (*adj.*)   light
leyenda (la)   legend
liberador/a (*adj.*)   liberating
libertad (la)   liberty, freedom
  libertad condicional/vigilada (la)   probation
libre (*adj.*)   free
librería (la)   bookstore
libro (el)   book
licencia (la)   license
licenciado/a (el/la)   university graduate
licenciarse   to receive a license or certificate
licenciatura (la)   bachelor's degree
  licenciatura superior (la)   Master's degree
líder (el/la)   leader
liderazgo (el)   leadership
límite (el)   limit
limpiar   to clean
limpieza (la)   cleaning
lindo/a (*adj.*)   pretty
lío (el)   problem, confusion, mess
liquidado/a (*adj.*)   liquidated
líquido (el)   liquid

lírico/a (*adj.*)   lyric
lisa y llanamente   plainly, in plain language
lisiado/a (*adj.*)   crippled
listo/a (*adj.*)   intelligent
literatura (la)   literature
litigio (el)   lawsuit, litigation
llamada (la)   call
llegar   to arrive
llenar   to fill
llevadero/a (*adj.*)   tolerable
llevar(se)   to carry, to wear; to get along
  llevar a cabo   to carry out, to complete, to do
  llevar a cuestas   to carry on one's shoulders
  llevar las riendas   to take charge
llorar   to cry
lo (*pron.*)   it
  lo antes posible   as soon as possible
  lo cierto   what is certain
  lo corriente   what is common
  lo mismo   the same thing
  lo que   that which, what
  lo referente a   in regard to
loción (la)   lotion
loco/a (el/la)   crazy person
loco/a (*adj.*)   crazy
locutor/a (el/la)   newscaster, announcer
lograr   to succeed, to achieve
logro (el)   success, accomplishment, achievement
loma (la)   low ridge
lomerío (el)   low hill
londinense (*adj.*)   of London
lucha (la)   fight
lucir   to show, to show off
lucrar   to earn
lúdico/a (*adj.*)   recreational
lugar (el)   place
lujo (el)   luxury
lujoso/a (*adj.*)   luxurious
lunes (el)   Monday
luz (la)   light

m²   square meter
machismo (el)   male chauvinism
macizo (el)   (mountainous) region
madera (la)   wood
  madera de líder (la)   what it takes to be a leader
madre (la)   mother
madrileño/a (*adj.*)   of Madrid
madrugada (la)   dawn, morning
maduración (la)   maturation

maduro/a (*adj.*)   mature
maestría (la)   Master's degree
maestro/a (el, la)   teacher (primary, secondary)
magistrado/a (el/la)   judge
maldad (la)   wrongdoing
maletín (el)   briefcase, suitcase
malformado/a (*adj.*)   malformed
malón (el)   Indian raid
maltratar   to mistreat
maltrato (el)   abuse
malvado/a (*adj.*)   evil
mandamiento (el)   commandment
mandar   to order, to send
mandato (el)   command
manejo (el)   management
manera (la)   way
manicura (la)   manicure
manifestación (la)   demonstration, protest, manifestation
manija (la)   handle
maniobra (la)   maneuver
mano (la)   hand
  mano sobre mano   idle
manso/a (*adj.*)   tame, calm
manta (la)   blanket
mantener   to maintain
mantenimiento (el)   maintenance, upkeep, support
manutención (la)   maintenance, upkeep, support
manzana (la)   apple
  Manzana Grande (la)   Big Apple (New York City)
mañana (la)   morning; (*adv.*) tomorrow
máquina (la)   hardware, machine
maquinar   to plot
maquinista (el/la)   machinist
mar (el)   sea
marca (la)   brand (name)
marcapasos (el)   pacemaker
marcar   to mark
marchar(se)   to go; to leave, to go away
marido (el)   husband
marino (el)   sailor
marino/a (*adj.*)   marine, sea
martillo (el)   hammer
marzo   March
más   more
  más allá   beyond
  más que nadie   more than anybody
  más que nunca   more than ever
  más tarde   later
  más vale   it is better

masa (la) mass
masaje (el) massage
masajista (el/la) masseur, masseuse
máscara (la) mask
masificar to treat like all the rest
matador/a (el/la) killer
matanza (la) massacre; slaughter
materia (la) subject matter, subject (class)
materno-infantil (*adj.*) maternal-child
matrícula (la) registration; tuition
matricularse to register, to enroll
matrimonio (el) marriage; married couple
matriz (la) main factory; womb, uterus; original, master copy; mold, die; matrix
matutino/a (*adj.*) morning
mayo May
mayor (*adj.*) older
mayor (el/la) older person
mayoría (la) majority
mayorista (el/la) wholesaler
mayúscula (la) capital letter
medalla (la) medal
mediano/a (*adj.*) medium-sized
medianoche (la) midnight
mediante (*adv.*) through
medicamento (el) medicine
medición (la) measurement
médico/a (el/la) doctor
médico/a (*adj.*) medical
medida (la) measure
medio/a (*adj.*) middle, average
medio ambiente (el) environment
medioambiental (*adj.*) environmental
medios (los) means
  medios masivos (los) mass media
medir to measure
médula espinal (la) spinal column
megáfono (el) megaphone
mejilla (la) cheek
mejor (*adj., adv.*) better, best
mejora (la) improvement
mejoramiento (el) improvement
mejorar to improve
membrete (el) letterhead, heading
menor de edad (el/la) minor
menos (*adv.*) less
menospreciar to demean
mensaje (el) message

mente (la) mind
mentir to lie
mentira (la) lie
mentiroso/a (*adj.*) lying
mercado (el) market
  mercado de trabajo (el) job market
mercancías (las) goods, merchandise
merecer to deserve
merecido/a (*adj.*) deserved
merendar to snack
mero/a (*adj.*) mere
mes (el) month
mesa (la) table
mesero/a (el/la) waiter, waitress
meta (la) goal
meter(se) to put in; to get involved
metraje (el) film length
metro (el) meter
microscópico/a (*adj.*) microscopic
miedo (el) fear
miembro (el/la) member
mientras (que) (*conj.*) while
mil thousand
milagroso/a (*adj.*) miraculous
milenio (el) millennium
millares (los) thousands
mimado/a (*adj.*) spoiled
mimar to spoil
minero/a (el/la) miner
mínimo/a (*adj.*) minimal, minimum
minorista (el) retailer
minuciosidad (la) meticulousness
minusvalía (la) handicap, disability
minusválido/a (el/la) disabled person
mío/a mine
mirada (la) look, glance
mirar to look at
misericordia (la) mercy
mismo/a (*adj.*) same
mitad (la) half
mito (el) myth
mocoso/a (el/la) brat
modalidad (la) modality, way
modismo (el) idiom
modo (el) way
molestar to bother
monja (la) nun
montacargas (el) lift, (freight) elevator
montaje (el) staging, montage
montaña (la) mountain
  montaña rusa (la) roller coaster

montañismo (el) mountain climbing
montar to build, to set up
monte (el) mountain
moqueo (el) runny nose
mosca (la) fly
mostrar to show
móvil (*adj.*) mobile
movimiento (el) movement
  movimiento en cadena (el) chain reaction
muchacho/a (el/la) boy, girl
mucho (*adj.*) many; (*adv.*) much
mucoso/a (*adj.*) mucous-filled
mudarse to move, to change residence
mueca (la) grimace
muerto/a (*adj.*) dead
  muerto de toda mortandad stone dead
mujer (la) woman
  mujer ancla (la) anchorwoman
muleta (la) crutch
mundo (el) world
municipio (el) municipality
muñeca (la) wrist
muro (el) wall
músculo (el) muscle
músico/a (el/la) musician
muslo (el) thigh
mutuo/a (*adj.*) mutual

nacarado/a (*adj.*) pearly
nacer to be born
nalgas (las) buttocks
narcotraficante (el/la) drug dealer
nariz (la) nose
narrador/a (el/la) narrator
natal (*adj.*) native, of birth
naturaleza (la) nature
navegador (el) browser
navegar to navigate, to sail; to surf the Internet
naviero/a (*adj.*) shipping
necesitado/a (el/la) needy person
negar to deny
negociante (el/la) business person
negociar to negotiate; to conduct business
negocio/s (el/los) company, enterprise, business
negrita (la) boldface type
negro/a (*adj.*) black
neoyorquino/a (*adj.*) New Yorker
ni (*conj.*) neither, nor
  ni... ni neither . . . nor
  ni siquiera not even

nimbo (el) halo
ninguno no, none
niño (el/la) child
nivel (el) level
no (*adv.*) no
 no obstante nevertheless
 no pasar de not to exceed
 no solo... sino no only . . . but rather
nocivo/a (*adj.*) harmful
nocturno/a (*adj.*) night, nocturnal
nombrar to name
nombre (el) name
 nombre de usuario (el) username
nosotros/as (*pron.*) we
nota (la) note; grade
noticia (la) report, news, news story, information
noticiero (el) news broadcast
novato/a (*adj.*) novice
novedad (la) novelty
noventa ninety
novio/a (el/la) sweetheart, fiancé, fiancée
nuevamente (*adv.*) again
nulo/a (*adj.*) null
número (el) figure, number
nutrirse to be nourished

objetividad (la) objectivity, fairness
objetivo (el) goal, objective
objeto (el) object
obra (la) work
obrero/a (el/la) worker
observador/a (*adj.*) observant
obsesionarse to become obsessed
obstetricia (la) obstetrics
obtener to obtain
obviarse to hide
ocasionar to cause
ochenta eighty
ocio (el) leisure
octavo/a (*adj.*) eighth
ocupar(se) (de) to occupy (oneself), engage (in)
ocurrencia (la) event
ocurrir to happen, to occur
odiar to hate
oeste (el) west
oferta (la) offering; supply; offer; "sale"
 oferta y demanda (la) supply and demand
oficina (la) office
oficio (el) occupation
ofrecer to offer

oído (el) (inner) ear
oír to hear
ojo (el) eye
oler to smell
olla común (la) soup kitchen
olor (el) odor
olvidable (*adj.*) forgettable
olvidar(se) (de) to forget
onda (la) wave
opinar to have an opinion about, to believe
oponer(se) to oppose
oportuno/a (*adj.*) opportune; appropriate, fitting
oposición (la) oposition; qualifying exam (*Spain*)
opositar to take a qualifying exam (*Spain*)
optar (por) to opt (for), to choose
optativo/a (*adj.*) optional
oración (la) sentence; prayer
ordenador (el) computer (*Spain*)
ordenar to order, to arrange
ordeñadero (el) milking machine
oreja (la) ear
orfanato (el) orphanage
orgulloso/a (*adj.*) proud
oro (el) gold
ortopedia (la) orthopedics
oscurecido/a (*adj.*) dark, darkened
oscuro/a (*adj.*) dark
ostentar to show
otorgar to grant, to concede
otro (*adj.*) other, another
oveja (la) sheep

paciente (el/la) patient
padecer to suffer
padre/s (el/los) father; parents
padrino (el) best man; godfather; sponsor
paella (la) paella (Spanish rice dish)
pagar to pay
pago (el) payment
país (el) country
paisaje (el) scenery, landscape
paja (la) straw
pájaro (el) bird
palabra (la) word
 palabra clave (la) password
 palabra de acceso (la) password
paliar to alleviate, to lessen
pan de ciruela (el) prune bread
pantalla (la) screen; display
pantuflas (las) slippers
pañuelo (el) handkerchief

papalote (el) kite
papel (el) role
papeleo (el) paperwork
paquete (el) package
par (el) pair
para (*prep.*) for, to, in order to
 para colmo to top it all
 para esgrimir contra in defense of, to wield against
 para que so that
paracaídas (el) parachute
paraíso (el) paradise
parcela (la) parcel (of land), plot
parecer to seem
parecerse a to resemble
parecido (el) resemblance
pareja (la) pair, couple
pariente (el/la) relative
parlamento (el) speech
paro (el) unemployment (Spain)
parpadear to blink
parque (el) park
párrafo (el) paragraph
parte (la) part
 parte física (la) hardware
 parte lógica (la) software
partes (las) the parties; parts
particular (*adj.*) particular; private; individual
partida (la) departure
partido (el) game, match
pasaje (el) ticket; passage
pasajero/a (el/la) passenger
pasaporte (el) passport
pasar to pass, to overlook; to happen
 pasar por alto to overlook, to ignore
 pasar revista to examine
pasatiempo (el) pastime, hobby
pase (el) pass; permission, freedom
pasillo (el) hallway
paso (el) step
 paso a paso step by step
 paso procesal (el) legal procedure
pasta dentífrica (la) toothpaste
pastillas (las) pills, tablets
pata (la) paw, foot
patada (la) kick
patagónico/a (*adj.*) of Patagonia, southernmost region of Argentina
patricio (el) patrician, aristocrat
patrimonio (el) patrimony, heritage, inheritance
patronal (la) association, board of management

patrullar   to patrol
paz (la)   peace
peaje (el)   toll
pecar   to sin
pecho (el)   chest
pecuario/a (*adj.*)   livestock
pediatría (la)   pediatrics
pedido (el)   order
pegado/a (*adj.*)   glued
pegar   to paste, to affix
  (no) pegar ojo   (not) to sleep (a wink)
peldaño (el)   step
pelea (la)   fight
película (la)   film, movie
peligro (el)   danger
peligroso/a (*adj.*)   dangerous
pelo (el)   hair
pelota (la)   ball
pena (la)   pain, suffering; punishment, penalty
  pena capital (la)   capital punishment
pensamiento (el)   thought
pensar   to think
  pensar + *inf.*   to intend to
  pensar en   to think about
pequeño/a (*adj.*)   little, small
percatarse de   to notice
percibir   to perceive
perder(se)   to lose; to get lost
pérdida (la)   loss
perdurar   to last
perecedero/a (*adj.*)   perishable
pereza (la)   laziness
perezoso/a (*adj.*)   lazy
perfeccionar   to perfect
perfil (el)   profile
perfilarse   to be portrayed
pericia (la)   skill, talent
periódico (el)   newspaper
periodismo (el)   journalism
período de aprendizaje (el)   training period
permanecer   to remain, to stay
permiso (el)   permission
perseguir   to pursue
perseverancia (la)   perseverance
perseverante (*adj.*)   persevering, persistent
perseverar   to insist, to persist
pérsico/a (*adj.*)   Persian
persona mayor (la)   senior citizen, elderly person
personaje (el)   character (literary); personage, important person
personal (el)   personnel
pertenecer   to belong

perturbador/a (el/la)   violator
pesado/a (*adj.*)   heavy, difficult
pese a   in spite of
  pese y mortifique   suffer and die
pésimo/a (*adj.*)   awful, terrible
pestaña (la)   eyelash
peyorativo/a (*adj.*)   pejorative, demeaning, insulting
picadura (la)   bite
picante (*adj.*)   spicy
picar   to bite, to sting; to itch; to click (a mouse)
picazón (la)   itch
picor (el)   bite, itching, stinging
pie (el)   foot
  pie de atleta (el)   athlete's foot
piel (la)   skin
pierna (la)   leg
píldoras (las)   pills, tablets
pingüino (el)   penguin
pinta (la)   appearance
pintar   to paint, to color
pintor/a (el/la)   painter
pintura (la)   painting
piojo (el)   louse
pionero/a (el/la)   pioneer
pirateado/a (*adj.*)   pirated
piratería (la)   piracy
piso (el)   floor
pista (la)   runway; clue; path
pizarra (la)   chalkboard
placa (la)   badge, license plate
placer (el)   pleasure
planear   to level off; to plan
planificación (la)   planning
planificador/a (el/la)   planner
planificar   to plan
plano (el)   level; plane
planta (la)   plant; floor, level
planteamiento (el)   approach; posing, raising
plantear(se)   to pose, to raise (a question); to offer
plantilla (la)   personnel
plaza (la)   place, space, plaza
plazo (el)   term, installment; deadline
pleito (el)   lawsuit
plena temporada (la)   high season
plenamente (*adv.*)   fully, completely
pleno/a (*adj.*)   full
población (la)   population
poblado/a (*adj.*)   populated
poblar   to populate
pobre (*adj.*)   poor, unfortunate
pobreza (la)   poverty

poder (el)   power
poder   to be able
poderoso/a (*adj.*)   powerful
polémico/a (*adj.*)   polemical, problematic
policía (el/la)   police officer
  policía (la)   police, police force
policial (*adj.*)   police
polinesio/a (*adj.*)   Polynesian
política (la)   politics; policy
póliza (la)   policy (insurance)
  póliza contra riesgos del viaje (la)   travel insurance policy
pollo (el)   chicken
ponderar   to ponder, to consider
poner   to put, to place
  poner a salvo   to save
  poner en claro   to make clear, to illuminate
  poner en marcha   to start
  poner énfasis   to emphasize
  poner una inyección   to give an injection
ponerse   to become
  ponerse al día   to become up to date
  ponerse en marcha   to begin, to initiate
por   for, through, by
  por (su) cuenta   on one's own
  por casualidad   by chance, by accident
  por completo   completely
  por consiguiente   therefore
  por ejemplo   for example
  por encima de   above
  por extensión   by extension
  por inconvenientes   because of difficulties
  por lo visto   apparently
  por los pelos   by a lucky chance
  por mayor   wholesale
  por otro lado   on the other hand
  por primera vez   for the first time
  por puro gusto   voluntarily
  ¿por qué?   why
  por seguro   for certain
  por supuesto   of course
porcentaje (el)   percentage
pormenor (el)   detail
porque (*conj.*)   because
portal (el)   website
portañol (el)   linguistic combination of Portuguese and Spanish
portarse   to behave
poseer   to possess

postgrado (el) postgraduate degree, work

posponer to postpone

postular to apply

postura (la) argument, posture, position

potente (*adj.*) strong, potent

potro (el) colt

pozo (el) well, source

precariedad (la) precariousness

preceptor/a (el/la) teacher

precioso/a (*adj.*) precious, attractive

precisamente (*adv.*) precisely

precisar to need, to require; to determine

preciso/a (*adj.*) necessary

predecible (*adj.*) predictable

predecir to predict

preescolar (*adj.*) preschool

preestablecido/a (*adj.*) preestablished

preevaluación (la) pre-evaluation

prefijo (el) prefix

pregunta (la) question

preguntar to ask

prejuicio (el) prejudice

premiado/a (el/la) prize winner

premiar to reward

premio (el) prize

prender to arrest

preocupante (*adj.*) worrisome

preocuparse (por) to worry

presentar to present; to introduce

presente (el/la) person present

presentir to have a premonition

presión (la) pressure

preso/a (el/la) prisoner, detainee

preso/a (*adj.*) imprisoned

préstamo (el) loan

prestar to lend, to loan

   prestar atención to pay attention

   prestar un juramento to take an oath of office

prestigio (el) prestige

presunto/a (*adj.*) presumed

presupuestal (*adj.*) budgetary

presupuesto (el) budget

pretender to try

pretensión (la) aspiration

prevalecer to endure, to prevail

prevenir to prevent

prever to foresee

previo/a (*adj.*) previous

previsible (*adj.*) forseeable

previsión (la) foresight

previsto/a (*adj.*) foreseen

primacía (la) primacy, supremacy, first place

primar to put first

primario/a (*adj.*) primary

primavera (la) spring

primero (*adj., adv.*) first

primo/a (el/la) cousin

principio (el) principle; beginning

prioritariamente (*adv.*) primarily

priorizar to put first, to prioritize

prisa (la) hurry

   prisas (las) bustle

privado/a (*adj.*) private

privarse to deprive oneself

privilegiado/a (*adj.*) privileged

probar to prove

   probar suerte to try one's luck

probatorio/a (*adj.*) pertaining to the presentation of evidence

probidad (la) integrity

procedimiento (el) procedure

   procedimiento de destreza (el) skilled procedure

procesador de texto (el) word processor

proceso (el) trial, prosecution

procurar to try

prodigio/a (*adj.*) prodigious

productor/a (el/la) producer

profe (el/la) teacher (colloquial)

profesor/a (el/la) professor, teacher (college, high school)

prófugo/a (el/la) fugitive

profundidad (la) depth, profundity

progenitor/a/es (el/la/los) father, mother, parents, ancestors

programación (la) software

programador/a (el/la) programmer

prohibir to prohibit

prohombre (el) leader

prolijo/a (*adj.*) meticulous

promedio (el) average

prometedor/a (*adj.*) promising

prometer to promise

prometido/a (el, la) fiancé, fiancée

promoción (la) graduating class

promover to promote, to encourage

promulgar to proclaim; to enact

pronto (*adv.*) quickly, soon

propiedad (la) property; ownership

propietario/a (el/la) owner

propina (la) tip, gratuity

propio/a (*adj.*) own; adequate; characteristic; oneself

proponer to propose

propósito (el) purpose

proseguir to procede, to continue

proteger to protect

prototipo (el) prototype, model

proveedor/a (el/la) provider

provenir to come from

provocar to provoke, to cause

próximo/a (*adj.*) next

proyecto (el) project

prueba (la) test, quiz; proof

psicólogo/a (el/la) psychologist

psicopedagogo/a (el/la) educational psychologist

psicoterapéutico/a (*adj.*) psychotherapeutic

psicoterapia (la) psychotherapy

psíquico/a (*adj.*) psychic

publicar to publicize, to spread; to publish

publicitario/a (*adj.*) publicity

público (el) audience, public

púchica (*interj.*) Well, I'll be darned!

pueblo (el) town; people

puente (el) bridge

puerta (la) door

puerto (el) port

puertorriqueño/a (*adj.*) Puerto Rican

puesto (el) job, position

pulgada (la) inch

pulido/a (*adj.*) polished, refined

pulmón (el) lung

pulsar to click, to press (button)

punta (la) point

punto (el) decimal point; period

   punto de partida (el) point of departure

   punto de vista (el) point of view

puntos (los) stitches, sutures

punzada (la) jab, twinge of pain; shooting pain

pupitre (el) desk

pyme (la) small and midsized company (pequeñas y medianas empresas) (*Spain*)

que (*conj., pron.*) that, which, who, whom

¿qué? what? which?

que cae bien likable

quebra pedra herb tea

quebrantar to break down

quebrar to break; to go bankrupt

quedar(se) to remain, to stay

queja (la)   complaint
quejarse   to complain
quejumbroso/a (*adj.*)
 complaining
quemadura (la)   burn
quemarse   to burn
querer   to wish, to want, to love
 querer decir   to mean, to signify
querido/a (*adj.*)   dear
queso (el)   cheese
quien/es (*pron.*)   who, whom
¿quién?   who?
químico (el/la)   chemist
químico/a (*adj.*)   chemical
quinto/a (*adj.*)   fifth
quiosco (el)   kiosk, newsstand
quizá(s) (*adv.*)   perhaps, maybe

rabia (la)   anger
radicar   to be situated, to lie in
raíz (la)   root, source, origin
rajar   to crack
rama (la)   branch
ramalazo (el)   stab of pain
ramo (el)   branch
rapado/a (*adj.*)   shaved
rapto (el)   kidnapping
rasgo (el)   trait, characteristic
ratería (de tiendas) (la)
 shoplifting
rato (el)   while, short length of
 time
ratón (el)   mouse
rayar   to scratch
rayo (el)   lightening; ray
razón (la)   reason
realizar   to realize; to carry out, to
 achieve
reaparecido/a (*adj.*)   reappeared
reblandecer   to soften
rebuscado/a (*adj.*)   obscure
recabar   to collect
recadero/a (el/la)   messenger
recalcar   to emphasize
recelo (el)   suspicion
receta (la)   recipe; prescription
recetar   to prescribe
rechazar   to reject
rechazo (el)   rejection
recibo (el)   receipt
reciclaje (el)   recycling; retraining
recién (*adj.*)   recent
recio/a (*adj.*)   strong, tough
recoger   to pick up
recogido/a (*adj.*)   compiled
recompensa (la)   compensation;
 reward
reconfortar   to encourage, to
 comfort, to cheer

reconocer   to recognize
reconocimiento (el)   recognition
reconstruir   to reconstruct
recorrer   to travel, to cover
recorrido (el)   tour
recrearse   to enjoy oneself, to
 amuse oneself
recreativo/a (*adj.*)   recreational,
 pleasure
recreo (el)   recreation
rectitud (la)   straightness,
 rectitude
rector/a (el)   rector, director,
 president
recuadro (el)   table, chart
recuerdo (el)   memory,
 remembrance
recuperar(se)   to recover
recurrir a   to resort to
recurso (el)   resource
red (mundial) (la)   net,
 (worldwide) web, network
redacción (la)   editorial office;
 editing; editorial staff
redactar   to write; to edit
redactor/a (el/la)   editor
redecorar   to redecorate
redondear   to fill out; to round off
reembolso (el)   reimbursement,
 refund
reemplazar   to replace
reflejar   to reflect
refrán (el)   saying, proverb
refresco (el)   refreshment, cold
 drink
regalar   to give as a gift
regañar   to reprimand
régimen (el)   diet
regir   to govern
registro (el)   search
regla (la)   rule
 regla de oro (la)   golden rule
reglamentar   to regulate
regüeldo (el)   burp
reincidente (el/la)   repeat offender
reintegrar   to refund, to pay back
reír(se)   to laugh
reivindicación (la)   recovery
reivindicar   to recover
reivindicativo/a (*adj.*)   protesting
reja (la)   bar, railing
relacionarse   to be related to; to
 relate
relajación (la)   relaxation
relajarse   to relax
relato (el)   story, narrative
rellenar   to fill (in)
reloj (el)   clock; watch

remedio (el)   remedy, cure;
 recourse
rememorar   to remember
remesa (la)   supply
remolino (el)   whirlwind
remontarse   to go back to
remordimiento (el)   remorse
rendimiento (el)   profit, earnings,
 yield
rendir la protesta   to take the oath
 of office
rendirse   to submit, to give up
renglón (el)   line (written work)
renovable (*adj.*)   renewable
renta (la)   income, salary; rent
rentabilidad (la)   profitability
renunciar   to renounce
reo/a (el/la)   criminal, offender
repartir   to distribute, to hand out
repasar   to review
repentinamente (*adv.*)   suddenly
repercutir   to have consequences
reponerse   to recover
reportaje (el)   reporting, news
 item
reportar   to cover, to report; to
 bring
reprimir   to repress
requerido/a (*adj.*)   required
requisito (el)   requirement,
 demand
resaltar   to emphasize, to stress
rescatar   to rescue
reseña (la)   review; evaluation
resentido/a (*adj.*)   resentful
reserva (la)   reservation
resfriado (el)   cold
residuos (los)   remains
resignado/a (*adj.*)   resigned
resolver   to solve
resoplar   to snort, to blow
resorte (el)   spring
respaldar   to defend, to back up
 (an opinion), to support
respetar   to respect
respetuoso/a (*adj.*)   respectful
respirar   to breathe
resplandeciente (*adj.*)
 resplendent, shining
respuesta (la)   answer, response
restauración (la)   restaurant
 business
resucitable (*adj.*)   revivable
resucitar   to revive
resultado (el)   result
resumir   to summarize
retahila (la)   series
retar   to challenge

reticencia (la)   reticence, hesitation
retirar   to remove, to take out, to take away
reto (el)   challenge
retoque (el)   retouching, refinement
retorcer   to twist
retraído/a (*adj.*)   retiring, withdrawn
retrasado/a (*adj.*)   behind, overdue
  retrasado/a mental (el/la)   mentally retarded person
retrasarse   to be delayed
retrato (el)   profile, portrait
reunión (la)   meeting
reunión de claustro (la)   faculty or staff meeting
reunir(se)   to join; to meet
revelador/a (*adj.*)   revealing
revelar   to develop; to disclose, to reveal
revisión (la)   examination
revista (la)   magazine
revulsivo (el)   agent of (positive) change
rezar   to pray
ribetes (los)   elements, characteristics, qualities
riesgo (el)   risk
rincón (el)   corner
riñón (el)   kidney
ritmo (el)   rhythm
robo (a mano armada) (el)   (armed) robbery, theft
robotizado/a (*adj.*)   automated
rodaje (el)   filming
rodar   to film
rodear   to surround
rodilla (la)   knee
rojo/a (*adj.*)   red
romper(se)   to break
ropa (la)   clothing
rostro (el)   face
rotatorio/a (el/la) (*adj.*)   rotating
rotulador (el)   drawing pen, marker, (felt tip pen)
rufián (el/la)   hooligan
ruido (el)   noise
ruin (*adj.*)   terrible
rutina (la)   routine

S. A. (Sociedad Anónima)   corporation, Inc.
sábado (el)   Saturday
sabedor/a (*adj.*)   knowledgeable
saber   to know
sabiduría (la)   knowledge

sabor (el)   taste, flavor
saborear   to taste, to relish
sacar   to take out
  sacar fotos   to take photographs
sacerdote (el)   priest
sacudida (la)   shaking
sacudir   to shake
sagrado/a (*adj.*)   sacred
sala (la)   room
  sala de cirugía (la)   operating room
  sala de espera (la)   waiting room
  sala de urgencias (la)   emergency room
salida (la)   departure; exit, outlet
salir   to leave, to go out
  salir a relucir   to surface
  salir del paso   to get out of a jam
salitre (el)   saltpeter
salón (el)   room
salpimentado/a (*adj.*)   seasoned
saltar   to jump
salto (el)   leap, jump
salud (la)   health
saludo (el)   greeting
salvaje (el/la)   savage
Salve (la)   prayer for salvation
salvo   save, except
sancionar   to punish; to permit; to discipline
sandalia (la)   sandal
sangrar   to bleed
sangre (la)   blood
sano/a (*adj.*)   healthy
  sano y a salvo   safe and out of danger
santería (la)   Caribbean religious belief
santo/a (el/la)   saint
santo/a (*adj.*)   holy
satisfacer   to satisfy
satisfecho/a (*adj.*)   satisfied
sea como fuere   be that as it may
sea feliz y coma perdices   live happily ever after
sea lo que sea   be that as it may
secretariado   (government) ministry
sectorial (*adj.*)   relating to a particular sector or industry
secuela (la)   consequence
secuestro (el)   kidnapping
secundario/a (*adj.*)   secondary
sede (la)   headquarters
seguir   to follow
  seguir a continuación   to follow after (below)

seguir en los trece   to stand one's ground
según   according to
segundo (el)   second
  Segundo Circuito de Apelaciones   Second Circuit Appellate Court
  segundo plano   background
seguridad (la)   security, assurance
seguro/a (*adj.*)   assured
seguro (el)   insurance
semana (la)   week
sembrar   to sow
semejante (*adj.*)   similar
semejanza (la)   similarity
semilla (la)   seed
sencillo/a (*adj.*)   simple
sensible (*adj.*)   sensitive
sentado/a (*adj.*)   seated
sentarse   to sit
sentenciar   to sentence
sentido (el)   direction; sense
  sentido común (el)   common sense
sentir(se)   to feel
  sentir como propio/a   to feel it belongs to one
señal (la)   signal
señalar   to point out
ser   to be
  ser humano (el)   human being
  ser responsable de   to be in charge
serenata (la)   serenade
seriedad (la)   seriousness
serio/a (*adj.*)   serious
serrucho (el)   saw
servicial (*adj.*)   helpful, obliging
servidor/a (el/la)   servant; server
  servidor/a (un/a)   yours truly
servidumbre (la)   servants
sesudo/a (*adj.*)   wise
seudónimo (el)   pseudonym
sevillana (la)   Spanish dance originated in Seville
si   if
sí   yes
  sí mismo/a   himself, herself, oneself
siempre   always
sien (la)   temple (forehead)
siervo (el)   servant
siesta (la)   nap
siete (*adj.*)   seven
sífilis (la)   syphilis
sifilítico (el/la)   syphilitic
sigla (la)   symbol, acronym, initial
significado (el)   meaning
siguiente (*adj.*)   following

silbar to whistle
sillón (el) armchair
símbolo (el) symbol
símil (el) simile, comparison
simpático/a (*adj.*) nice
sin without
  sin claudicaciones honorably
  sin embargo nevertheless
sinnúmero (el) endless number
sinónimo/a (*adj.*) synonymous
síntoma (el) symptom
siquiera (*adv.*) at least
sitio (el) site; place
soborno (el) bribery, bribe
sobre on; above; about
sobreocupar to overbook
sobresaliente (*adj.*) outstanding
sobrevivir to survive
sobrino/a (el/la) nephew, niece
sobrio/a (*adj.*) sober
socavar to undermine
Sociedad Anónima (S.A.) (la) corporation, Inc.
socio/a (el/la) partner
sofocante (*adj.*) suffocating
sol (el) sun
solamente (sólo) (*adv.*) only
soldado/a (el/la) soldier
soler to be in the habit of doing, to be customary
solicitante (el/la) applicant
solicitar to apply
solicitud (la) application
solidario/a (*adj.*) responsible
solo/a (*adj.*) single, alone
soltar to let loose, to unleash
soltero/a (*adj.*) single
solucionar to solve
someter(se) (a) to dominate, to tame; to subject (oneself); to undergo
sometido/a (*adj.*) subjected
sometimiento (el) subjection, domination
somnolencia (la) sleepiness
sonar a to sound like
sonido (el) sound
sonoramente soundly
sonreír to smile
soñar (con) to dream (about)
sopa (la) soup
soplar to blow
soporte (el) support
sorprendente (*adj.*) surprising
sorprender to surprise
sorpresa (la) surprise
sospechar to suspect
sospechoso/a (el/la) suspect

sostener to support physically or emotionally; to affirm
suavizarse to soften
subalterno/a (el/la) subordinate
subconsciente (el) subconscious
subgerente (el/la) assistant manager
subir to climb, to board
subjuntivo (el) subjunctive
subrayar to underline
subsidiaria (la) subsidiary; factory
subtítulo (el) subtitle
subvención (la) subsidy
suceder to happen
suceso (el) event
sucursal (la) subsidiary, branch, branch office
sudar to sweat
sudor (el) sweat
sueldo (el) salary
sueño (el) dream
suerte (la) luck; kind
sufijo (el) suffix
sufrido/a (*adj.*) suffering
sufrir to suffer
sugerir to suggest
suizo/a (*adj.*) Swiss
sujetarse to fasten
sumamente (*adv.*) extremely
sumar to add; to increase
suministrar to administer
superación (la) overcoming, going beyond
superar to overcome, to excede
supervivencia (la) survival
suponer to suppose
supuestamente supposedly
sur (el) south
suramericano/a (*adj.*) South American
sureño/a (*adj.*) southern
surgir to emerge, to appear
surtido (el) selection, assortment
suspender to fail (a course)
suspendido/a (*adj.*) suspended; failed
sustantivo (el) noun
sustentable (*adj.*) sustainable
sustitución (la) substitute position
susurrar to whisper
sutil (*adj.*) subtle
suturas (las) stitches, sutures
suyo/a (*adj.*) his, hers, its, one's, yours, theirs

tabla (la) chart
tal vez perhaps, maybe
taller (el) workshop

talón (el) heel
tamaño (el) size
también (*adv.*) also
tamborilear to drum
tampoco (*adv.*) neither, not . . . either, nor
tan (*adv.*) so
  tan... como as . . . as
tanda (la) course of treatment
tanto (*adv.*) so much; (*adj.*) so many
taquilla (la) ticket office
tardar to delay
tarde (la) afternoon
tarde (*adv.*) late
tarea (la) task, job, work; homework
tarifa (la) fare
tarjeta (la) card
  tarjeta de embarque (la) boarding pass
tasa (la) rate
  tasa de abandono escolar (de la escuela) (la) school dropout rate
  tasa de cambio (la) exchange rate
taza (la) cup
teatro (el) theater
tebeos (los) comics (*Spain*)
teclado (el) keyboard
técnico/a (el/la) technician
telaraña (la) web
  telaraña mundial (la) worldwide web
teleapuntador (el) teleprompter
telediario (el) news broadcast
telenovela (la) soap opera
telúrico/a (*adj.*) of the earth, natural
tema (el) theme
temático/a (*adj.*) thematic
temblar to tremble
tembloroso/a (*adj.*) trembling
temer to fear
temple (el) temper, courage
temporada (la) period, season
temporal temporary, part-time
tenacidad (la) tenacity
tenaz (*adj.*) firm, tenacious
tenazas (las) pliers
tender (a) to tend (to)
tener to have
  tener en cuenta to bear in mind, to take into account
  tener éxito to be successful
  tener miedo to be afraid
  tener pinta de to look like

tener (nada, algo) que ver (con) to have (nothing, something) to do (with)

tener que vérselas to have to work with

tentar to tempt

tenue (*adj.*) soft

terapeuta (el/la) therapist

terapia (la) therapy

tercer/a (*adj.*) third

tercera parte (la) third

terminar to finish

término (el) term

terquedad (la) stubbornness

terremoto (el) earthquake

terreno (el) terrain; domain

testigo/a (el/la) witness

ti (*pron.*) you

tiempo (el) time; weather

tiempo verbal (el) verb tense

tienda (la) store; tent

tierno/a (*adj.*) tender, gentle, affectionate

tierra firme (la) dry land

tieso/a (*adj.*) rigid

timidez (la) timidity

tímido/a (*adj.*) timid, shy

tinta (la) ink

tío/a (el/la) uncle, aunt

tipología (la) typology, classification

tira (la) comic, comic strip

tirachinas (el) slingshot

tirar to throw

tirar la toalla to throw in the towel, to quit

tirar para adelante to forge ahead

tirita (la) strip, (Band-Aid)

titulado/a (*adj.*) graduated, with a degree or diploma

titular (el) headline, caption

título (el) title; degree, diploma

título de magisterio (el) teacher's certificate

tobillo (el) ankle

tocar to touch; to play a musical instrument

tocarle el turno a uno to be one's turn

todo/a (*adj.*) all

todo el mundo everyone

todos los días every day

tomar to take; to drink

tomar en cuenta to take into account

tomar la delantera to take the lead

tomar las riendas to control; to take the reins

tonadilla (la) little tune

tontería (la) foolishness

torcedura (la) sprain; to twist

torcer to sprain

tormenta (la) storm

torpe (*adj.*) clumsy

torpeza (la) clumsiness; stupidity

tos (la) cough

tostador (el) toaster

tostadora (la) toaster

trabajador/a (*adj.*) hard-working

trabajador/a (el/la) worker

trabajar to work

trabajo (el) work

trabajo bandera (el) signature work

traducir to translate

traductor/a (el/la) translator

tragar(se) to swallow

trago (el) swallow

traje (el) suit

trámites (los) procedures, steps

trampa (la) trap

tranquilizar to calm

tranquilo/a (*adj.*) calm, tranquil

transar to compromise

transcurrido/a (*adj.*) past

transcurso (el) course

transeúnte (el/la) passerby

transitar to travel; to go through

transporte (el) transportation

transportista (el/la) transporter

tras (*prep.*) after; behind

tras bastidores behind the scenes

tras las rejas behind bars

trasladar to transfer, to move

traspasar to cross

traspaso (el) transfer

traspuesto/a (*adj.*) asleep

trastorno (el) disorder

tratamiento (el) treatment

tratar (de) to treat; to deal with

trato (el) manner

trayectoria (la) trajectory

trazar to trace

treinta (*adj.*) thirty

tremendo/a (*adj.*) horrible

tres (*adj.*) three

tres cuartas partes three quarters

tribunal (el) court

tributario/a (*adj.*) tributary; tax

trigo (el) wheat

trigueño/a (*adj.*) dark-complexioned

triplicar to triple

tripulación (la) crew

tripulante (el/la) crew member

triunfar to triumph

triunfo (el) triumph

trola (la) fib

tropa (la) troop

trote (el) trot

truco (el) trick

tú (*pron.*) you

turbación (la) upset

turístico/a (*adj.*) tourist

turno (el) shift

tutoría (la) tutoring

u (*conj.*) or (used for *o* before *ho-* or *o-*)

ubicación (la) location

ubicado/a (*adj.*) located

ubicar to locate

último/a (*adj.*) last

umbral (el) threshhold

unir to unite

universitario/a (el/la) university student

universitario/a (*adj.*) university

universo (el) universe

uno/a one; a, an

una vez once

uña (de mano, de pie) (la) fingernail, toenail

uruguayo/a (*adj.*) Uruguayan

usted/es (*pron.*) you

usuario/a (el/la) user

útil (*adj.*) useful

utilería (la) props

utilizar to utilize, to use

vacilar to hesitate

vacío (el) vacuum, absence, emptiness

vago/a (*adj.*) vague; lazy

valer to be worth, to amount to

valiente (*adj.*) brave

valioso/a (*adj.*) valuable, useful

valorar to value, to evaluate

valorización (la) evaluation

vanguardia (la) vanguard, forefront

variado/a (*adj.*) varied, diverse

vasco/a (*adj.*) Basque

vecindario (el) neighborhood

velozmente (*adv.*) rapidly

vencedor/a (el/la) victor

vencer(se) to defeat, to conquer; to expire

vencimiento (el) expiration

vendar to bandage

vendedor/a (el/la) salesperson
vender to sell
venganza (la) revenge, vengeance
vengativo/a (*adj.*) vengeful
venir to come
  venir de la mano de to have to
    do with
venta (la) sale
ventaja (la) advantage
ventana (la) window
ver to see
veranear to summer
veraneo (el) summer holiday
veraniego/a (*adj.*) pertaining to
  summer
verano (el) summer
verdadero/a (*adj.*) true, real
veredicto (el) verdict
vergüenza (la) shame
verso (el) line of a poem
vestíbulo (el) vestibule, entry hall
vestir(se) to wear
vez (la) time
vía (la) way
Viacrucis Way of the Cross

viajar to travel
viaje (el) trip
víbora (la) viper, snake
vida (la) life
  vida misma (la) life itself
viejo/a (*adj.*) old; former
viento (el) wind
vientre (el) belly, stomach
viernes (el) Friday
vigilar to guard
vinculado/a (*adj.*) related, linked
vínculo (el) link, tie, bond,
  connection
vinillo (el) bit of wine
vino (el) wine
violación (la) rape
  violación de la paz (la)
    disturbing the peace
violador (el) rapist
violar to break the law
visitante (el/la) visitor
vista (la) sight
vistazo (el) glance
visualizador (el) browser
vitalicio/a (*adj.*) lifetime, for life

vivo/a (*adj.*) lively, vivid; alive
vocablo (el) word, term
volumen (el) volume
voluntariado (el) volunteer work
volver to return
  volver(se) a + *inf.* to do
    something again
  volverse loco to go crazy
vosotros/as (*pron.*) you (*pl.*)
  (*Spain*)
votar (por) to vote (for)
vuelo (el) flight

y (*conj.*) and
ya (*adv.*) already
  ya que since
yo (*pron.*) I
yugo (el) yoke
yupi (el/la) yuppie

zanja (la) ditch
zapatillas de casa (las) slippers
zapato (el) shoe
zoncera (la) stupidity
zoólogo/a (el/la) zoologist

Credits

Text

Page 7: "Los oficios sucesivos con los cuales Juan Pablo ha soñado a lo largo de su vida," from "La búsqueda del empleo," by Gaudet, Estier and Riera, 1993, page 38. Reprinted with permission.

Page 10: "¿Cómo son y de qué pecan los universitarios?" *Diario El País,* June 30, 1996.

Page 13: "Skills in Demand," by Anne R. Carey and Marcy E. Mullins. Copyright © 1998 *USA Today.* Reprinted with permission.

Page 15: "Madera de líder" by Aurelio Vázquez. *Revista de Economía,* "Personas como nosotros."

Page 27: "Mass Media," by Mario Benedetti, from "La vida ese paréntesis." Copyright © Mario Benedetti. Reprinted with permission.

Page 33: "Para un mercado sin fronteras." Reprinted with permission from *Mercado del Trabajo,* Feb. 26, 1999.

Page 38: "La buena foto está en el ojo, no en la cámara." Reprinted by permission from *Mercado del Trabajo,* July 11, 1997.

Page 42: "Jorge Ramos: Détras de la máscara." Reprinted by permission of Jorge Ramos.

Page 43: "Autoras de su destino: Escritoras latinas en Hollywood." Reprinted by permission of the author from *Latina Magazine,* January 1998.

Page 48: "Film," by Juan José Delaney, from *Los pasos del tiempo,* 1978, pages 101–107.

Page 62: "Profesiones de los 90: Psicólogo." Reprinted with permission of ABC/Nuevo Trabajo of Madrid, Spain.

Page 66: "Celebra Félix Fraga cincuenta años de servir a la comunidad." *Voz de Houston,* VN, XIX, no.6m 2/11/98, page 3.

Page 69: "Mentiras," by Alejandra Vallejo-Nágera, from *Tribulaciones de una madre sufridora,* 1999, page 164.

Page 80: "La publicidad también es digital," by José Arnaiz, from *Ideas & Negocios,* July/August 1999. Reprinted with permission.

Page 83: "Estilos de vida de los consumidores," by Faith Popcorn. *Millionaire—ideas y oportunidades para emprendedores,* October 1999, page 21.

Page 85: "Myriam Chiffelle Kirby." Reprinted with permission from *Vanidades,* February 1999

Page 89: "Agencias Matrimoniales," from *Ideas & Negocios,* July/August 1999. Reprinted with permission.

Page 90: "España pone en venta la siesta." Reprinted with permission.

Page 94: "Fábrica de cosas," by Marco A. Almazán. From Gene S. Kupferschmid, *Y tú, ¿qué dices?* Third Edition. Copyright © 1992 by Houghton Mifflin Company. Reprinted with permission.

Page 105: "Profesores: ¿Cuál es el mejor?" by Luna Martin. Reprinted courtesy of *Muy Interesante/España.*

Page 115: "La función del docente como promotor de la lectura recreativa," by Mercedes Falconi, from *El Diario El Comercial,* June 4, 1997. Reprinted with permission.

Page 119: "Clase de historia," by Tino Villanueva. Copyright © 1987 by Tino Villanueva. All rights reserved. Reprinted by permission of the author.

Page 131: Reprinted with permission from *Confesiones de un ginecólogo* by Doctor Anómino.

Page 142: "Estornudo," by Mario Benedetti from *Benedetti—Cuentos Completos,* Madrid, Alfaguara, 1994, Santillana, S.A. Copyright © 1994 Mario Benedetti. Reprinted with permission.